Constanze Schwärzer-Dutta

Liebe mit Köpfchen

Tipps einer Autist*in für neurodiverse Beziehungen

edition assemblage

Constanze Schwärzer-Dutta
Liebe mit Köpfchen
Tipps einer Autist*in für neurodiverse Beziehungen

2. Auflage 2026
ISBN: 978-3-96042-146-7

info@edition-assemblage.de | www. edition-assemblage.de

Umschlag: Sanjini Redmond
Satz: Hannah C. Rosenblatt | edition assemblage
Lektorat: Hannah C. Rosenblatt, Carla Schäfer
Druck: Interpress | Printed in Hungary 2022

Die Deutsche Bibliothek verzeichnet diese Publikation in der Deutschen Nationalbibliografie; detaillierte bibliografische Daten sind im Internet über http://dnb.ddb.de abrufbar.

Für meine Mama,
die mir geraten hat,
Krisen zu kultivieren,
und meinen Papa,
der mir gezeigt hat,
dass ich so wie ich bin sein darf

Inhalt

Prolog – Meine Reise 6

1 Einleitung 10

1.1 Warum und wozu dieses Buch? 10

1.2 Beziehungsphasen: Aufbau dieses Buches 13

1.3 Aus welcher Perspektive ich schreibe 15

1.4 Für wen ist dieses Buch geschrieben? 17

2 Vor der Beziehung 22

2.1 Was will ich, was brauche ich und was kann ich geben? . . 22

2.2 Autgender, sapiosexuell, alt, sucht Wochenendbeziehung. . 26

2.3 Absolute Beginners, Autismus und Incels, zufriedene Singles 29

3 Eine*n Partner*in finden, einander kennenlernen 31

3.1 Verknallt, verliebt, verheiratet? 31

3.2 Wo und wie finde ich eine*n Partner*in? 32

3.3 Woran merke ich, dass er*sie zu mir passt und wann ist der richtige Zeitpunkt für...? 35

3.4 Freundschaft + Sex = Beziehung? 37

3.5 Online-Dating: Paradies für Autist*innen? 40

4 Die Anfangsphase der Beziehung: der Umgang miteinander, mit eurer Umgebung und mit den eigenen Gefühlen . . 47

4.1 Ab wann sind wir „zusammen“? 47

4.2 Verliebt sein aushalten und Freiräume erhalten 49

4.3 Liebe zeigen und erkennen 52

4.4 Sex und Konsens 63

4.5 Miteinander kommunizieren lernen 73

4.6 Herkunftsfamilien und Freundeskreise kennenlernen und einbinden 80

4.7 Partner*in als Dolmetscher*in oder Therapeut*in? 83

5 Die Beziehung stabilisieren, Bedürfnisse neu verhandeln . 86

5.1 Wie möchtet ihr eure Beziehung weiterentwickeln? 86

5.2 Zusammenziehen und wenn ja, wie 88

5.3 Geld und Gerechtigkeit 89

5.4 Mut zum Putzplan! Arbeitsteilung im Haushalt 90

5.5 „Wie war dein Tag, Schatz?“ Kommunikation im Alltag . . 94

5.6 „Kinder oder keine, entscheiden wir alleine!“ 99

5.7 Autismusdiagnose während der Beziehung 102

6 Häufige Konflikte in neurodiversen Beziehungen und ein konstruktiver Umgang damit 106
6.1 „Es fühlt sich an, als müsste ich auf rohen Eiern laufen…“ 106
6.2 Gegenseitige Empathie und *Theory of Mind* *107*
6.3 Kommunikation und Streitkultur 109
6.4 Ehrlichkeit und Höflichkeit 116
6.5 Versprochen ist versprochen? Umgang mit Absprachen . . 121
6.6 Als Paar in Gesellschaft 122
6.7 Stressmanagement oder die Morgen- und Abendroutine . . 128
6.8 Krisen und Notfälle erkennen 130
6.9 Gewalt 135
6.10 Depressiv durch neurodiverse Beziehungen? 140

7 Stärken und Freuden neurodiverser Beziehungen . . . 146
7.1 Wir sind verschieden, und das ist auch gut so! 146
7.2 Sexualität 147
7.3 Partner*in als Spezialinteresse 148
7.4 (Neuro)Diversität als Stärke 149
7.5 Geschlechterrollen 150
7.6 Treue als Loyalität 151
7.7 #AutisticJoy oder ein Freudentänzchen zum Abschluss . . . 152

8 Und nach 20 Jahren? 154
9 Sieben zusammengefasste Tipps 156
10 Glossar 158
Literatur 161
Danksagung 167
Anmerkungen 169

Prolog – Meine Reise

Can't carry feelings
Like basket can't carry water
M.I.A.: Survivor1

Ich dachte immer, ich sei eine gute Freundin, Geliebte und Langzeit-, ja, auch Ehepartnerin und Bezugsperson für Kinder. Zugegeben, als Tochter hätte ich mich wahrscheinlich ziemlich anstrengend gefunden. Aber auch diese Rolle lernte ich auf meine Weise schließlich gut auszufüllen, genauso wie viele andere Rollen in meinem nicht gerade kleinen Familien- und Freundeskreis.

Dass ich dabei selten willens oder in der Lage war, verbreitete gesellschaftliche Erwartungen an ein ‚normales', insbesondere an ein weibliches, ehefrauliches, mütterliches oder töchterliches Verhalten zu bedienen, weiß ich schon lange. Im Alter von zwei Jahren beschrieb ich meiner Mutter die Ameisen in meinem Kopf. Zu meiner Kindergartenzeit glaubte ich, ein unerkanntes, in die heutige Zeit verirrtes und verwirrtes Exemplar von Uhrzeitmensch zu sein. Als Grundschülerin empfing ich meine Eingebungen durch Antennen auf meinem Kopf von freundlichen Außerirdischen und als Jugendliche hörte ich nicht ohne Grund das Lied „Let's go to Pluto" von den Creatures in Dauerschleife. Doch als Erwachsene fand ich mein irdisches Zuhause, meinen Partner und meine Jobs in der Diversity- und Antidiskriminierungsszene und alles schien gut zu sein. Dort wo mit Unterschieden gerechnet und offen umgegangen wird und wo Gerechtigkeit und Inklusion großgeschrieben werden, fühlte ich mich willkommen.

Bis dann die Midlife-Crisis kam, die ersten körperlichen Wehwehchen, und ich bei meiner Arbeit zunehmend Erfolg, aber dadurch eben auch sehr viel zu tun hatte. Auf einmal konnte ich nicht mehr so für meinen Partner und meine Familie da sein wie gewohnt. Ich wurde körperlich krank, nicht sehr schwer, aber chronisch. Ich fand auf einmal alles unerträglich laut und unerträglich nah. Wenn ich auf Facebook ging, kam es mir so vor, als erlebte ich alles, was ich dort las, hier und jetzt. Wenn ich ein zu enges Unterhemd anhatte, konnte ich mich den ganzen Tag lang nicht auf die Arbeit konzentrieren. Saß ich in einem Raum mit Möbeln, die mir nicht gefielen, konnte ich das auch während eines Gesprächs nicht ausblenden. Es kam noch härter: Ich professionelle Quasselstrippe verlor meine Stimme, und zwar für mehrere Monate!

Mein Leben zog an mir vorüber und es fiel mir manchmal schwer zu unterscheiden zwischen Gefühlen mit aktuellem Anlass und solchen, deren Auslöser zehn, 20 oder 35 Jahre zurücklagen. So begann ich zu schreiben, um all das zu verarbeiten und weil ich nicht mehr sprechen konnte und wollte.

Manche Autist*innen beschreiben, dass es ihnen fast immer so erginge. Bei mir kommen diese Gefühle vor allem in Zeiten auf, in denen es mir bereits schlecht geht, aufgrund einer Krankheit, traumatisierender Erlebnisse oder starkem Stress, der manchmal auch durch eigentlich als positiv erlebte Ereignisse wie Hochzeiten oder Geburtstage ausgelöst werden kann. In solchen Zeiten fällt es mir oft schwer mich mit anderen Menschen zu verbinden. Nicht dass mir die Beziehungen dann weniger bedeuten, ich habe in diesen Momenten aber wenig Ressourcen, um andere Menschen zu verstehen und mich in sie einzufühlen, da ich mit meinen eigenen Gedanken und Gefühlen ausgelastet bin. Dann wünsche ich mir manchmal diese unsichtbare Mauer um mich, die zur Veranschaulichung von Autismus (siehe Glossar) manchmal beschrieben wird, die ich aber nicht habe. Im Gegenteil, ich fühle mich dann sehr durchlässig und nichts beschreibt meinen Zustand schöner als diese Textzeile: „Can't carry feelings, like basket can't carry water" aus dem Song „Survivor" von M.I.A.

Mein Burn-Out zeigte mir deutlich, dass ich es zu lange in schwierigen Rahmenbedingungen ausgehalten und meine Gefühle, einschließlich der körperlichen Signale, dauerhaft unterdrückt hatte, um zu funktionieren. Ich hatte mir nicht mehr die nötige Zeit für mich und meine Partnerschaft genommen, um in meinem und unserem Tempo mit neuen Entwicklungen klarzukommen, uns bewusst immer wieder neu aufeinander einzustimmen und mich und uns zu regenerieren. In dieser schwierigen Zeit konnte ich für meine Familie nur schwer da sein. Dafür war sie für mich da, wofür ich unendlich dankbar bin.

Planvoll, eben typisch autistisch, begann meine Beziehung zu meinem heutigen Ehemann, und langsames und planvolles aufeinander zu bewegen war wahrscheinlich nötig, um die große Anziehungskraft zwischen meiner großen Liebe und mir überhaupt aushaltbar zu machen. Das Leben hat sich nicht immer an unsere Pläne gehalten, aber uns ist es immer gelungen, die Fäden wieder aufzunehmen und uns und unsere mittlerweile recht große erweiterte Familie zusammenzuhalten. Dass darunter viele bewusste Entscheidungen waren, finde ich überhaupt nicht unromantisch, im Gegenteil.

Ein Wort für das, was mich in meiner Persönlichkeit zu einem großen Teil ausmacht, nämlich autistisch, haben wir erst nach über 20 gemeinsamen Jahren entdeckt. Die Gefühle danach waren und sind immer noch gemischt: Da ist auf der einen Seite Erleichterung darüber, für manche Missverständnisse und Konflikte endlich eine Erklärung zu haben. Wir verstehen nun beide, dass hinter vermeintlich egoistischen oder faulen Handlungsweisen meinerseits dringende Bedürfnisse stehen. Mein Partner erkannte, dass ich bereits versucht habe seine Erwartungen an Anpassung zu erfüllen und mehr oft einfach nicht drin ist. Und auch ich habe noch mehr Verständnis und Respekt für seine Bedürfnisse, die oft ganz anders sind als meine. Andererseits empfinden wir eine gewisse Traurigkeit darüber, dass sich manches nicht ändern wird. Ich fühlte mich auch anfangs immer wieder verunsichert, da der wissenschaftliche und gesellschaftliche Mainstream mir viele der Fähigkeiten abspricht, auf denen ich mein persönliches und berufliches Leben mit aufgebaut habe wie zum Beispiel, Gespräche auch in Gruppen einfühlsam und konstruktiv führen zu können. Die meisten dieser Kompetenzen wurden mir nicht in die Wiege gelegt, aber ich vermute, dass ich sie mir genau deshalb angeeignet und kultiviert habe, denn mit vielen anderen Autist*innen teile ich eine Leidenschaft fürs Lernen. Außerdem kamen mir einige meiner autistischen Superkräfte wie Beharrlichkeit, Rationalität und Gerechtigkeitssinn durchaus zugute beim Aufbau und Erhalt einer stabilen Partnerschaft und Familie.

Nach über 20 Jahren Beziehung wissen mein Partner und ich, dass die Eigenschaften, die Partner*innen anfangs aneinander faszinieren, oft dieselben sind, die sie nach zehn oder fünfzehn Jahren beinahe in den Wahnsinn treiben. Viele meiner autistischen Eigenarten und Fähigkeiten gehören dazu. Aber ohne meine autistische Liebe, eine Hingebung in der Art eines Spezialinteresses, eine bedingungslose und auch oft uneigennützige Liebe wie sie mit dem altgriechischen Wort *agape* ausgedrückt wird, in Ergänzung zur erotischen und freundschaftlichen Liebe, hätten wir größere Schwierigkeiten gehabt, die Hochs und Tiefs unserer Leben und unserer Beziehung durchzustehen. Ohne die unvergleichliche Geduld und Liebe meines Partners natürlich auch.

Ich kann also aus Erfahrung sagen, dass Autist*innen nicht grundsätzlich schlechter Beziehungen führen können als andere Menschen. Sie tun es nur eben auf ihre Weise. Dieses Buch dient dazu, die Leser*innen dazu zu ermutigen, ihren eigenen Weg zu finden und zu gehen.

Für Autist*innen: Beziehungen erfordern immer Anpassung, aber gehen Sie bei der Anpassung an nichtautistische Partner*innen nicht dauerhaft über Ihre eigenen Grenzen! Versuchen Sie nicht, eine neurotypische (siehe Glossar) Person darzustellen, sondern vertrauen Sie auf Ihre autistischen Stärken!

Für nichtautistische Partner*innen: Auch wenn für Sie Anpassung ein Wert an sich ist, muss das bei Ihrem*r Partner*in nicht so sein. Überlegen Sie gut, wo Ihnen Anpassung wirklich wichtig ist und warum. Zuviel Anpassung kann für Ihre*n Partner*in körperliche und seelische Nebenwirkungen haben!

Für Paare: Erinnern Sie sich immer wieder daran, was Sie an Ihrem*r Partner*in besonders mögen, welche guten Erfahrungen Sie bereits miteinander gemacht und welche Herausforderungen bewältigt haben. Sehen Sie das Positive an Ihrem*r Partner*in und vertrauen Sie auf Ihre Beziehung!

1 Einleitung

> Die Tatsache, dass dieses Buch in persönlicher und kollektiver Erfahrung verwurzelt ist, wird wahrscheinlich den stärksten Widerstand hervorrufen, es als eine Form des Wissens anzuerkennen.
>
> Emilia Roig2

1.1 Warum und wozu dieses Buch?

„Bin ich verrückt oder sind alle anderen verrückt?"

Diese Frage hat mich in meiner Jugend oft begleitet. Später trat sie in den Hintergrund. Jetzt kann ich ihr plötzlich nicht mehr ausweichen. Ich sitze in einem Stuhlkreis mit 15 anderen angehenden Familientherapeut*innen und komme aus dem Staunen nicht mehr heraus. Wie groß manche kleinen Probleme werden können und wie klein manche großen. Wie sehr Menschen existentielle Krisen anderer übersehen können. Wie einem die eigenen Gefühle oder die scheinbare Abwesenheit derselben zum Vorwurf gemacht werden können. Immer wieder hörte ich den Satz: „Du dringst nicht zu mir durch!" Als jemand, die anderen etwas erklärt oder sie berät, war ich nicht unbeliebt. Als Teilnehmerin oder Ratsuchende schon. Das reine emotionale Mitschwingen, das sich aufgehoben fühlen einfach nur, weil man Teil einer Gruppe ist, das dankbar sein, dass man darüber geredet hat, kannte ich nicht. Mit meiner Kopflastigkeit, meiner Nüchternheit, meiner sachlichen und schnellen Rede, stieß ich hier permanent Leute vor den Kopf und wurde auch permanent darauf gestoßen. Wenn Leute mich vor den Kopf stießen, was auch passierte, sprang mir niemand bei, und das obwohl ansonsten jeder noch so klein scheinende Konflikt ernstgenommen und durchgearbeitet wurde, auch als Lernbeispiel.

Die Frage war unausweichlich, die Antwort auch: Ich musste die Verrückte sein. Die statistische Wahrscheinlichkeit, dass alle fünfzehn anderen Teilnehmenden, Menschen mit angesehenen Berufen, relativ großen Familien, gefüllten Bankkonten und exzellenten Small-Talk-Fähigkeiten, verrückt waren, war einfach zu gering. In der Ausbildung lernte ich auch verschiedene sogenannte Krankheits- und Störungs-Bilder kennen, und bald gingen meine Recherchen in die richtige Richtung: Ich entdeckte im Alter von 42 Jahren, dass sowohl meine „Superkräfte", die viele Menschen an mir lieben, als auch meine Eigenheiten, die manche an mir hassen, einen Namen haben: Autismus. Das ständige Scheitern gegenseitiger Kommunikation und Empathie zwischen mir und den anderen Mitgliedern der Ausbildungsgruppe und deren Wahrnehmung meines Verhaltens in Gruppen als ungewöhnlich bis verstörend, zeigten wie unter einer Lupe Kernerfahrungen, die Autist*innen in neurotypischer und neuronormativer (siehe Glossar) Gesellschaft machen.3

Nun entschied ich mich zum vielleicht ersten Mal, mir den Schutz selbst zu gewähren, den mir andere verweigerten, und brach die Familientherapieausbildung ab. Dafür begann ich eine Ausbildung als Beraterin für neurodiverse (siehe Glossar) Paare, also Paare, bei denen die Partner*innen sich in ihren neurologischen Voraussetzungen stark unterscheiden. Konkret waren hier Paare gemeint, in denen mindestens eine*r der Partner*innen autistisch ist. In der Ausbildung durfte ich mich mit fünf nichtautistischen Personen, von denen fast alle in einer Beziehung mit autistischen Personen waren, über unsere unterschiedlichen Wahrnehmungen und Bedürfnisse austauschen. So lernte ich die mir bereits ein Leben lang vertrauten Probleme und Freuden in autistisch-neurotypischen Beziehungen sowohl aus neurotypischer Perspektive als auch aus fachlicher Sicht neu kennen.

Zu dieser Zeit hatte ich in einer autistischen Selbsthilfegruppe auch schon einige Bewohner*innen meines „Heimatplaneten" getroffen. Die Fragen, Sorgen und Nöte sowohl meiner autistischen „Geschwister" als auch deren nichtautistischer Beziehungspartner*innen haben mich motiviert, dieses Buch zu schreiben. Die Erkenntnisse der ausbildenden Berater*innen und Therapeut*innen, meine eigene Beratungspraxis sowie meine Lebenserfahrung als autistische Frau in einer Langzeitbeziehung mit einem nichtautistischen Mann ermöglichen es mir, mögliche Antworten auf einige dieser Fragen zu geben und Menschen dabei zu unterstützen ihre eigenen Antworten zu finden.

Wie so vieles ist die Frage, wer oder was ist hier verrückt, nicht abschließend zu beantworten. „Mein Ehemann ist so rigide (unflexibel), dass er mir manchmal meinen täglichen Gutenachtkuss verweigert, nur weil er dafür sein Abendritual unterbrechen müsste!" oder: „Sie sind so komisch, sie benutzen tatsächlich Sprache, um Informationen zu übermitteln!" habe ich neurotypische Personen bereits über ihre autistischen Partner*innen sagen hören. Als autistische Person fragen Sie sich jetzt vielleicht, wozu neurotypische Personen Sprache benutzen, und einige Antworten darauf finden sich in den Kapiteln 5.5 „'Wie war dein Tag, Schatz?' Kommunikation im Alltag" und 6.3 „Kommunikation und Streitkultur".

Letzten Endes bin ich der Meinung, dass niemand verrückt ist und dass alle verschiedenen Denkweisen in unserer Welt einen Platz haben und der Menschheit Nutzen bringen können. Ich habe in meiner Paarbeziehung, aber auch mit Freund*innen und Kolleg*innen oft erlebt, wie autistische und neurotypische oder andere nichtautistische Personen sich wunderbar ergänzen und sehr viel Spaß miteinander haben können, solange sie aufeinander neugierig bleiben, Unterschiede aushalten und wertschätzen. Diese Erfahrung möchte ich gerne weitergeben, um Menschen, die sich solche Beziehungen wünschen oder bereits haben, Mut zu machen diese liebevoll und bewusst zu gestalten.

Erfahrung

Ich erzähle in diesem Buch viel von meinen eigenen Erfahrungen. Das tue ich nicht, weil ich alle meine Erfahrungen für verallgemeinerbar halte, sondern erstens, weil sich vieles an Beispielen besser veranschaulichen lässt und zweitens, da ich durch die Darstellung von Problemen und den Lösungen, die mein Partner und ich gefunden haben, andere inspirieren und ermutigen möchte, ihre eigenen Lösungen zu suchen. Dennoch verstehe ich mein Buch auch als Beitrag zur Hebung des Schatzes an Erfahrungswissen, das autistische Menschen bereits haben. Als autistische Frau, die sich in erster Linie an andere autistische Personen richtet, habe ich eine in deutschsprachigen Beziehungsratgebern4 bisher kaum vorkommende Perspektive zu bieten. Damit sich aus meinen Erfahrungen doch einige allgemein anwendbare Schlüsse ziehen lassen, habe ich nur solche ausgewählt, von denen ich dank meiner Beratungsausbildung und -praxis weiß, dass sie Themen berühren, die für viele andere Autist*innen und neurodiverse Paare ebenfalls bedeutsam sind. Teilweise sind dies Autismus-spezifische Hürden, wie die Reaktion auf die Frage „Wie war dein Tag, Schatz?" in Kapitel 5.5 oder „Krisen und Notfälle erkennen" in Kapitel 6.8. Zu einem großen Teil aber geht es um Herausforderungen, die in jeder Partnerschaft vorkommen, wie Kommunikation in Konflikten, Sexualität oder häusliche Arbeitsteilung. Bei neurodiversen Paaren wohnt diesen aber „eine zusätzliche Schicht an Komplexität" inne, betont Grace Myhill vom *Asperger/Autism Network AANE*5, eine meiner Ausbilder*innen.

Es gibt notgedrungen eine andere Person, deren Erfahrungen ebenfalls in diesem Buch vorkommen, ohne dass die Person selbst zu Wort kommt, und das ist mein langjähriger Beziehungspartner oder, wie ich ihn tatsächlich meistens nenne, mein geliebter Ehemann. Ich stehe vor dem Dilemma, einerseits seinen enormen Beitrag zu unserer Beziehung und somit auch dem Buch zu würdigen und andererseits ihn nicht zu sehr ins Rampenlicht zu zerren. Bitte denken Sie daran, dass hier nur ein kleiner Ausschnitt seines Lebens beschrieben wird, und betrachten Sie diesen möglichst so liebevoll wie ich den ganzen Menschen dahinter.

Ach ja, die Paarberatungsausbildung habe ich im Gegensatz zur Familientherapieausbildung abgeschlossen. Zusammen mit meiner Ausbildung zur Familien- und Konfliktberaterin der Positiven Psychotherapie reicht mir das auch. Mein Buch und ich wollen Sie inspirieren und beraten und nicht therapieren: Wir möchten Ihnen nicht helfen sich zu ändern, wir möchten Ihnen helfen sich zu entfalten, zu lieben und geliebt zu werden so wie sie sind!

Für alle Leser*innen: Bleiben Sie auf sich selbst und aufeinander neugierig! Sie sind liebenswert! Haben Sie den Mut Beziehungen einzugehen und diese bewusst zu gestalten!

1.2 Beziehungsphasen: Aufbau dieses Buches

Wer eine Blume wachsen lassen möchte, wird wahrscheinlich die größten Erfolgsaussichten haben, wenn er*sie Blumen mag und sich eine Blume heraussucht, die ihm*ihr besonders gut gefällt. Gemocht zu werden reicht den Blumen aber nicht aus, um zu gedeihen. Man muss wissen, ob die gewünschte Blume sich besser aus Samen oder Ablegern ziehen lässt und wo man diese findet. Auch muss man herausfinden, welche Erde die Blume braucht, welche Menge an Licht, Wasser und Dünger sie benötigt und die Möglichkeit haben, ihr all das zu geben. Ist der vorhandene Standort für die gewünschte Blume nicht geeignet, sollte man sich vielleicht nach anderen Blumen umsehen, die sich dort wohler fühlen könnten. Sodann braucht man vor allem Geduld, denn das Wachstum einer Pflanze lässt sich kaum beschleunigen, ohne dass sie Schaden nimmt. Aber auch bei gutem und beständigem Wachstum kann es sein, dass die Blume irgendwann ihre Blätter hängen lässt, von Blattläusen befallen wird oder welkt. Wer auf Dauer Freude an einer Blume haben möchte, sollte lernen, ihre Zeichen zu lesen und zu deuten, zu verstehen, wann sie mehr oder wann sie weniger Wasser benötigt. Wenn das nicht gelingt, kann man sich den Rat erfahrener Gärtner*innen suchen. In jedem Fall braucht man Geduld und das Vertrauen, dass die Blume, auch wenn sie in einem Jahr mal weniger wächst oder man sie gar zurückschneiden muss, dennoch kräftig genug ist, um sich zu erholen und weiter zu wachsen. Dabei hilft die Vorstellungskraft: Erinnerungen an und Fantasien über die Blume in ihrer schönsten Blüte motivieren, sie immer weiter liebevoll zu pflegen.6

Diese Erfahrung einer leidenschaftlichen Balkongärtnerin lässt sich prima auf Beziehungen übertragen: Wer eine Beziehung sucht, sollte zunächst bereit sein, Liebe zu geben und zu empfangen. Er*sie sollte eine Ahnung davon haben, was er*sie für eine*n Partner*in sucht, ohne sich zu sehr auf diese Idee festzulegen (dazu mehr in Kapitel 2 „Vor der Beziehung"). Er*sie braucht Gelegenheiten, mögliche Partner*innen kennenzulernen und gemeinsame, möglichst angenehme Erfahrungen mit ihnen zu machen, aus denen sich mit viel Geduld eine Beziehung entwickeln kann (dazu mehr in Kapitel 3 „Eine*n Partner*in finden, einander kennenlernen" und Kapitel 4: „Die Anfangsphase der Beziehung: der Umgang miteinander, mit Eurer Umgebung und mit den eigenen Gefühlen"). Mit der Zeit werden die Partner*innen auch eine Gesprächs-, Verhandlungs- und Streitkultur entwickeln müssen, die es ihnen ermöglicht, die Herausforderungen, die sich jeder Beziehung von innen oder von außen nach einigen Jahren stellen, zu meistern (dazu mehr in Kapitel 5 „Die Beziehung stabilisieren, Bedürfnisse neu verhandeln"). Dabei gibt es kein Rezept für alle, denn es müssen die Eigenheiten beider Partner*innen und die spezifische Beziehungskonstellation berücksichtigt werden. Rat zu suchen, zum Beispiel in einer Paarberatung oder einem Buch wie diesem, ist kein Zeichen von Schwäche, sondern von Wertschätzung der Beziehung (Kapitel 6 „Häufige Konflikte in neurodiversen Beziehungen und konstruktiver Umgang damit"). Bei allen Problemen hilft es immer wieder, sich daran zu erinnern, worin man sich bei dem*der Partner*in verliebt hat, sich zu vergegenwärtigen, was beide gemeinsam genießen können (dazu mehr in Kapitel 7 „Stärken und Freuden neurodiverser Beziehungen"). Es kann auch helfen, sich gemeinsam eine Zukunft auszumalen, auf die sich beide freuen können (dazu mehr in Kapitel 8 „Und nach 20 Jahren?").

Die Kapitel dieses Buches orientieren sich an häufigen Phasen im Beziehungsverlauf, die ich angelehnt an das 5-Stufen-Modell der Positiven Psychotherapie nach Nossrat Peseschkian definiert habe.7

Obwohl sich die Beziehungsphasen von Paaren oft ähneln,8 ist die zeitliche Abfolge nicht als allgemeingültiges Modell zu verstehen, da Beziehungen so unterschiedlich wie Menschen sind und es gerade neurodiversen Paaren guttun kann, die Idee einer „richtigen" Reihenfolge zu hinterfragen, wie in Kapitel 3.1 „Verknallt, verliebt, verheiratet?" betont wird. Dennoch habe ich diese Einteilung gewählt, in der Hoffnung, dass sie es Leser*innen leichter macht, an dem Punkt einzusteigen, an dem sie sich in ihrer Beziehung oder Beziehungssuche gerade befinden. Innerhalb der Kapitel finden sich Geschichten aus meiner eigenen Erfahrung, Lösungsvorschläge und Werkzeuge aus der Paarberatung.

Am Ende der meisten Unterkapitel finden sich in einem Kasten zusammengefasste Tipps.

Am Ende des Buches findet sich noch ein Glossar. Ganz zum Schluss gibt es noch einige Anmerkungen für diejenigen, die nach Quellen zum Weiterlesen und -recherchieren suchen.

Je nach Lebens- und Beziehungsphase, in der Sie sich aktuell befinden, können Sie dieses Buch also an verschiedenen Stellen beginnen. Sind Sie auf der Suche nach einer Beziehung, finden Sie besonders in den Kapiteln 2 und 3, „Vor der Beziehung" und „Eine*n Partner*in finden, einander kennenlernen" Hinweise zur Selbstreflexion und für die ersten Schritte. Wenn Sie bereits Ihre*n Traumpartner*in gefunden haben, steigen Sie ruhig gleich bei Kapitel 4 „Die Anfangsphase der Beziehung: der Umgang miteinander, mit Eurer Umgebung und mit den eigenen Gefühlen" oder Kapitel 5 „Die Beziehung stabilisieren, Bedürfnisse neu verhandeln" ein. Falls Sie dieses Buch wegen einer akuten oder chronischen Beziehungskrise zur Hand nehmen, nützt Ihnen vielleicht besonders Kapitel 6 „Häufige Konflikte in neurodiversen Beziehungen und konstruktiver Umgang damit", und zum Wiedergewinnen von Hoffnung Kapitel 7 „Stärken und Freuden neurodiverser Beziehungen".

1.3 Aus welcher Perspektive ich schreibe

Neben unseren einzigartigen Persönlichkeiten haben wir alle verschiedene, in unseren Gesellschaften für relevant erachtete, Merkmale. Manche davon werden zu Identitäten – in der Regel diejenigen, in denen wir am meisten Nachteile erlitten haben. Wohl deshalb fällt mir zu meinen Identitäten als erstes „Autistin" und

„Frau“ ein, wobei der Autismus deutlich mehr meiner Persönlichkeit ausmacht als das Frausein, auch wenn ich es schätze, dass ich als solche buntere Klamotten tragen „darf“ als Männer. Ich bin außerdem cisgeschlechtlich, habe also mein ganzes Leben in dem Geschlecht verbracht, das die Hebamme bei meiner Geburt ausrief, endogeschlechtlich oder dyadisch, das heißt mit aus medizinischer Sicht eindeutig weiblichen Geschlechtsmerkmalen geboren, und heterosexuell. Ich war immer mit Männern zusammen, auch wenn darin – typisch autistisch? – teilweise eine bewusste Entscheidung steckt. Außerdem lebe ich seit langem monogam, mir reicht also ein Partner, zumindest seitdem ich meinen Mann kennengelernt habe. Als Mädchen und Frau, gerade als autistische Frau, habe ich im Vergleich zu Männern einige Steine in den Weg gelegt bekommen. Als *weiße*9 deutsche Frau ohne Migrationserfahrung bekomme ich in dieser Gesellschaft wiederum unverdiente Vorteile. Die mediale Überrepräsentation *weißer* autistischer Menschen im Vergleich zu Schwarzen autistischen Menschen und autistischen Menschen of Color ist eines der Resultate *weißer* Privilegien. Diese Privilegien habe ich auch im Vergleich zu einigen Mitgliedern meiner Familie. 10 In meiner Familie vereinigen wir verschiedene kulturelle Gewohnheiten und teilweise transnationale Biografien. Wir alle wissen, wie es ist, ausgegrenzt oder einfach nur als ‚anders‘ gesehen und behandelt zu werden. Dies macht es leichter, einander zu verstehen, auch wenn sich die Formen der Ausgrenzung, die wir erleben, stark unterscheiden. Auch meine Position als unauffällige Autistin, die gelernt hat Augenkontakt zu halten und Lautsprache benutzt, ist mit einigen Vorteilen bedacht. Zwar setze ich mich in dem Moment, in dem ich sage, dass ich autistisch bin, der Gefahr aus, eine Reihe von Diskriminierungen zu erleben wie zum Beispiel Beleidigungen, Abwertungen und dem Absprechen von Kompetenzen. Aber ich habe eben auch die Wahl, dieses Risiko nicht einzugehen. Strukturelle Hindernisse, die autistischen Menschen in Schule, Ausbildung, Uni und bei der Arbeit begegnen, konnte ich bisher – auch dank der Unterstützung von Familie und Freund*innen – meist überwinden oder umgehen. Dennoch hatte auch ich Zeiten, in denen ich nicht gesprochen habe, weshalb mich eine kategorische Trennung von ‚Aspergern‘ oder ‚hochfunktionalen‘ und anderen Autist*innen nicht überzeugt.

Stellenweise werden Sie mich als widersprüchliche Person erleben. Ich habe das Bedürfnis, in einer Diskussion, die stark von nichtautistischen Fachleuten und Partner*innen geprägt ist, eine autistische Stimme zu erheben und einen Gegenpol zu diesen zu bilden.

Zu manchen Zeiten wünsche ich mir aber auch, einfach im Stuhlkreis ‚normaler' Paarberater*innen zu sitzen, den ich allerdings bereits mehr oder weniger freiwillig verlassen habe. Zugleich hinterfrage ich, ob es so etwas wie „neurotypisch" oder „normal" überhaupt gibt oder ob es nur ein Oberbegriff für diejenigen ist, „die keine Diagnose haben, weil sie noch nicht beim Arzt waren", so eine weise Freundin. Mai-Anh Bogers Buchreihe *Trilemma der Inklusion*, für mich ein Jahrhundertwerk, habe ich zu verdanken, dass ich meine widersprüchlichen Wünsche und Bedürfnisse hier so stehen lassen kann, da ich nun weiß, dass sie ganz ‚normal' sind.11

Da auch Sie als Leser*innen die unterschiedlichsten Identitäten und Erfahrungen mitbringen, werden manche meiner Tipps einigen von Ihnen vielleicht zu unkonventionell und anderen zu einfach oder bekannt vorkommen. Wenn Ihnen mein Buch als Ermutigung dienen kann, Ihrem eigenen Weg zu folgen oder als Bestätigung dafür, dass Sie bereits auf dem für Sie passenden Weg sind, hat es seinen Zweck jedoch genauso erfüllt, wie wenn es Sie dazu anregt Neues auszuprobieren. Ich möchte Menschen vor allem dazu ermutigen, auf die eigenen Stärken und die eigene Beziehungsfähigkeit zu vertrauen und dazu inspirieren, Beziehungen, wenn sie das Bedürfnis nach solchen haben, bewusst und mutig anzugehen.

1.4 Für wen ist dieses Buch geschrieben?

Für Autist*innen bzw. alle, die sich im Autismusspektrum verorten

Sie brauchen keine Autismus-Diagnose, um sich von diesem Buch angesprochen zu fühlen. Können Sie sich, wie ich an zwölf Jahre alte computergenerierte Passwörter erinnern, brauchen aber Erinnerungen im Kalender, um ihre engsten Freund*innen anzurufen? Willkommen im Club! Oder trifft eher das Gegenteil auf Sie zu? Auch das gibt es unter Autist*innen. Wir haben gemeinsam, dass wir anders wahrnehmen und Eindrücke, Informationen und Gefühle anders verarbeiten als die Mehrheit der Menschen. Deshalb sind auch unsere Bedürfnisse und Gefühle in Beziehungen für die Mehrheit der Menschen nicht immer leicht verständlich, obwohl wir nicht weniger und auch nicht immer grundsätzlich andere Bedürfnisse und Gefühle als nichtautistische Menschen haben. Wenn Sie sich als kopflastig, rational, schüchtern oder nüchtern beschreiben würden, könnte auch der eine oder andere Tipp für Sie nützlich sein. Dies muss wiederum nicht bedeuten, dass Sie autistisch sind!

Als autistische*r Leser*in werden Sie sich sicherlich an manchen Stellen wiedererkennen, an anderen Stellen vielleicht auch denken „Das ist aber bei mir ganz anders!“ oder sich fragen „Ist die überhaupt autistisch?“. Manchmal werden Sie vielleicht auch peinlich berührt sein, wenn ich in meinen Erfahrungsberichten kompliziert oder gar arrogant, manchmal wiederum kindlich und unbeholfen erscheine und damit gängige Autismus-Klischees bestätige. Auch Autist*innen sind individuell, sehr sogar, und es ist genauso okay, einem Klischee zu entsprechen wie es zu widerlegen.

Für nichtautistische Partner*innen von Autist*innen

Sicherlich wird dieses Buch auch von Partner*innen autistischer oder mutmaßlich autistischer Personen gelesen werden. Wenn Sie zu diesen Leser*innen gehören, werden Sie sicherlich die eine oder andere Eigenart Ihres*r Partners*in oder Ihrer Beziehung wiederfinden. Dies reicht aber noch nicht als Bestätigung eines Verdachts, er*sie könnte autistisch sein, aus! Versuchen Sie nicht, Ihre*n Partner*in von einer Diagnose oder einer Sicht auf seine*ihre Persönlichkeit zu überzeugen, die er*sie selbst im Moment als nicht hilfreich empfindet. Die Gründe dafür finden Sie in Kapitel 5.7 „Autismusdiagnose während der Beziehung“. Wenn Sie das Bedürfnis haben über Ihre Unterschiede zu sprechen, ist dies auch in alltäglichen Worten ohne psychiatrische Fachbegriffe möglich. Ein paar Ideen aus diesem Buch können Sie trotzdem ausprobieren, keine davon schadet nichtautistischen Menschen.

Verstehen Sie sich als neurotypisch oder einfach als ‚normal‘?

Als neurotypisch werden Menschen bezeichnet, deren Denken und Fühlen große Gemeinsamkeiten mit dem der Mehrheit der Menschen aufweist und die im Alltag deswegen mit ihren neurologischen Voraussetzungen auf wenige Barrieren stoßen. Als Paarberaterin erlebe ich oft, dass in dem Moment, in dem ein Mensch eine Autismus-Diagnose erhält, der*die Partner*in fast automatisch als neurotypisch etikettiert wird. Das wird der Sache nicht immer gerecht und nach einiger Zeit stellt sich nicht selten heraus, dass beide Partner*innen auf unterschiedliche Weise neurodivergent sind, auch wenn der Autismus in Beziehungen oft besonders auffällt. Wenn Sie ein*e nichtautistische*r Leser*in sind: Probieren Sie den Begriff „neurotypisch“ aus wie einen Hut. Passt Ihnen der Hut? Vielleicht hilft er Ihnen zu erkunden, wo sich für Sie Türen und Herzen öffnen, die Ihren autistischen Partner*innen, Freund*innen oder Klient*innen verschlossen bleiben. Lassen Sie sich durch den Hut jedoch nicht davon abhalten, ihre eigene Persönlichkeit genauer zu erforschen. Haben Sie möglicherweise Anteile, die zum Beispiel mit Depressionen, ADHS oder Hochsensibilität in Verbindung gebracht werden könnten? Das kommt zumindest bei den neurodiversen Paaren, die eine Beratung aufsuchen, nicht selten vor. Die Akzeptanz beidseitiger Neurodivergenzen kann es erleichtern, sich auf Augenhöhe zu begegnen und die spezifischen Bedürfnisse jedes*r Partners*in zu erkunden. Wenn Sie sich auch nach ausführlicher Selbstreflexion als neurotypisch verstehen, versuchen Sie dennoch Ihrem*r Partner*in Ihre Art in der Welt zu sein nicht als die einzig richtige, weil ‚normale‘ darzustellen, sondern als die Ihrer individuellen Persönlichkeit – in die hat er*sie sich schließlich verliebt.

Für neurodiverse Paare

Neurodiversität beschreibt – wie Diversität allgemein – die Tatsache, dass in einer Gesellschaft immer unterschiedliche Menschen zusammenleben und dass ein gerechter und angemessener Umgang mit diesen Unterschieden gefunden werden muss. Als neurodiverses Paar wird ein Paar bezeichnet, in dem mindestens eine*r der Partner*innen einer Neurominorität (siehe Glossar) angehört, zum Beispiel ein Paar aus einer neurodivergenten, zum Beispiel autistischen, und einer neurotypischen Person. Sich als neurodiverses Paar zu verstehen, birgt die Chance, sich über die Unterschiede zwischen den Partner*innen klar zu werden und darüber, welche konfliktreichen Eigenschaften, Verhaltensweisen und Dynamiken veränderbar sind und welche nicht. Sodann ist es möglich behutsam zu erkunden, wo Veränderungen nötig und möglich sind und wie hoch ihr Preis sein könnte. Zu viel Anpassung und Kompensation können für beide Partner*innen gravierende seelische und körperliche Nebenwirkungen haben. Sodann gilt es, eine Umgangsweise mit den Konfliktfaktoren zu finden, die sich nicht oder nur mit zu hohen Risiken ändern lassen. Dass dieser Prozess anfangs mit einem emotionalen Wechselbad aus Trauer und Erleichterung einhergeht, ähnlich wie die individuelle Verarbeitung einer Autismus-Diagnose, ist ganz ‚normal‘. Mit der Zeit überwiegt oft die Erleichterung. Nehmen

Sie sich Zeit und denken Sie auch an die speziellen Freuden und Stärken neurodiverser Paare, die in Kapitel 7 beschrieben werden.

Für Autist*innen in Beziehungen mit Autist*innen

Auch Beziehungen zwischen zwei oder mehr Autist*innen werden als neurodiverse Beziehungen bezeichnet. Diese können in einiger Hinsicht einfacher sein, wenn geteiltes Wissen und vielleicht auch geteilte Sensibilitäten vorhanden sind, was aber nicht immer der Fall ist. Dr. Peter Schmidt beschreibt in einem treffenden Bild Autist*innen als Inseln und Neurotypische als Teile von Kontinenten. Das Wasser trennt die Inseln nicht nur von den Kontinenten, sondern auch voneinander.12 Dennoch ist aufgrund der gemeinsamen Erfahrung des Inseldaseins ein intuitives Verständnis und Einfühlungsvermögen zwischen Autist*innen oft eher vorhanden als zwischen autistischen und nichtautistischen Menschen. Und viele Inseln sind auch so nah beieinander, dass man von der einen zur anderen schwimmen beziehungsweise Unterschiede leichter durch Kommunikation vermitteln und überbrücken kann. Doch trotz spontaner Harmonie können hier in Langzeitbeziehungen Schwierigkeiten auftreten, die denen anderer neurodiverser Paare ähneln. Dies wird insbesondere aus heterosexuellen Beziehungen zwischen Autist*innen berichtet, in denen die weibliche Partnerin oft einen Großteil der emotionalen und kommunikativen Beziehungsarbeit übernimmt und dabei teilweise geradezu eine neurotypische Rolle spielt, was auf Dauer zu Erschöpfung führen kann.13 Manchmal entstehen Herausforderungen nicht trotz, sondern gerade wegen anfänglicher Harmonie. Wenn beide Partner*innen eher still und schüchtern sind besteht die Gefahr, dass sie zu wenig miteinander kommunizieren und vor allem keine Diskussions- und Streitkultur entwickeln. Unter autistischen Partner*innen sollte Kommunikation bewusst gepflegt und dabei die Ressourcen und Belastungsgrenzen der Partner*innen beachtet werden, indem zum Beispiel Beziehungsgespräche in ritualisiertem Rahmen und mit einer Zeitbegrenzung praktiziert werden, wie in den Kapiteln 4.5, 5.5. und 6.3 vorgeschlagen. Auch ein offenes Gespräch über sensorische Wahrnehmungen und Vorlieben der Partner*innen ist hier besonders wichtig um körperliche Intimität in der Beziehung zu gestalten, die von beiden als angenehm empfunden wird, sofern beide dies wünschen.

Als Paar: Werden Sie sich über die Unterschiede zwischen den Partner*innen klar. Versuchen Sie diese neutral zu beschreiben oder positiv zu besetzen. Aus „kleinlich" kann „perfektionistisch" werden und aus „schludrig" „effizient", aus „stur" „zuverlässig" und aus „flatterhaft" „flexibel". Oft hilft es dabei, sich an die Anfangsphase der Beziehung zu erinnern, in der Ihnen vielleicht gerade diese Eigenschaften gefallen haben. Einige Konflikte lassen sich durch diese positive Deutung bereits entschärfen oder lösen. Betrachten Sie die übriggebliebenen Konflikte: Was können Sie beide, was kann jede*r Einzelne von Ihnen ändern und was nicht? Wenn Sie sich für den Versuch entscheiden, etwas zu ändern, beschließen Sie dies gemeinsam und geben Sie sich und einander Zeit für die Umsetzung. Machen Sie Ihren Frieden mit den Dingen, die sich nicht ändern lassen. Der Autismus gehört dazu.

Als nichtautistische*r Partner*in: Zwingen Sie Ihrem*r Partner*in keine Diagnosen auf und kommunizieren Sie eigene Verdachtsdiagnosen, wenn überhaupt, extrem vorsichtig. Erkunden Sie auch Ihre eigene Persönlichkeit und nehmen Sie nicht vorschnell die Identität „neurotypisch" an. Wenn Sie Unterschiede zwischen Ihnen beiden als belastend empfinden und darüber sprechen wollen: Beschreiben Sie diese Unterschiede möglichst wertfrei und ohne die Namen psychiatrischer ‚Krankheits'-Bilder zu verwenden. Das Ziel sollte nicht sein, die Unterschiede zu beseitigen – das würde jede Beziehung langweiliger machen und ist im Fall von Autismus auch unmöglich –, sondern einen für beide akzeptablen Umgang damit zu finden.

Als autistische*r oder mutmaßlich autistische*r Leser*in: Haben Sie Mut, zu Ihrer Selbstwahrnehmung zu stehen und Ihre Bedürfnisse zu erkunden sowie jetzigen und zukünftigen Partner*innen mitzuteilen.

2 Vor der Beziehung

> Wenn du willst, was du noch nie gehabt hast,
> dann tu, was du noch nie getan hast.
> Nossrat Peseschkian14

2.1 Was will ich, was brauche ich und was kann ich geben?

Was will ich?

Wenn Sie mich als junge Frau gefragt hätten, warum ich mir eine Beziehung wünsche, hätte ich vielleicht Antworten gegeben wie: „Ich will guten Sex und, dass jemand für mich ab und zu Risotto kocht." „Ich suche einen guten Vater, da ich später mal Kinder haben möchte." „Ich möchte einfach nicht mehr allein sein." „Mein Hobby würde noch viel mehr Spaß machen, wenn ich es dauerhaft mit jemandem teilen könnte." „Ich mag Sexualpraktiken, die allein nicht möglich sind." „Ich sehne mich danach, einen anderen Menschen wirklich tief zu verstehen und selbst verstanden zu werden." „Ich möchte mich weiterentwickeln und meine sanfte Seite erkunden." „Ich möchte einfach öfter körperlich und emotional berührt werden und berühren." „Ich fühle mich abends sehr einsam." „Ich wünsche mir mehr tiefgründige Gespräche mit einem Menschen, den ich wirklich gut kenne und mit dem ich viel gemeinsam habe." „Ich habe so viel Liebe zu geben, dass sie einfach irgendwo hin muss!"

Auch Sie sollten sich diese Frage stellen und ehrlich beantworten. Dabei kann sich herausstellen, dass es sich teilweise um Wünsche handelt, für deren Erfüllung es nicht unbedingt erforderlich ist, eine feste Partnerschaft einzugehen. „Ich bin jung und brauche den Sex" zählt in Zeiten von Tinder und High-Tech-Vibratoren nicht mehr als ausreichender Grund. Wenn Sie zu dem Schluss kommen, dass Sie eine dauerhafte Bindung zu einem anderen Menschen eingehen wollen, werden Sie sich auch die Frage stellen: Was wünschen ich mir von einem*r Partner*in und wie finde ich ihn*sie?

Vielleicht haben Sie gemischte Gefühle und Bedürfnisse, zum Beispiel nicht immer allein zu Abend essen, regelmäßig intellektuell anregende Gespräche führen und eines Tages vielleicht auch noch Kinder bekommen. Auch in diesem Fall können Sie jemanden finden, der*die exakt das zu geben hat, was Sie sich erträumen. Also machen Sie nicht vorschnell Abstriche bei Ihren Wünschen, aber setzen Sie Prioritäten, um den Anfang Ihrer Suche leichter zu machen. Je nachdem, was Ihnen wichtiger ist, können Sie Ihre Partnersuche in Ihrem Arbeitsumfeld, im Wanderverein, in der Salsa-Bar oder im SM-Club beginnen. Je nachdem an welchem dieser Orte Sie jemanden kennenlernen, werden unterschiedliche Eigenschaften hervortreten und die anderen Seiten der Person werden Sie erst mit der Zeit kennenlernen.

Möchten Sie eine*n Partner*in, weil Sie eines Tages Kinder haben möchten? Das muss nicht der schlechteste Grund sein, denn wenn Sie sich Kinder wünschen, sind Sie ja bereit, sich dauerhaft auf jemanden einzulassen, der*die viel emotionale Zuwendung geben, aber auch fordern wird. Wahrscheinlich werden Sie dann eine*n Partner*in suchen, den*die Sie sich gut als Elternteil vorstellen können. Damit stehen die Chancen nicht schlecht, eine geduldige Person zu finden, die Ihnen auch als Partner*in guttut. Vergessen Sie aber nicht, dass von Ihnen selbst dann ähnliche Fähigkeiten gefordert werden könnten. Sie müssen Ihren Kinderwunsch auch nicht unbedingt an eine Paarbeziehung koppeln. Ein Leben mit Kindern ist auch auf anderen Wegen möglich: in Co-Elternschaft mit einem gleichgeschlechtlichen Paar oder einer alleinstehenden Person15, durch regelmäßiges Gratis-Babysitten der Kinder alleinerziehender Bekannter oder, indem man in einer Wohngemeinschaft den Alltag mit Kindern teilt. Doch auch aus tollem Sex, Freundschaft, der Suche nach einem Co-Elternteil, einem*r Mitbewohner*in oder einem*r Partner*in für tiefgründige Gespräche kann sich Liebe entwickeln. Wichtig ist eben, die eigenen Bedürfnisse zu kennen und zur richtigen Zeit die passende Person dafür zu finden, oder sich gemeinsam weiterzuentwickeln, wenn sich die Bedürfnisse ändern sollten.

Was brauche ich und was kann ich geben?

Neben der Frage „Was will ich?“ sollten Sie sich auch die Frage stellen: „Was brauche ich?“. Manchmal spielt auch der Wunsch nach einem höheren Selbstwertgefühl oder nach jemandem, der eigene Schwächen ausgleichen kann, eine Rolle bei der Beziehungssuche. Das ist okay und ist bei den meisten Menschen so, auch wenn es selten bewusst wahrgenommen oder gar gesagt wird. Falls Sie gerade mit einem schlechten Selbstwertgefühl oder anderen inneren oder äußeren Schwierigkeiten kämpfen, sollten Sie die Lösung dieses Problems aber nicht Ihrem*r Partner*in aufbürden. Durch eine gelingende Beziehung wird es mit der Zeit wie von selbst besser werden. Genießen Sie die Zuneigung, die Ihnen entgegengebracht wird, nehmen Sie diese wahr und erwidern Sie diese mit den Mitteln, die Ihnen gerade zur Verfügung stehen.

Wenn Sie zu denjenigen gehören, die bisher keine, erst eine oder wenige kurze Beziehungen hatten, lohnt es sich auch nochmal zu überdenken, wo und wie Sie nach Beziehungspartner*innen Ausschau gehalten haben und ob das zu Ihren Wünschen an eine*n Partner*in und Ihren eigenen Bedürfnissen in einer Beziehung passte. Wenn Sie nach einer Langzeitbeziehung suchen, sind im Allgemeinen Orte am besten, an denen man sich mehrmals trifft, ohne es schon explizit als Date deklarieren zu müssen. Also hoffen Sie nicht auf die „Zufallsbekanntschaft" im Waschsalon, sondern schauen Sie sich stattdessen beispielsweise um, wer immer wieder auf den Geburtstagsfeiern Ihrer Freund*innen anzutreffen ist. Bei solchen oder ähnlichen Gelegenheiten haben Sie eher die Chance, sich ohne das Stresslevel einer Beziehungsanbahnung kennenzulernen, finden leicht Gesprächsthemen und teilen durch den gemeinsamen Bekanntenkreis vielleicht auch Freizeitvorlieben, Erfahrungen oder im Idealfall auch einige Werte.

Haben Sie Zweifel an der eigenen „Beziehungsfähigkeit", vielleicht weil frühere Partner*innen Ihnen diese abgesprochen haben? Vielleicht hat das konventionelle Modell romantischer Beziehungen nicht für Sie gepasst oder Sie haben bisher nicht die Partner*innen oder die Bedingungen angetroffen, die Ihnen guttaten.

Falls Sie zu den Menschen gehören, die bereits eine lange Serie von Beziehungen hinter sich haben, lohnt es sich vielleicht, nochmal zu reflektieren wie und warum Sie mit Ihren bisherigen Partner*innen zusammengekommen sind, was Sie mit ihnen gemeinsam hatten und was nicht und wie und warum Sie sich getrennt haben. Machen Sie hierzu ruhig eine Liste. Vielleicht ist da ein Muster zu erkennen, das im Widerspruch zu Teilen Ihrer tatsächlichen Bedürfnisse steht. Haben Sie Erfahrungen mit Gewalt in Beziehungen gemacht, als Betroffene oder als ausübende Person, lesen Sie bitte Kapitel 6.9.

Worauf möchte ich mich einlassen, worauf verzichten?

Eine Liebesbeziehung, in der jede Person als ganzer Mensch, mit Leib, Seele und Geist angenommen wird, ist eine fantastische Gelegenheit, sich zu öffnen und sich weiterzuentwickeln. Doch nicht jeder Mensch braucht das, um zufrieden zu sein. Wenn Sie lieben und geliebt werden möchten, müssen Sie auch die emotionale Zuwendung anderer ertragen. Viele Ausdrucksweisen von Liebe können überwältigend sein, sowohl sensorisch als auch emotional. Für welche sind Sie jetzt schon bereit, welche könnten Sie sich vielleicht später vorstellen? Auch müssen Sie, oft mit jedem*r Partner*in neu, lernen, Ihre Liebe in liebevolles Verhalten zu übersetzen, das die geliebte Person auch als solches versteht. Wie das genau gehen kann, dazu finden sich Anregungen in Kapitel 4.3 „Liebe zeigen und erkennen". In einer funktionierenden Liebesbeziehung kann man lernen, den anderen und sich selbst besser zu verstehen, sich verletzlich zu zeigen, ohne verletzt zu werden, neue Gefühle, Gedanken und Taten auszuprobieren und ohne Zwang sich selbst und gemeinsam weiterzuentwickeln. Das ist wunderschön, aber auch Arbeit. Nicht jeder Mensch braucht das, um ein zufriedenes Leben zu führen.

Zu jeder Zeit in der Geschichte gab es Menschen, die allein oder in anderen Zusammenhängen als in einer Paarbeziehung gelebt haben, nicht nur in Klöstern. Eine romantische Paarbeziehung einzugehen, bedeutet meistens auch aus Zeitgründen, andere Beziehungen weniger eng zu leben, zum Beispiel die zu Freund*innen oder zur eigenen Herkunftsfamilie. Ganz zu schweigen von Hobbies. Was sind Sie bereit aufzugeben, um eine Beziehung zu führen? Entspringt Ihr Wunsch nach einer romantischen Beziehung wirklich Ihren persönlichen Bedürfnissen, oder eher der gesellschaftlich verbreiteten *Amatonormativität*?16 Inzwischen gibt es interessante Perspektiven aus der Single-Forschung von Bella DePaulo oder Forschungen zur freundschaftszentrierten Lebensweise von Doreen Kruppa, die zeigen, dass emotionale und teilweise auch körperliche Nähe, Fürsorge und Verantwortung füreinander nicht nur in romantischen Beziehungen gelebt werden.17

Für Beziehungssuchende: Fragen Sie sich, welchen Wünschen und Bedürfnissen Sie durch eine Beziehung nachgehen möchten und ob dies hinreichende Gründe sind. Fragen Sie sich, was Sie sich von einem*r Partner*in wünschen, und ob Sie selbst bereit sind, Ähnliches zu geben. Priorisieren Sie die Wünsche und fangen Sie danach mit der Suche an. Schauen Sie sich auch dort um, wo nicht die Beziehungsanbahnung im Vordergrund steht, zum Beispiel bei Freizeitaktivitäten im Verein oder Bekanntenkreis. Das reduziert Stress und Erwartungen und gibt einer möglicherweise entstehenden Beziehung mehr Spielraum, sich zu entwickeln.

2.2 Autgender, sapiosexuell, alt, sucht Wochenendbeziehung

Geschlechter und sexuelle Orientierungen

Wir Autist*innen gelten ja als unflexibel und gehen tatsächlich oft gerne planvoll an die Partnersuche heran. Es gibt aber eine Sache, in der unsere Flexibilität allgemein anerkannt ist, und zwar sexuelle Orientierungen und Geschlechtsidentitäten.18 Immer wieder berichten Autist*innen, dass für sie Geschlecht nicht stark emotional besetzt und ihre sexuelle Orientierung als hetero-, homo- bi oder pansexuell eine bewusste Entscheidung ist. Unter uns identifiziert sich ein größerer Prozentsatz als trans, nonbinär oder queer als unter Neurotypischen. Manche bezeichnen ihr Geschlecht auch als Autgender. Auch wenn Ihnen diese Begriffe und Konzepte nichts sagen oder sie nicht für Sie passen, entwickeln Sie Fantasie(n) und schränken Sie Ihre Auswahl nicht unnötig ein. Falls Sie vorhaben, Online-Dating auszuprobieren, ist es ratsam, sich mit einigen Begriffen und Abkürzungen vertraut zu machen.19

Sind Sie weniger auf körperliche Intimität erpicht, sondern betrachten eher Kuscheln oder tiefgründige Gespräche als wichtigste Zutaten einer romantischen Beziehung? Vielleicht gibt es für Ihre Art des Empfindens auch schon einen Begriff wie asexuell oder an sexuellen Praktiken grundsätzlich desinteressiert, demisexuell oder nur an Sexualität mit Menschen interessiert, mit denen man bereits emotional stark verbunden ist, oder sapiosexuell, was bedeutet sich weniger durch körperliche als durch geistige Eigenschaften eines*r Partners*in angezogen zu fühlen. Auch hier werden Sie mit Sicherheit Partner*innen finden, die ähnlich empfinden, die vielleicht herkömmliche sexuelle Praktiken mit Leistungsdruck oder Überreizung verbinden und für Ihre Geduld und Sanftheit beim Kuscheln, Philosophieren und Zuhören dankbar sind. Die finden Sie dann vielleicht weniger bei klassischen Beziehungs-Anbahnungs-Gelegenheiten wie Tanzveranstaltungen, sondern vielleicht bei Spieleabenden im Freundeskreis oder bei der Ausübung des jeweiligen Hobbys. Auch manche Partnervermittlungen und Dating-Plattformen im Internet ermöglichen die Suche nach Freundschaften und Paarbeziehungen für Menschen im asexuellen Spektrum.20

Nicht alle Menschen empfinden es als hilfreich, ihre Identität und ihr Begehren in Begriffe zu fassen. Manche können es auch als einschränkend erleben und möchten vielleicht zunächst ausprobieren, was ihnen überhaupt gefällt und was für sie passt, bevor sie dem einen Namen geben. Wichtig ist zu wissen, dass man Menschen ihr Geschlecht und ihre sexuelle Orientierung nicht immer ansieht, dass diese sich im Laufe eines Lebens ändern können und dass im Gespräch der richtige Zeitpunkt abgewartet werden muss, um etwas darüber zu erfahren. Halten Sie sich mit Fragen hier zurück, erzählen Sie lieber erst etwas von sich und vertrauen Sie darauf, dass eine Person, die Sie attraktiv findet und Ihnen vertraut, sich Ihnen rechtzeitig offenbaren wird.

Beziehungsmodelle

Die meisten Menschen verstehen unter „Beziehung" wohl immer noch eine exklusive Paarbeziehung mit nur einem*r Partner*in, die körperliche Intimität mit anderen Personen ausschließt. Besonders bei heterosexuellen Paaren schließt dies stillschweigend oft eine Art Rechenschaftspflicht mit ein über – auch freundschaftliche – Kontakte mit anderen Menschen des jeweils anderen Geschlechts. Es gibt jedoch, meinem Eindruck als Paarberaterin nach, eine immer größere oder jedenfalls immer sichtbarere Gruppe von Menschen, die sich von vorneherein für nicht monogame Beziehungen, auch als offene oder polyamouröse Beziehungen bezeichnet, entscheiden. Bei manchen entwickeln sich solche Wünsche oder Realitäten auch im Laufe der Zeit. Wie offene Beziehungen konkret gelebt werden, ist sehr unterschiedlich und bedarf immer wieder erneuter Absprachen. Für manche Paare bedeutet es, dass die Partner*innen nicht auf sexueller Treue bestehen und einander „Fremdgehen" nicht vorwerfen. Das kann auch eine pragmatische Entscheidung sein, wenn beide nicht am selben Ort wohnen oder wenn die Partner*innen unterschiedliche sexuelle Vorlieben haben, die nicht alle in der (Haupt-)Beziehung ausgelebt werden können. Für manche Paare schließt eine offene Beziehung ein mögliches Verlieben außerhalb der Partnerschaft ein, für andere nicht. Es kann auch sein, dass ein Paar sich gemeinsam in eine dritte Person oder ein anderes Paar verliebt oder sich Daueraffären zu Zweit-Beziehungen entwickeln. Auf jeden Fall muss abgesprochen werden, wie offen über Kontakte mit Dritten oder Neben-Beziehungen kommuniziert werden soll. Viele sagen: „Mach' was du willst, solange ich nichts davon erfahre!", während andere sich ganz gerne die Erzählungen ihres*r Partners*in über sexuelle Abenteuer anhören und weitere zumindest wissen möchten, wo beide emotional stehen.

Mit Polyamorie wird noch stärker als mit einer offenen Beziehung – auch wenn die Übergänge in der Praxis fließend sind – ein offener Umgang mit teilweise gleichberechtigt koexistierenden Beziehungen verbunden. Manche Menschen und Paare entscheiden sich von Anfang an – oft aus politisch-moralischer Überzeugung – für Polyamorie, bei anderen entwickelt sich der Wunsch danach erst im Laufe der Zeit.

Polyamouröse Konstellationen oder *Polyküle* erfordern viel Zeit und Energie für Kommunikation und eine hohe Sensibilität im Umgang miteinander.21 Paare, die ihre Beziehung öffnen, sollten sich darüber im Klaren sein, dass hinzukommende Personen ihre eigenen Wünsche und Gefühle haben und neue Beziehungen Eigendynamiken entwickeln können, die für die Partner*innen der ursprünglichen Beziehung nicht planbar sind. Umgekehrt kann man, wenn man selbst als weitere Person zu einer bestehenden Beziehung hinzukommt, die Absprachen und Dynamiken innerhalb dieser nur schwer beeinflussen.

Eine Beziehungsform, für die sich vielleicht wenige Menschen bewusst entscheiden, die aber für Autist*innen durchaus Vorteile haben kann, ist die Fernbeziehung oder Wochenendbeziehung. Bei dieser treffen sich die Partner*innen nicht jeden Tag, da sie räumlich voneinander entfernt wohnen, wenig Freizeit haben oder weil sie es so vereinbart haben. Autist*innen kann so ein Arrangement durchaus vor der Reizüberflutung schützen, die ein Vollzeit-Beziehungs-Alltag leicht mit sich bringt. Die gemeinsam verbrachte Zeit wird in der Regel bewusst gestaltet, die Beziehung steht dann im Mittelpunkt und Herausforderungen wie der Übergang von der Verliebtheit zur Liebe (siehe Kapitel 5.1) stellen sich später. Ein Übergang zu einer Vollzeit-Beziehung oder gar zu einer gemeinsamen Wohnung sollte gerade von neurodiversen Paaren sehr bewusst gestaltet werden. Die Partner*innen lernen einander noch einmal neu kennen, wenn sie täglich zusammen sind und einander in allen Stimmungen und ohne Fassade erleben.

Für Beziehungssuchende: Informieren Sie sich über verschiedene Beziehungsformen, Sexualitäten und Geschlechter auch jenseits dessen, was in Gesellschaft, Filmen und Songtexten als ‚normal' präsentiert wird. Schränken Sie sich nicht unnötig ein und legen Sie sich nicht unnötig früh fest, sondern beobachten Sie ihre eigenen Gefühle und Fantasien, wenn sie von für Sie neuen Beziehungsmodellen und -praktiken hören. Nehmen Sie sich Zeit, potenzielle Beziehungspartner*innen und deren Wünsche kennenzulernen.

2.3 Absolute Beginners, Autismus und Incels, zufriedene Singles

Sind Sie schon lange Single, freiwillig oder unfreiwillig, hatten noch nie Sex oder erinnern sich nur noch schwach an Ihre letzte Beziehung? Sie sind nicht so allein, wie Sie vielleicht denken. Seit den 1990ern Jahren tun sich Menschen mit keiner oder wenig Beziehungserfahrung als Absolute Beginners in Online-Foren zusammen.22 Eine gute Nachricht ist, dass es nie zu spät ist eine Liebesbeziehung zu beginnen. Mittlerweile gibt es Online-Dating-Angebote wie „Gleichklang", die explizit abfragen, ob jemand „Absolute Beginner", d.h. mit gar keiner Beziehungserfahrung, oder „Beginner", d.h. mit wenig Beziehungserfahrung, ist, und ob dies bei der Partnersuche berücksichtigt werden soll. Sollte es mit der Partnersuche nicht so schnell klappen oder braucht man für diese zunächst eine emotionale Stärkung, tut es sicher gut, sich mit Menschen auszutauschen, die ähnliche Erfahrungen machen wie man selbst, zum Beispiel in einer Selbsthilfegruppe, die es in verschiedenen Großstädten gibt.

Ähnlich klingend, aber meist ganz anders gemeint, ist der Name „Incels", kurz für „involuntary celibates" oder auf Deutsch unfreiwillig Zölibatäre. Ursprünglich wurde der Begriff ähnlich benutzt wie (Absolute) Beginners, um Menschen zu bezeichnen, die aus welchen Gründen auch immer keine*n Beziehungspartner*in finden, sich aber eine*n wünschen. Inzwischen wird er von heterosexuellen Männern für sich beansprucht, die sich als Opfer der Frauen und der Gesellschaft sehen und von denen manche allzu gerne ihren vermeintlichen Anspruch auf Sex und Ehe diesen gegenüber einklagen oder mit Gewalt durchsetzen würden. Täter sexistischer und rassistischer Attentate der letzten Jahre beriefen sich auf Incel-Foren und waren in diesen aktiv.23 Darüber zu schreiben hebt nicht gerade meine Laune und grundsätzlich möchte ich diese Menschen nicht mit noch mehr Aufmerksamkeit bedenken. Allerdings ist mir und anderen autistischen Frauen aufgefallen, dass häufiger auf Incel-Seiten Autismus als einer der Gründe für unfreiwilliges Zölibat genannt wird und Incel-Kreise teilweise um autistische Männer – „Asperger" in ihrer Sprache – zu werben scheinen. Sicher mag es Autisten unter Incels geben, wie in jeder anderen sozialen und politischen Gruppe auch. Aber bitte fallen Sie nicht auf die Behauptung einer bedeutsamen Schnittmenge zwischen der verschwörungstheoretischen und gewaltverherrlichenden Incel-Szene und Autist*innen herein, wie es manche Medien bereits suggeriert haben. Das spielt vor allem denjenigen Medienvertreter*innen in die Hände, die immer noch Hassverbrechen mit psychiatrischen Diagnosen der Täter*innen zu erklären versuchen und uns damit alle stigmatisieren.24 Es bringt Sie auch kein Stück weit dem Ziel näher, eine Beziehung zu haben. Klarer als eine anonyme autistische Frau, die dieses Buch Korrektur gelesen hat, kann ich es nicht ausdrücken: „Die Vorstellung einer vermeintlich männlichen Überlegenheit und eine Bereitschaft, die Erfüllung eigener sexueller Wünsche gegenüber Frauen mit Gewalt zu erzwingen, führt nicht zu einer zufriedenstellenden Liebesbeziehung."

Anstatt allzu krampfhaft nach einer Beziehung zu suchen, versuchen Sie während Ihrer Suche auch das Positive an Ihrem Singleleben zu sehen und dessen vielleicht letzte Monate zu genießen: Welchen von den Wünschen, die Sie mit einer Beziehung verbinden, könnten Sie auch jetzt schon ohne Beziehung zumindest teilweise verwirklichen? Und inwiefern würde Sie das Ihrem Ziel, eine Beziehung zu führen, näherbringen, indem Sie zum Beispiel mehr Kontakte zu anderen Menschen knüpfen, Ihre dafür notwendigen Fähigkeiten erweitern, zufriedener sind und das auch ausstrahlen?

Für von der Beziehungssuche Frustrierte: Suchen Sie die Verantwortung dafür, dass Sie (noch) keine Beziehung haben, nicht bei denen, die Sie sich als Beziehungspartner*innen wünschen. Erkunden Sie Ihre eigene Persönlichkeit und die gesellschaftlichen und biographischen Umstände, die dazu beigetragen haben, dass es so ist, wie es ist. Dann schauen Sie, was sich daran ändern lässt oder was sich möglicherweise schon geändert hat und wie Sie das nutzen können.

3 Eine*n Partner*in finden, einander kennenlernen

Caminante, no hay camino,
se hace camino al andar.
Antonio Machado25

3.1 Verknallt, verliebt, verheiratet?

Ich schreibe dies an unserem zehnten Hochzeitstag. Mein Partner und ich haben uns vor 22 Jahren kennengelernt, genießen seit 21 Jahren bedeutende Teile unseres Lebens gemeinsam, sind seit neunzehn Jahren offiziell zusammen – was auch immer das heißt, ihm schien das damals wichtig zu sein – und seit zehn Jahren verheiratet. Etwas langsam, aber insgesamt recht konventionell.

Eine andere Erzählung derselben Geschichte: Ich wusste zunächst, dass mein heutiger Partner ein freundlicher, wohlwollender und vertrauenswürdiger Mensch ist, der mit großer Empathie und fast unvergleichlichem Gerechtigkeitssinn für sich selbst und vor allem für andere einsteht. Das hatte ich durch unsere Zusammenarbeit als Aktivist*innen und Kolleg*innen erfahren. Das war mir wichtig. Ich wusste, dass er als Freund und Sohn liebevoll und zuverlässig ist. Ich merkte natürlich auch, dass er unglaublich gut duftet, umwerfend aussieht und eine einzigartig weiche und samtige Stimme hat. Das war aber nicht der Anfang, sondern eher das I-Tüpfelchen auf meiner langen Liste an Dingen, die ich an ihm liebe.

Die aus Hollywood-Filmen und Popsongs bekannte Erzählung verknallt – verliebt – verheiratet ist eine junge, westliche, also eher in den USA und Europa verbreitete, und vielleicht auch männliche und neurotypische Erzählung. Diese Erzählung geht so: Am Anfang steht die körperliche Anziehung, angetrieben durch Sexualhormone. Diese führt dann dazu, dass man sich in einen anderen Menschen verknallt oder „verguckt" oder ihn*sie gut „riechen" kann. Danach kommt eine Phase emotionaler Euphorie, in der man vom anderen fast besessen ist, weil er*sie in einem selbst so angenehme Gefühle auslöst, auch Verliebtheit genannt, oder, für die etwas Nüchterneren unter uns, Dopaminrausch, denn es ähnelt tatsächlich einer Sucht. Daraufhin folge eine lange Phase, in der man die andere Person um ihrer selbst willen schätzen lernt und sich aus der Verliebtheit Liebe entwickelt, körperlich unterstützt durch das sogenannte Kuschelhormon Oxytocin, das auch bei der Eltern-Kind-Bindung zum

Einsatz kommt. Das läuft auch bei einigen Paaren, auch neurodiversen Paaren, so. Es gibt jedoch auch andere, bewährte und pragmatische Mittel und Wege, die in vielen Teilen der Welt noch oder wieder verbreitet sind, wie zum Beispiel den Parship-Algorithmus, Verkupplung durch gemeinsame Freund*innen, oder durch die Eltern aufgegebene Kontaktanzeigen. Nach 20 Jahren ist das, wenn es gut gelaufen ist, ziemlich egal.

Für neurodiverse Beziehungen gilt das Gleiche wie für das Aufwachsen autistischer Kinder: Vergesst die „richtige" Reihenfolge! Es gibt keine richtige Reihenfolge und auch kein richtiges Tempo. Unterscheiden lassen sich verschiedene Phasen dennoch, und so treten auch Sie als Leser*innen und ich hier in eine neue Phase ein. In diesem und den folgenden Kapiteln werden Sie langsam vertrauter mit mir und wir tauchen gemeinsam zunehmend in den Alltag ein. Deshalb und aus Gründen der besseren Lesbarkeit, damit Sie nicht immer groß- und kleingeschriebene „Sie"s auseinanderhalten müssen, biete ich Ihnen das „du" an und hoffe, dass ihr es annehmt.

Für alle Leser*innen: Geht euer Leben und eure Beziehungen in Eurem eigenen Tempo an! Vergesst alle Vorstellungen über die „richtige" Reihenfolge und das „richtige" Tempo!

3.2 Wo und wie finde ich eine*n Partner*in?

Wo finde ich ihn*sie?

Es muss nicht das Tinder-Date, der Club-Abend oder die Hochzeit gemeinsamer Freund*innen sein. Viele glückliche Paare haben sich bei der Arbeit, im Wanderverein oder bei Spaziergängen mit ihren jeweiligen Hunden im Park, auch ungewaschen und verkatert, kennengelernt. Wie cool wäre es, wenn dein*e Partner*in deine Spezialinteressen teilt? Ein gemeinsames politisches oder soziales Engagement, ähnliche Berufe, sofern man Spaß an ihnen hat, oder die Mitgliedschaft in einem interessenspezifischen Verein sorgen dafür, dass ihr dauerhaft gemeinsame Erlebnisse und Gesprächsthemen und oft auch eine tragende Wertebasis habt. Dies macht die erste Phase der Verliebtheit, in der auch neurotypische Menschen oft so aufgeregt sind, dass sie kaum ein Wort herausbringen, einfacher und stabilisiert die Beziehung, nachdem diese erste Phase vorbei ist.

Im Grunde gibt es grob zwei verschiedene Wege der Partnersuche. Der erste Weg ist der, sich eine*n Traumpartner*in vorzustellen, einen Kriterienkatalog zu entwickeln und dann gezielt nach einer Person zu suchen, die diesen erfüllt. Das kann durchaus erfolgreich sein, wie Dr. Peter Schmidt mit seinem Buch *Ein Kaktus zum Valentinstag* beweist. Die Suche kann dann zum Beispiel durch die Beauftragung einer Partnervermittlung, das Aufgeben einer Kontaktanzeige, der Vermittlung durch gemeinsame Bekannte oder dem Aufsuchen von Orten, an denen Personen zu finden sein könnten, welche die Kriterien erfüllen, erfolgen. Sinnvoll ist es hier aber, die Kriterien nicht zu sehr einzuengen und dennoch offen zu bleiben für Zufallsbekanntschaften. Auch Dr. Peter Schmidt hat seine spätere Frau schließlich nicht beim Tanzkurs oder bei einer Reise, sondern beim Zahnarzt getroffen. Auch sollte man sich die Kriterien gut überlegen und dabei nicht zu sehr auf Äußerlichkeiten achten, die sich bekanntlich mit der Zeit meist ändern.

Der zweite Weg, den ich bevorzuge, ist der, allgemein den Kreis der Begegnungen und Kontaktmöglichkeiten zu erweitern, um die Chance zu erhöhen, darunter eine Person zu finden, die als Beziehungspartner*in in Frage kommt. Das bedeutet vielleicht einem Verein beizutreten, der sich mit deinem Spezialinteresse beschäftigt, ein Ehrenamt auszuüben, Konzerte deiner Lieblingsbands zu besuchen, Einladungen im erweiterten Freundeskreis anzunehmen oder mit Kolleg*innen mittags essen gehen. Natürlich nicht alles davon gleichzeitig, damit es nicht zum Sozialstress wird. Auf jeden Fall wirst du auf diesem Weg Menschen kennenlernen, mit denen du etwas gemeinsam hast, dich im Kontakt und Gespräch mit ihnen üben und somit, falls du nicht direkt dort eine*n Partner*in findest, deine Voraussetzungen für eine Partnerschaft verbessern. Und wenn du dann eine Person triffst, die du besonders magst und er*sie dich auch, kannst du ja immer nochmal auf deine Checkliste schauen. Aber versuche auf die andere Person neugierig zu bleiben und ihn*sie nicht nur nach Deinem Kriterienkatalog zu beurteilen!

Wie spreche ich ihn*sie an?

Small Talk übers Wetter, über die Umgebung, in der ihr euch gerade befindet und – nur Positives! – über gemeinsame Bekannte ist immer erlaubt, für dich als Autist*in aber wahrscheinlich nicht so einfach. Man kann das aber üben. Der Trick ist, keine Angst vor Banalitäten zu haben. Deinen autistischen Perfektionismus kannst du hier einmal ruhen lassen. Stell dir vor, du wärst im Urlaub in einem Land, dessen Sprache du gerade vor ein paar Monaten angefangen hast zu lernen. Was würdest du dann sagen? „Schönes

Wetter heute. Haben Sie gut hergefunden? Wissen Sie, wo es Kaffee gibt? Möchten Sie auch einen?" Genau so geht Small Talk. Wenn das einige Minuten lang gut geht, werdet ihr vielleicht von ganz allein zu ernsteren Gesprächsthemen übergehen. Dein gutes Gedächtnis, deine Aufmerksamkeit für Details oder dein Spezialinteresse ermöglichen dir sicher, in Gesprächen mit interessanten Fakten oder originellen Beobachtungen zu glänzen. Setze das ruhig ein. Halte nur keine halbstündige Vorlesung über Zwergplaneten, Reptilien oder die Überhangmandate im Bundestag, sofern dein Gegenüber nicht genauso begeistert vom Thema ist und immer wieder eigene Gedanken dazu beisteuert. Ein Gespräch, insbesondere eines, in dem man sich kennenlernt, sollte beidseitig sein. Wenn eine Person nicht mehr aktiv am Gespräch teilnimmt, sondern nur noch nickt und „mmh" sagt, droht es seinen Zweck zu verfehlen. Ein gutes Mittel dies zu verhindern ist, Fragen zu stellen, zum Beispiel nach Freizeitaktivitäten, Lieblingsessen, Musik oder kürzlich gesehenen Filmen. Die Fragen dürfen gerne persönlich sein, aber zu diesem Zeitpunkt noch nicht zu sehr an tiefgründige oder eventuell belastende Themen wie die Biografie des Gegenübers rühren. Menschen reden meistens gerne über Dinge, die sie mögen, und darüber Bescheid zu wissen, könnte bei einem Wiedersehen hilfreich sein.

Manchmal gerätst du vielleicht in eine Situation, in der du dich, ebenso wie eine Person, die dich interessiert, in der Rolle eines*r Außenseiter*in befindest. Vielleicht steht ihr auf einer Party im Flur oder auf dem Balkon, weil es in den Zimmern zu laut oder zu voll für euch ist. In diesem Fall hast du es besonders einfach, die andere Person anzusprechen. Auch hier darf die Ansprache gerne einfach sein, zum Beispiel „Na, ganz schön voll/laut/heiß... hier, was?" Respektiere aber, falls die Person zurückhaltend reagieren sollte und bewege dich weiter. Vielleicht möchte er*sie allein mit dir sein, vielleicht möchte er*sie aber einfach nur allein sein.

Wie schaffe ich es, ihn*sie wiederzusehen?

Wenn du und dein*e Gesprächspartner*in den ganzen Abend zu zweit ins Gespräch vertieft in der Küche verbracht habt, während im Wohnzimmer die Party tobte, ist es sehr gut möglich, dass er*sie dich gerne wiedersehen würde. In so einem Fall kann man direkt fragen, ob man sich nochmal treffen möchte. Man muss das nicht direkt als Date deklarieren. Falls ihr im Gespräch auf gemeinsame Interessen gestoßen seid, könnten daraus Anlässe und Orte für ein nächstes Treffen entstehen, etwa eine Verabredung zu einem gemeinsamen Spaziergang in der Natur oder um einen neuen Film zu sehen, der euch beide interessiert. Falls du dich noch nicht sicher genug fühlst, um die Person direkt an einen anderen Ort einzuladen, bietet es sich an, auszuloten wie die Chancen sind, sich am selben Ort nochmal zu begegnen, zum Beispiel mit Sätzen wie „Bist du öfter mit deinem Hund in diesem Park?“ oder „Kommst du nächste Woche wieder zum Spieleabend/zur Wanderung/etc.?“. An der Reaktion auf so einen Satz wirst du vielleicht auch merken wie deine Chancen sind oder welches Tempo die andere Person bevorzugt. Sagt er*sie begeistert „ja“, kannst du eine Verabredung vorschlagen, zögert er*sie etwas, kann das heißen, dass er*sie noch etwas Zeit braucht. Antwortet er*sie ausweichend bis ablehnend, hat die Person im Moment wahrscheinlich eher kein Interesse. Wenn ihr gemeinsame Bekannte wie zum Beispiel den*die Gastgeber*in habt, kann man vielleicht auch diese Person nach ihrer Einschätzung fragen, ohne sie aber dazu zu drängen ein Wiedersehen in die Wege zu leiten oder gar zu „verkuppeln“.

3.3 Woran merke ich, dass er*sie zu mir passt und wann ist der richtige Zeitpunkt für...?

Woran erkenne ich, wer der*die „Richtige“ für mich ist?

Jeder Mensch ist einzigartig, hat andere Bedürfnisse, braucht etwas anderes und kann etwas anderes geben. Oft findet man auch erst nach mehreren Beziehungen heraus, was guttut und was nicht. Eigentlich kann man jeder Person eine Chance geben, aber ein paar Dinge, bei denen du vorsichtig sein solltest, gibt es schon: Wer dein Selbstvertrauen beschädigt oder dein eventuell schlechtes Selbstvertrauen bestätigt, wer sich abwertend über dich, deine Interessen, deine Eigenschaften oder deine Freund*innen äußert oder wer am ersten Abend schon so tut, als ob er*sie dich und besonders deine Probleme total gut verstehen würde, ja sogar besser als du selbst, meint es nicht unbedingt gut mit dir. Wer den größten Teil des Abends damit verbringt, über seine*ihre letzten zehn Ex-Partner*innen zu lästern, meint es vielleicht nicht böse, bringt aber auf jeden Fall Probleme in die Beziehung mit und wird dafür wahrscheinlich die Schuld weniger bei sich als bei anderen zu suchen. Ein gutes Zeichen ist es, wenn beide reden, beide offen sind, nicht das Gefühl haben etwas von sich verstecken zu müssen, aber sich auch nicht so fühlen, als wären sie bei einer Psychoanalyse oder im Beichtstuhl. Gegenseitigkeit und Respekt ist wichtig für jede Phase einer Beziehung und beides sollte am Anfang auf jeden Fall schon vorhanden sein. Auch ein paar gemeinsame Interessen und Werte schaden nicht, denn sie geben der Beziehung auf Dauer zusätzlichen Halt.

Wann ist der richtige Zeitpunkt für den ersten Kuss oder Sex?

Setzt euch auch hier nicht unter Druck was das Timing angeht. Im Internet kursierende vermeintliche Vorschriften darüber, wie viele Verabredungen bis zum ersten Kuss oder Sex vergehen sollten, haben wenig mit dem echten Leben zu tun. Förderlich für die Entwicklung einer Beziehung ist eine gewisse Regelmäßigkeit im Kontakt, egal ob schriftlich, mündlich oder persönlich. In gemeinsamen Freundeskreisen oder in kleineren Wohnorten kann man anfangs noch auf weitere zufällige oder zufällig wirkende Begegnungen hoffen, doch im anonymen Großstadtgewimmel sind Verabredungen unumgänglich. Das muss nicht immer ein Candle-Light-Dinner sein, es geht auch individueller und mit weniger Erwartungsdruck. Ihr könnt euch zu einem Spaziergang im Park verabreden, vielleicht dabei noch einen Sonnenuntergang bewundern, eure Lieblingsserie gucken, falls es zufällig dieselbe ist, oder auch gemeinsame sportliche Aktivitäten unternehmen, falls ihr schon voneinander wisst, dass ihr das beide mögt. Das sind alles gute Gelegenheiten, einander mit verschiedenen Sinnen zu erleben und auch zu testen, wie es sich anfühlt, der anderen Person körperlich nahe zu sein. Manchmal ergeben sich bei solchen Gelegenheiten weiterer Körperkontakt oder tiefere Gespräche wie von allein (hierzu aber bitte auch das Kapitel 4.4 über Konsens lesen). Manchmal werdet ihr nach einer Weile euer Begehren oder eure Gefühle für die andere Person auch offen ansprechen wollen, weil ihr einfach nicht mehr warten mögt. Ich rate aber dazu, die anfängliche Unsicherheit zunächst ein bisschen auszuhalten.

3.4 Freundschaft + Sex = Beziehung?

Friends with benefits oder Freundschaft plus

Seit einigen Jahren häufen sich in Medien Tipps für ein keineswegs neues, aber anscheinend zunehmend bekanntes Beziehungs-Modell unter dem englischen Ausdruck *Friends with benefits*, auf Deutsch *Freundschaft plus* oder *Freund*innen mit Vorzügen*, früher auch als zärtliche oder erotische Freundschaft bekannt. Es ist einigen Menschen schon passiert, dass sie sich spontan – teilweise nach Alkoholgenuss oder einer sehr wilden Party – mit guten Freund*innen oder Mitbewohner*innen nackt im Bett wiederfanden. Andere sprechen über diese Idee und setzen sie um, vielleicht in Zeiten, in denen sich beide nach Körperkontakt sehnen, aber keine passenden Partner*innen finden und auch keine Lust auf *One-Night-Stands*, also einmalige sexuelle Begegnungen haben. Bei manchen Personen schließt *Freundschaft plus* auch Kuscheln mit ein oder beschränkt sich darauf. Nüchtern wie ich von Natur aus bin, gefiel mir dieses Modell früher sehr gut. Ehrlich gesagt habe ich auch lange nicht begriffen, was überhaupt der Unterschied zu einer Beziehung sein soll, denn diese war durch die Formel „Freundschaft + Sex" für mich damals hinreichend definiert. Mit den Jahren habe ich den Eindruck gewonnen, dass der Unterschied genau darin besteht, dass *Freundschaft plus* von den Beteiligten eben nicht als „Beziehung" definiert wird und dementsprechend viele romantische Gesten, Liebesbekundungen oder „Pärchenrituale", die nach Auffassung vieler – besonders neurotypischer – Menschen zu einer Beziehung gehören, weggelassen werden. Falls ihr euch jetzt fragt welche Gesten das sind, dazu mehr in Kapitel 4.3 „Liebe zeigen und erkennen". Auch die Exklusivität und Dauer-haftigkeit, die die meisten Menschen immer noch mit einer romantischen Beziehung verbinden, verbieten sich bei einer *Freundschaft plus*. In der Theorie ist sie oft auf Zeit angelegt oder als Puffer in Zeiten, in denen die Freund*innen keine dritten Beziehungspartner*innen haben. Einige *Freundschaften plus* entwickeln sich mit der Zeit doch zu romantischen Beziehungen, da man vieles gemeinsam hat und sich auf diese Weise häufig auch emotional sehr nahekommt. Andere enden, wenn eine der beteiligten Personen sich doch in eine andere Person verliebt oder aus anderen Gründen nicht mehr möchte. Leider gefährdet das einseitige Beenden einer *Freundschaft plus* oft auch das zugrundeliegende freundschaftliche Verhältnis, vor allem wenn die andere Person sich insgeheim den Übergang in eine romantische

Beziehung gewünscht hat. Das ist wahrscheinlich das stärkste Argument dagegen, so etwas auszuprobieren, vor allem mit den engsten Freund*innen, die man keinesfalls verlieren will. Dennoch würde ich nicht grundsätzlich davon abraten. Wichtig ist, ähnlich wie bei offenen Beziehungen, so klar wie möglich zu kommunizieren und immer wieder nachzuhaken, ob die andere Person noch zufrieden mit dem Arrangement ist.

Mythos ‚Friend-Zone' oder von der Freundschaft zur Beziehung

Habt jedenfalls keine Angst vor der in der Popkultur teilweise furchterregend dargestellten ‚Friend-Zone'. Zur Erklärung: In der ‚Freundeszone' kann man angeblich landen, wenn man den Zeitpunkt verpasst hat, eine romantische Beziehung aufzubauen, als Mitglied des Freundeskreises gezählt wird und damit anscheinend als Beziehungspartner*in nicht mehr in Frage kommen soll. Mal abgesehen davon, dass das – wenn überhaupt – überwiegend in neurotypischen und heterosexuellen Kontexten zu gelten scheint, rate ich dazu, dieses Phänomen nicht allzu ernst zu nehmen. Sich zunächst miteinander anzufreunden ist kein sicherer Weg zu einer romantischen Beziehung. Es ist aber sehr viel erfolgversprechender als die meisten der Tipps, die zur Vermeidung der ‚Friend-Zone' im Internet gegeben werden, wie zum Beispiel eine nichtsahnende Person sofort auf ein Date einzuladen, ihr Rosen mitzubringen und sie womöglich noch ungefragt zum Abschied zu küssen.26 Neuere Forschungsergebnisse sprechen sogar dafür, dass Freundschaft der erfolgversprechendste Weg zu einer romantischen Beziehung sein könnte und dass die Übergänge von der Freundschaft zur Beziehung oft fließend sind. Nach einer Studie kanadischer Psycholog*innen begannen 68 Prozent der Beziehungen der Befragten als Freund-schaften und diese Freundschaften hatten vor dem Übergang zur romantischen Beziehung im Durchschnitt bereits ein bis zwei Jahre gedauert.27

Wenn du dir wirklich Sorgen machst, weil du etwa schon lange in eine Person aus deinem Freundeskreis verliebt bist und diese deine Gefühle nicht zu erwidern scheint, gibt es meist nur zwei Alternativen: Entweder offen über deine Gefühle sprechen und damit ein klares „Ja" oder „Nein" zu provozieren, wobei letzteres auch die Freundschaft gefährden kann, oder deine Gefühle für dich behalten und still genießen, dass die andere Person wenigstens als Freund*in Teil deines Lebens ist. Dafür musst du dir auch darüber klar werden, wie wichtig dir die Freundschaft ist und wie gut sie sich in der jetzigen Form für dich anfühlt.

Autistische Personen geraten häufig in einseitige Freundschaften und merken dies oft erst spät. Ruft ein Freund dich nur an, um dich zu bitten in seiner Wohnung auf den Heizungsableser zu warten, ihn mit dem Auto irgendwohin zu fahren oder sich von dir nach missglückten Dates trösten zu lassen? Dann bist du wahrscheinlich nicht ‚gefriendzoned', also absichtlich in die ‚Friend-Zone' verwiesen, sondern einfach ausgenutzt worden. Vielleicht geht es dir wie mir und du bietest selbst sehr oft Hilfe an, weil du nett sein möchtest oder weil es einfach deine Art ist Freundschaften zu pflegen. Solange solche Freundschaften dir auch etwas geben, musst du sie nicht gleich beenden, aber du solltest sie realistisch einordnen. Eine Beziehung wird daraus wahrscheinlich nicht und wenn, dann wohl eher eine problematische.

Und was ist mit Sex beim ersten Date?

Manchen Autist*innen fällt es leichter, über Sexualität Beziehungen zu knüpfen als über Gespräche. Hier sind andere Fähigkeiten als bei verbaler Kommunikation gefragt, die ungeschriebenen Regeln und Abläufe scheinen klarer zu sein und unsere sensorische Genussfähigkeit kann uns hier entgegenkommen. Auch das ist okay. Wenn das dein Weg ist und du auf diesem Weg viel Spaß hast, nur zu! Wenn du auf diesem Weg vor allem eine romantische Beziehung suchst, solltest du wissen, dass das bei deinem Gegenüber nicht unbedingt so sein muss und dass es Menschen geben könnte, die deine Bedürfnisse nach Liebe und Geborgenheit ansprechen und tatsächlich außer Sex nichts mit dir teilen wollen. Falls du jemanden triffst, mit dem es einfach Spaß macht und ihr beide Lust habt, zunächst die körperliche Intimität miteinander zu genießen, bevor ihr eure Beziehung auch auf anderen Ebenen festigt, ist das natürlich auch gut. Auch das schafft eine Basis für eure Beziehung, von der ihr noch lange zehren könnt. Wenn eure Beziehung lange dauert, werden von selbst Zeiten kommen, in denen ihr weniger Zeit und Energie für Sex habt. Warum also nicht den Anfang in vollen Zügen genießen?

Ich persönlich bin offen für Übergänge von einer Freundschaft oder einer sexuellen Affäre hin zu einer Liebesbeziehung und habe diese auch schon erlebt. Das verschafft mir einen Vorteil gegenüber Menschen mit festem Beziehungs-Drehbuch, denn oft genug fügen das Leben und die äußeren Umstände in dieses Drehbuch brutale Schnitte und Wendungen ein, und da bin ich als vermeintlich unflexible, aber rationale und krisenerprobte Autistin bisher immer ganz gut in der Lage gewesen mich darauf einzustellen.

> **Für nach einer Beziehung Suchende**: Finde, nutze und schaffe Gelegenheiten, bei denen du Menschen begegnest. Du übst dadurch, mit Menschen in Kontakt zu treten und erhöhst deine Chancen, jemandem zu begegnen, der*die zu dir passt. Habe keine Angst, Freundschaften oder sexuelle Beziehungen zu beginnen. Auch diese können in eine romantische Beziehung übergehen. Falls nicht, können sie trotzdem angenehme Erlebnisse und Übungsgelegenheiten bieten.

3.5 Online-Dating: Paradies für Autist*innen?

Da ich meine jetzige Beziehung zu einer Zeit geknüpft habe, als das Internet für die meisten Menschen wirklich noch Neuland war, schreibe ich dieses Kapitel, im Gegensatz zu den anderen Kapiteln, nicht aus eigener Erfahrung. Deshalb enthält es statt Antworten mehr Fragen, über die man gut nachdenken sollte, bevor man ein Profil auf eine Dating-Seite oder -App stellt. Um dieses Kapitel zu schreiben, habe ich gelesen, was andere autistische Menschen über ihre Erfahrungen mit Online-Dating geschrieben haben und mit einigen Personen darüber gesprochen. Hier gebe ich auch einige Sicherheitshinweise. Diese sollen nicht unterstellen, Online-Dating sei gefährlicher als andere Arten sich kennenzulernen, sondern sie gelten grundsätzlich für jede Verabredung, bei der die Verabredeten einander noch kaum kennen. Und solche werden heutzutage eben meistens online angebahnt.

Vor- und Nachteile aus autistischer Sicht

Die Vorteile des Online-Datings aus autistischer Sicht scheinen auf der Hand zu liegen: Schriftliche Kommunikation, kein Aufsuchen sensorisch überfordernder Orte und kein Achten müssen auf schwer verständliche soziale Signale, um herauszufinden, ob die andere Person offen für sexuelle oder romantische Beziehungen sein könnte, denn das hat sie mit dem Anmelden auf dem Dating-Portal und dem nach-rechts-wischen (so bekundet man auf einigen Dating-Apps Interesse an einer Kontaktaufnahme zu einer Person) deines Profils ja bereits bezeugt. Zudem kannst du sorgfältig entscheiden, wie du dich in deinem Profil darstellst und was deine potenziellen

Partner*innen als erstes über dich erfahren. Du kannst zum Beispiel reinschreiben, dass du schüchtern bist oder sensorische Sensibilitäten hast, die für die Wahl eines Treffpunkts beachtet werden müssen, und damit hoffentlich auf Verständnis und Rücksicht rechnen. Manche Menschen schreiben auch direkt rein, dass sie autistisch sind, in der Hoffnung damit alle herauszufiltern, die damit ein Problem haben.

Allerdings ist nicht unbedingt davon auszugehen, dass alle Menschen, die auf Datings-Apps unterwegs sind, auch aufmerksam die Texte lesen, denn die meisten schauen eher auf die Fotos. So auch Marlies Hübners in ihrem Artikel „Schüchtern. Kreativ. Autist." geschilderte Erfahrung:

> *„Mir kommt der Verdacht, dass der Großteil der User die Auswahl eher großzügig trifft und es dauert nicht lange, bis ich erste Nachrichten erhalte. Doch das ist erst der Anfang. Ein paar Stunden später pusht das Mobiltelefon permanent neue Nachrichten, fremde Leute stellen immer gleiche Fragen, wollen mehr über mich erfahren, mich möglichst bald treffen und ich bin restlos überfordert. Wenn ich doch schon Probleme habe, mich für einen neuen Wasserkocher zu entscheiden, da ich einfach nicht herausfinden kann, welcher der Beste für mich ist, wie soll ich es dann bei einem Menschen schaffen? Die kleine Marlies möchte bitte aus dem Tinder-Paradies abgeholt werden!"28*

Das umgekehrte Problem gibt es aber auch: Wenn nicht so viele Nutzer*innen bei deinem Profil nach rechts wischen, wie du erwartet hattest, kann das ein ohnehin angeknackstes Selbstvertrauen auf die Probe stellen, auch wenn du genau weißt, dass hier eigentlich weniger mehr ist.29 Um Frust oder Overload vorzubeugen, die drohen können, wenn man sich die Party, die man sonst meiden würde, übers Telefon in die eigene Wohnung holt, empfiehlt es sich also, die App-Einstellungen und das eigene Nutzungsverhalten gut zu kontrollieren und den eigenen Zielen anzupassen, je nachdem, ob man möglichst viele Kontakte oder doch eher wenige interessante sucht.

Für ersteres eignet sich Online-Dating sowieso und die meisten Nutzer*innen dürften eher auf Sex aus sein als auf eine feste Beziehung, so Dr Emma Goddall, die in *The Autism Spectrum Guide to Sexuality and Relationsships* viele Tipps fürs Online-Dating gibt.30 Auch kann es sein, dass sich von diesen Nutzer*innen einige bereits in einer romantischen Hauptbeziehung befinden, was nicht unbedingt alle in ihrem Profil angeben werden. Für Menschen, die nach einer tieferen Beziehung suchen, bietet Online-Dating als Vorteil „die Möglichkeit, einander auf eine emotionale und intellektuelle Art nahe zu sein, ohne dass man sich gegenübersteht und Augenkontakt und Berührungen fürchten muss. Man kann länger und intensiver erklären, inwiefern man anders ist und wie wenig das an der eigenen Persönlichkeit ändert," so Marlies Hübner im oben bereits erwähnten Artikel.

Marlies Hübner gibt dort auch drei klare Tipps, wie das gut klappen kann:

Bedenke vor dem Online-Dating:

Überlege dir gut, auf welcher Plattform du dich anmeldest,

Überlege dir gut, wie du dich darstellst,

Überlege dir sehr gut, was du über dich selbst preisgibst.

Diese Tipps führe ich nun aus.

Bei welcher Website oder App soll ich mich anmelden?

Nicht nur Dating-Apps wie Tinder, auch Singlebörsen genannt, eignen sich zur Partnersuche, „auch Foren und soziale Netzwerke funktionieren", so Marlies Hübner. Auch auf Portalen, bei denen es vordergründig um Hobbies oder Freundschaften geht, sind viele Nutzer*innen mit dem Hintergedanken an eine Partnersuche unterwegs. Eindeutig sind die Interessen hingegen bei einer kostenpflichtigen Partnervermittlung wie *Parship* oder *Gleichklang*. Hier geht es in der Regel um Langzeitpartnerschaften. Die Nutzer*innen füllen einen ausführlichen Fragebogen aus und werden dann mit Menschen zusammengebracht, mit denen sie viele Gemeinsamkeiten angegeben haben und sich bezüglich ihrer Unterschiede sinnvoll ergänzen könnten. Es gibt auch spezielle Dating-Foren, Seiten und Apps für Menschen mit Behinderungen sowie mit bestimmten sexuellen Vorlieben. Es gibt sogar mit *Liebes-Nest.de* (https://www.liebes-nest.de/) und *Hiki* (https://www.hikiapp.com) Dating-Apps speziell für Autist*innen und da werden in den nächsten Jahren sicherlich noch einige dazu kommen. Die Namen der Plattformen nenne ich hier nur als Beispiele und nicht als Empfehlungen. Es gibt viele Überblicksartikel dazu im Internet und der Markt ändert sich immer wieder, so dass es nicht sinnvoll erscheint hier einzelne Anbieter zu beschreiben.31 Ich kann hier nur einen Tipp einer meiner Gesprächspartner*innen weitergeben: Auch wenn die Neugier und die Vorfreude groß sind, empfiehlt es sich eher langsam und schrittweise vorzugehen, sich selbst ein Lernen durch Versuch und Irrtum zu erlauben und sich nicht von der Angst vor vermeintlich verpassten Chancen treiben zu lassen.

> **Für alle Online-Dating-Neulinge**: Geh langsam vor! Melde dich nicht gleich bei drei Dating-Apps auf einmal an und lasse dir erstmal Zeit, dich mit dem Verhalten anderer Nutzer*innen vertraut zu machen, bevor du dich auf engere Kontakte einlässt.

Was soll ich in mein Profil schreiben?

Marlies Hübner rät hier „zu Klarheit und Fakten. Niemand sollte es nötig haben, sich schöner, klüger, interessanter zu schummeln." Vor allem sollte man keine falschen Versprechungen machen, die schon beim ersten Kontakt in Person auffliegen. Rechne trotzdem damit, dass andere das tun. Beim angegebenen Alter anderer Nutzer*innen darfst du zum Beispiel vorsichtshalber ein paar Jahre dazurechnen. Manche benutzen alte Fotos oder sogar Fotos, die eine ganz andere Person zeigen, so Dr Emma Goodall, die deshalb zu einer Google-Recherche der Fotos rät. In den meisten Fällen ist das sicher eine harmlose Schummelei, die angesichts verbreiteter Vorurteile über Fitness und Attraktivität älterer Menschen auch verständlich ist. Ich hatte auch bis zum Alter von vierzig Jahren ein Foto auf meiner Website, das mich mit siebenundzwanzig zeigte, und das nicht etwa, weil mein Aussehen sich in der ganzen Zeit nicht verändert hätte. Eine Person, mit der ich für dieses Kapitel gesprochen habe, hat jedoch Unterschiede in Alter und Erfahrung als ernstzunehmendes Problem im Online-Dating und den daraus hervorgehenden Beziehungen benannt, und deshalb möchte ich es hier nicht unerwähnt lassen. Manche Menschen nutzen diesen Weg, um unerfahrenere oder leichtgläubige Partner*innen zu finden, die sie ausnutzen können, sexuell, emotional oder auch zur Arbeit. Sehr große Altersunterschiede, große finanzielle Unterschiede aber auch andere Machtgefälle zwischen Partner*innen aufgrund von Biografie, Behinderung oder Migrations- und Aufenthaltsstatus können zu den Faktoren gehören, die jemanden für diese Art von Ausbeutung verletzlich machen. Überlege dir also gut, ob und wann du entsprechende Informationen über dich weitergibst und sei bereit die Selbstdarstellung anderer zu hinterfragen.

> **Für alle Online-Dating-Neulinge**: Überlege dir gut, welche Informationen du über dich preisgibst und glaube nicht alles, was andere über sich schreiben.

Wie kann ich mich im Kontakt online und offline schützen?

Informationen, mit denen man dich im echten Leben finden kann, insbesondere deine Adresse, solltest du nicht herausrücken, auch nicht unter dem Vorwand, dass dir jemand Blumen oder einen handgeschriebenen Brief schicken möchte. Nacktfotos oder andere Fotos von dir, die du später nicht öffentlich im Netz sehen möchtest oder mit denen man dich gar erpressen könnte, auch nicht. Dr Emma Goodall empfiehlt, vor dem ersten Treffen mit einer Person erstmal ein Videotelefonat zu vereinbaren, um sicher zu gehen, dass die Person tatsächlich dem Profilbild entspricht. Hier geht es nicht darum zu gucken, ob man jemanden äußerlich attraktiv findet, sondern darum auszuschließen, dass jemand mit falschen Identitäten betrügt. Vor einem persönlichen Treffen empfiehlt Dr Emma Goodall ebenfalls an die eigene Sicherheit zu denken. Wenn eine Person dich in ihrer oder deiner Wohnung treffen möchte, kann es gut sein, dass sie davon ausgeht, dass du Sex mit ihr haben willst, auch wenn diese Schlussfolgerung unter dem Aspekt des Konsens, wie in Kapitel 4.4 beschrieben, natürlich nicht okay ist.32 Deshalb solltest du zumindest für ein erstes Treffen einen öffentlichen Ort vorschlagen, an dem du dich sicher fühlst, etwa ein Café, in dem man dich schon kennt oder einen belebten Platz – keinen unübersichtlichen Park! –, von dem du leicht wieder wegkommst, ohne dass dir jemand bis nach Hause folgen könnte. Du kannst eine*n Freund*in darüber informieren, wo du hingehst, vielleicht ihn*sie bitten, dich während des Dates und danach anzurufen oder sich sogar unauffällig an einen Nebentisch im Lokal zu setzen, in dem du verabredet bist. Diese Form des Schutzes ist auch unter dem Begriff *covern* bekannt.33

Der Übergang vom Online- in den Offline-Kontakt kann herausfordernd sein, insbesondere wenn On- und Offline-Persönlichkeiten sich stark unterscheiden, denn „wenn man sich online in ein

‚schriftliches Ich' verliebt und dieses Ich offline aber verschwiegen und zurückhaltend ist, dann kann das zu Problemen führen."[34] Diesen Übergang kannst du in einer längeren Kennenlernphase online jedoch ganz gut vorbereiten, indem du ehrlich von dir erzählst. Hoffentlich hat zu diesem Zeitpunkt dann auch die andere Person ähnlich viel von sich preisgegeben, sonst ist eventuell Vorsicht angesagt. Zumindest solltest du dir nach dem ersten Treffen Zeit geben, deine Eindrücke zu verarbeiten und wahrzunehmen, ob du dieser echten Person ähnliche Gefühle entgegenbringst, wie deinem Fantasiebild von ihr, das du aufgrund ihrer Online-Identität gezeichnet hast.

Eine wichtige Frage für viele Autist*innen ist sicherlich die, ob, wann und in welcher Form sie mitteilen, dass sie autistisch sind. Marlies Hübner betitelte ihr Profil wie ihren Artikel „Schüchtern. Kreativ. Autist" und sorgte damit für eine Vorauswahl unter den Interessierten. Auch Menschen mit anderen Behinderungen stellen sich diese Frage.[35] Einerseits befürchten viele mit Vorurteilen belegt oder auf ihre Behinderung reduziert zu werden. Andererseits ist es vielen wichtig, Dating-Partner*innen, die auf die Information, dass man eine Behinderung hat, schockiert oder enttäuscht reagieren könnten, von vorneherein auszuschließen. Damit kann man sich selbst unangenehme Erlebnisse ersparen. Hier muss jede Person ihre eigenen Prioritäten setzen. Eine Kompromisslösung wäre es, recht früh in der schriftlichen Kommunikation darauf hinzuweisen, da eine negative Reaktion in dieser Phase vielleicht noch leichter zu verkraften ist. Auch die Wahl des Ortes für ein persönliches Treffen kann ein guter Anlass sein, um den eigenen Autismus oder zumindest einige der damit einhergehenden Bedürfnisse zu nennen, zum Beispiel wenn man sich an einem ruhigen Ort treffen oder die Zeit des Treffens begrenzen möchte. So kann sich der*die Dating-Partner*in zumindest darauf einstellen, dass du Bedürfnisse hast, die sich vielleicht von denen der Mehrheit der Menschen unterscheiden und du diese klar ausdrücken kannst. Du merkst recht bald, ob er*sie bereit ist, darauf einzugehen. Auch nicht-autistische Partner*innen, die ich aus meiner Beratung kenne, haben solche frühen Signale als hilfreich erlebt, um ihre*n autistische*n Partner*in besser zu verstehen und sich innerlich auf für sie selbst ungewohnte Wünsche und Handlungsweisen vorzubereiten.

Vor dem ersten Offline-Date: Triff vor einem persönlichen Treffen einige Maßnahmen zu deinem Schutz. Wähle einen sicheren öffentlichen Ort und informiere, wenn möglich, eine vertraute Person. Unabhängig davon, ob du bereits offenlegen möchtest, dass du autistisch bist, kannst du die Wahl des Ortes nutzen, um dem*der Dating-Partner*in einige deiner Bedürfnisse mitzuteilen.

4 Die Anfangsphase der Beziehung: der Umgang miteinander, mit eurer Umgebung und mit den eigenen Gefühlen

Die Praxis der Liebe ist Geduld.
Nossrat Peseschkian36

4.1 Ab wann sind wir „zusammen"?

Als ich sechzehn war, dachte ich immer, ich müsste einen „Freund" haben. Es schien eine selbstverständliche Stufe auf dem Weg zum Erwachsenwerden zu sein. Meine Freundinnen fanden es komisch, dass ich keinen hatte. Ich hatte zwar ab und zu Sex und ich war auch schon unerwidert verliebt gewesen. Genaugenommen war ich jahrelang in dieselbe Person unerwidert verliebt und fand mich insofern sehr treu. Aber was dieses „Freund haben" eigentlich genau bedeuten sollte, war mir nicht so ganz klar. Einige meiner damaligen Freundinnen hatten zwei Jahre lang denselben Freund, andere alle zwei Wochen einen neuen. Ich frage mich heute noch, ob sie diesen als „Freund" bezeichneten, weil es sozial erwünschter war als zum Beispiel zu sagen, „ich habe diesen Typen vor der Dorfdisco kennengelernt und hatte Sex mit ihm, danach haben wir uns noch ein paar Mal wiedergesehen" oder ob sie es ernst meinten und einfach intensiv übten, Beziehungen zu führen. Wenn ich selbst öfter mit ein- und derselben Person des anderen Geschlechts gesehen wurde, kamen recht bald die Fragen: „Hast du was mit dem?" und „Seid ihr zusammen?" Ich fand es oft nicht leicht, diese Fragen zu beantworten, besonders die zweite Frage, denn wie soll das definiert werden? Ist man zusammen ab dem Morgen, an dem man ahnt, dass es bei einer Nacht nicht bleiben wird? Ist dazu ein filmreifes Versprechen nötig, eine Art kleine Verlobung? Oder ist man zusammen, wenn man den ersten Streit hat, das erste Mal gemeinsam Serien schaut, ohne im Bett zu landen, ein bisschen Alltag miteinander teilt? Wenn man zum ersten Mal die Zahnbürste mitbringt und damit kennzeichnet, dass Übernachtung und Frühstück bei der geliebten Person nicht spontan, sondern geplant stattfinden? Ein sicheres Zeichen dürfte für die meisten Menschen sein, wenn sie einander ihren Herkunftsfamilien vorstellen oder einen gemeinsamen Urlaub planen. Aber das findet oft so spät statt, dass die meisten Menschen sich wünschen, die Frage „Sind wir zusammen?" vorher zu klären.

Tatsächlich hat mich diese Unsicherheit bis ins Erwachsenenalter begleitet. Bei meinen Beziehungen wusste ich oft nicht: Ist das jetzt eine erotische Freundschaft oder eine Daueraffäre, also ein eigentlich auf Zeit angelegtes Verhältnis, das sich dann aber zu gut anfühlte, um es zu beenden? Oder ist das jetzt das, was meistens als „Beziehung" bezeichnet wird?

Auch du wirst wohl recht bald mit dieser Frage konfrontiert sein, sofern du ein Verhältnis beginnst, das du nicht explizit und gemeinsam mit der anderen Person als Daueraffäre oder Freundschaft definiert hast. Manche Menschen erwarten auch, dass der Beginn einer ernsthaften Beziehung mit einer Änderung des Beziehungsstatus in sozialen Netzwerken und Datingportalen oder dem Deaktivieren oder Löschen des Profils in letzteren bekräftigt wird. Wenn die Person, bei der du seit einem halben Jahr jeden Tag übernachtest, auf deinem Facebook-Profil immer noch den Beziehungsstatus „Single" oder „es ist kompliziert" liest, könnte er*sie beunruhigt sein. Ob das jemandem wichtig ist oder nicht, hängt natürlich auch von den Nutzungsgewohnheiten ab. Wer dreimal am Tag auf Facebook ist und es unter anderem auch zur Partnersuche genutzt hat, wird das anders bewerten als jemand, der nur alle drei Monate auf seine Facebook-Timeline schaut. Egal, ob deine Gründe darin liegen, dass dir Datenschutz wichtig ist oder darin, dass du dir der Beziehung noch nicht sicher bist, ich würde empfehlen hier sanft, aber ehrlich zu antworten. Manchmal bedeutet das einfach zu sagen, dass du noch etwas Zeit brauchst.

Vielleicht stellt die Person, die du schon eine Weile lang datest, die Frage ob ihr zusammen seid, weil er*sie sich ein bisschen Sicherheit wünscht, Angst hat dich zu verlieren und deshalb nachts schon schlecht schläft. Vielleicht auch, weil er*sie Schwierigkeiten hat, dein Handeln zu deuten, weil du manchmal so nah aber manchmal auch distanziert wirkst, manchmal total verliebt und manchmal so, als seist du dir selbst genug? Vielleicht geht es dir umgekehrt genauso und du selbst wünschst dir Klarheit. Oft wird die Frage auch von Freund*innen oder Familienangehörigen an die frisch verliebten Menschen herangetragen. Mein Rat: Setzt euch nicht unter Druck! Man muss nicht alles sofort in Worte fassen. Wenn ihr oder eine*r von euch im Moment eure Beziehung noch nicht definieren kann oder möchte, bedeutet das nicht unbedingt, dass er*sie nicht zum*r Partner*in steht oder die Beziehung schon wieder in Frage stellt. Vielleicht möchtet ihr euch und einander einfach Zeit geben, euch auf eure Weise zu entwickeln, keine vorgegebenen Pfade gehen, die kribbelnde Anfangsphase noch ein bisschen länger genießen? Dann tut das! Gebt euch Zeit, experimentiert mit Tempo und Rhythmus. Manche möchten sich, wenn sie frisch verliebt sind, jeden Tag sehen, für andere ist eine Wochenendbeziehung am Anfang günstiger. Wenn du ab jetzt nur noch mit deinem*r Partner*in in einem Bett schlafen willst, ist das okay. Wenn dich die Gegenwart der geliebten Person so sehr aufwühlt, dass du nur allein schlafen kannst oder möchtest, ist das auch okay. Wenn du jemanden lieben kannst und trotzdem Zeit brauchst, zu dieser Person Vertrauen aufzubauen, ist das angesichts der Erfahrungen, die du als Autist*in wahrscheinlich schon gemacht hast, nur verständlich.

Ich persönlich habe einmal zwei Jahre gebraucht, um zu begreifen, dass ich wirklich mit der Person, die ich liebe, zusammen bin, obwohl wir uns regelmäßig sahen, miteinander kochten und aßen, Sex hatten und über fast alles sprachen, was uns bewegte. Häufige Anzeichen, dass es in Richtung Beziehung geht, sind, dass sich mit der Zeit kleine Rituale einschleichen wie einander Guten-Abend-SMS zu schreiben, gemeinsam einen Lieblingsplatz im Park aufzusuchen oder gemeinsam eine bestimmte Serie zu gucken. Solche Rituale können dafür sprechen, dass Menschen die Sicherheit einer Beziehung suchen und nicht nur eine Freundschaft oder Affäre. Andere Menschen fühlen sich aber genau dadurch eingeengt, auch wenn sie ansonsten eine feste Beziehung schätzen. Deshalb wir die Frage aus der Überschrift nicht beantwortet, denn es braucht Geduld und Kommunikation, um gemeinsam eine Antwort zu finden.

Für alle: Gebt euch und eurer Beziehung Zeit, sich zu entwickeln! Setzt euch nicht unter Druck, dem, was sich zwischen euch entwickelt, zu früh einen Namen zu geben.

4.2 Verliebt sein aushalten und Freiräume erhalten

Egal, wie ihr es nennt und wie ihr die Beziehung gestaltet: Mit deinen eigenen Gefühlen musst du in jedem Fall klarkommen. Auch neurotypische Menschen fühlen und verhalten sich ja als Verliebte oft ein bisschen ‚verrückt' und sind regelrecht süchtig nach der geliebten Person. Als autistische Person kann es sein, dass du die Gefühle des Verliebtseins, des Aufgewühltseins, der Sehnsucht nach der anderen Person noch stärker spürst, auch körperlich, so dass es schwer auszuhalten sein kann. Manche von uns können hier in Versuchung geraten, die eigenen Gefühle ganz abzuschalten, weil sie uns zu überwältigen drohen. Andere von uns mögen der geliebten Person immer wie ein kleines Entchen hinterherlaufen, weil die Sehnsucht nach ihm*ihr sonst körperlich schmerzt. Wenn dir und deinem*r Partner*in letzteres gefällt, nur zu! In jedem Fall solltest du Wege suchen, um zu dir selbst zurückzufinden, wenn deine Gedanken sich ständig um die andere Person drehen. Sofern du ein Spezialinteresse hast, ist das sicher eine gute Möglichkeit für eine Pause vom Hormon- und Gefühlsrausch. Selbstfürsorge und Ruhe sind auch in der ersten Phase des Zusammenseins wichtig. Es sollte Dinge geben, die ihr zu zweit genießt und Dinge, die du noch für dich allein oder mit Freund*innen oder Verwandten genießen kannst. Was dir dabei gut tut, weißt du selbst am besten. Für den einen ist es ein Spaziergang an einem ruhigen See oder eine Tasse Tee, für die andere Sport oder Tanzen zu lauter Musik.

Als Autist*in kann es sein, dass du mehr Freiraum und Zeit für dich allein brauchst als dein*e Partner*in. Vielleicht wünschst du dir auch Zeit und Raum für Interessen, die dein*e Partner*in nicht teilt, oder vielleicht ist die Beschäftigung mit einem bestimmten Hobby ein Rückzug, der dir guttut. Das kann bei deinem*r Partner*in vielleicht Unsicherheit, Verlustängste oder auch ein Empfinden von Ungerechtigkeit auslösen. Insbesondere als Frau in einer heterosexuellen Beziehung kann es sein, dass du damit auf Unverständnis stößt, da es nicht dem traditionellen Rollenverständnis entspricht, dass Frauen ihren eigenen Interessen nachgehen oder diesen sogar Priorität vor den Interessen ihres Partners einräumen. In solchen Fällen ist es wichtig herauszufinden, was deinen Partner stört. Ist es nur der Verstoß gegen die Konvention, ist es ihm peinlich vor seiner Familie oder seinen Freunden? Oder wünscht er sich einfach mehr Nähe zu dir, hat vielleicht sogar Angst dich zu verlieren? Im zweiten Fall kannst du ihm vielleicht etwas von dieser Angst nehmen, indem du ihm auf andere Weise regelmäßig zeigst, dass du an ihn denkst und er dir wichtig ist. Dies zeigst du zum Beispiel durch liebevolle Worte, kleine Berührungen und andere Aufmerksamkeiten. Mitbringsel, die Zubereitung eines Lieblingsessens, Zettelchen oder Textnachrichten mit liebevollen Botschaften zeigen, dass du an deine*n Partner*in denkst.

Hütet euch allerdings vor dem WhatsApp-Terror á la „Wo bist du, mit wem bist du, warum warst du gestern um 3 noch online?“ Wer damit noch nicht vertraut ist: Die heutige Kommunikations-Technik ermöglicht es Paaren zwar, einander liebevolle Worte und anregende Gedanken zeitnah mitzuteilen, auch wenn die Partner*innen sich gerade nicht am selben Ort befinden. Dies kann gerade für Autist*innen sehr wertvoll sein. Auch ich kann meine Gedanken oft besser schriftlich formulieren, mit genügend Zeit und ohne dabei die Gesichtsausdrücke meines Gegenübers fortlaufend interpretieren zu müssen. Außerdem mag ich Regelmäßigkeit, und tägliche Guten-Morgen-Grüße per WhatsApp sind eines meiner liebsten Rituale. Diese ständige vermeintlich unkomplizierte Kontaktmöglichkeit verführt aber auch dazu, einander zu überwachen und zu kontrollieren. Zudem kann sie dazu verleiten, diese Art von Aufmerksamkeit mit der Zeit zu erwarten oder gar einzufordern. Es hat schon zu manchem unnötigen Beziehungsstreit geführt, wenn eine Person, die gerade gestresst bei der Arbeit sitzt, den obligatorischen Smiley in einer Nachricht an den*die Partner*in vergessen hat. Meiner Meinung nach braucht es auch für diese Art der Kommunikation Absprachen wie zum Beispiel: „Es muss nicht auf jede Nachricht sofort geantwortet werden", „eine Nachricht ohne Smiley oder Herzchen bedeutet noch keine Beziehungskrise", „bei Missverständnissen und aufkommendem Streit rufen wir uns an oder vereinbaren einen Termin, um das zu klären" und „wenn eine*r von uns spät nachts noch online war, unterstellen wir deshalb nicht, dass er*sie mit anderen potentiellen Partner*innen gechattet hat".

Auch wenn du wie ich in Beziehungen eher vom Typ ‚anhängliches kleines Entchen' sein solltest, schuldest du dir selbst ab und zu eine Pause, um dich nicht in deinen Gefühlen zu verlieren. Versuche, deinem Partner oder deiner Partnerin zu vermitteln, dass Freiraum für dich notwendig ist, um zu dir und zur Ruhe kommen zu können und keine Geringschätzung der Beziehung bedeutet. Vielleicht könnt ihr auch gemeinsam einen Ausgleich finden: Hat er*sie ein vernachlässigtes Hobby, dem er*sie gerne mal wieder nachgehen würde, sich aber nicht traut? Gibt es Aktivitäten zu zweit, die dir dennoch ein bisschen Ruhe verschaffen, schweigend in der Natur spazieren gehen oder gemeinsam meditieren?

Für Autist*innen: Verliere dich nicht in deinen Gefühlen. Nimm dir auch dann ein bisschen Zeit und Raum für dich, wenn du meinst sie gerade nicht zu brauchen.

Für nichtautistische Partner*innen: Nimm es nicht persönlich, wenn dein*e autistische*r Partner*in Zeit und Raum für sich braucht. Es hat nichts mit dir zu tun.

Für alle Paare: Genießt eure Nähe, aber zwingt sie einander nicht auf! Seid vorsichtig mit Erwartungen und gemeinsamen Ritualen wie regelmäßigen What's App-Grüßen. Pflegt diese, wenn überhaupt, nicht strikt, sondern mit Spielraum und Toleranz.

4.3 Liebe zeigen und erkennen

Sprachen der Liebe

„Wir fühlen uns, als würden wir verschiedene Sprachen sprechen", ist eine häufig gehörte Aussage von neurodiversen Paaren. Sprache bezieht sich hier sowohl auf Kommunikation im engeren Sinn als auch auf die zahllosen nichtsprachlichen Weisen, mit denen wir Gefühle und Zuneigung zueinander im Alltag ausdrücken und die von unseren jeweiligen Partner*innen leider nicht immer so verstanden werden, wie sie gemeint waren. Finden wir anfangs oft noch traumsicher den richtigen, oft körperlichen, Weg unsere Gefühle zu übermitteln und nehmen uns die nötige Zeit, um Missverständnisse zu vermeiden oder aufzuklären, fehlt im späteren Alltag oft die Aufmerksamkeit und die Energie dafür. Damit sich beide in der Beziehung wohl und sicher fühlen, sollte die Liebe füreinander auch im Alltag ausgedrückt werden. Dann stellt sich ab und zu vielleicht auch wieder das wohlige Kribbeln der Anfangszeit ein. Viele Paarberater*innen arbeiten hierzu mit dem Konzept der *Sprachen der Liebe* von Gary Chapman.37 Dieser unterscheidet fünf *Sprachen der Liebe,* nämlich Lob und Anerkennung, Zweisamkeit oder nur mit dem*der Partner*in verbrachte Zeit, Geschenke, Hilfsbereitschaft und Zärtlichkeit. Lob und Anerkennung sind für viele Menschen wichtig und lassen sich verbal vor allem mit Komplimenten und Dank ausdrücken. Manche Menschen fühlen sich durch Komplimente allerdings auf unangenehme Weise bewertet. Generell sollten Komplimente möglichst konkret sein und sich auf Eigenschaften beziehen, von denen du weißt, dass die andere Person sie auch an sich mag. Also sage einer Person, die mit ihrem Gewicht unzufrieden ist, nicht dass sie in dem Kleid, das sie trägt, so schlank aussieht, sondern sage lieber: „Du siehst heute wieder toll aus. Das Kleid steht dir sehr gut.“ Dank lässt sich direkt mit dem Wort „danke“ ausdrücken, mit einem Lächeln oder damit, dass du für die andere Person ebenfalls etwas tust, worüber er*sie sich freut.

Das Konzept *Sprachen der Liebe* setzt stark darauf, die Sprache der*des Partner*in zu erlernen. Für neurodiverse Paare kann es hilfreich sein sich über die jeweils bevorzugten Liebessprachen der Partner*innen zu unterhalten, um überhaupt wahrzunehmen, dass es unterschiedliche Bedürfnisse gibt. Zu streng angewandt kann das Modell aber auch Konflikte verstärken, wenn dadurch festgefahrene Erwartungen bestätigt werden, die der*die Partner*in vielleicht gar nicht erfüllen kann. Wenn er*sie dennoch versucht sie zu erfüllen, wirkt dies oft bemüht und einstudiert und wird von dem*der Partner*in dann auch nicht als befriedigend erlebt, obwohl es ein Liebesbeweis sein kann, in dem sehr viel Arbeit steckt. Ich möchte hier deshalb ein alternatives Modell vorschlagen, das innerhalb der Sprachen Raum für Unterschiede und Gemeinsamkeiten lässt. Es bezieht sich auf das *Balance-Modell* der *Positiven Psychotherapie.*38

Balance-Modell

Das Balance-Modell beruht auf der Annahme, dass sich vier Lebensbereiche unterscheiden lassen, die für uns Quellen von Energie, Genuss und Selbstwertgefühl sein können.

Diese vier Bereiche sind:

- **Körper**, wozu auch **Gesundheit** und **sinnliche Vergnügen** gehören,
- **Arbeit** und **Leistung**, wozu alles gehört, was uns anstrengt und was wir nicht als Selbstzweck betreiben,
- **Kontakt** und **Beziehungen** sowie
- **Sinn**, **Zukunftsorientierung**, **Fantasie** und **Kreativität**.

In allen diesen Bereichen können sich aber auch Probleme entwickeln oder bestehen. Meistens, weil ein Bereich entweder vernachlässigt oder überbetont wird.

Zum Balance-Modell gehört weiterhin die Annahme, dass jeder Mensch, und ich würde hinzufügen jedes Paar, zwar – oft auch von der Lebensphase abhängige – Präferenzen für einzelne Bereiche hat, dass aber für dauerhaft gutes körperliches und seelisches Befinden stets alle Bereiche gepflegt werden sollten. Es ist riskant, sich nur auf einen Bereich zu verlassen, auch wenn man in diesem besonders ausgeprägte Fähigkeiten hat. Wenn dieser Bereich auf einmal wegfällt, etwa wegen Krankheit, Umzug oder Schicksalsschlägen, ist – bildlich gesprochen – das einzige Bein, auf dem man steht, weggeknickt und man fällt hin. Wahrscheinlich braucht dieses „Bein" dann auch längere Erholung, denn vom Tragen des ganzen Körpergewichts ist es wahrscheinlich schon ganz verkrampft. Die Ressourcen aus den anderen Bereichen hingegen helfen beim „Aufstehen". Wenn sich zum Beispiel ein Problem im körperlichen Bereich zeigt, etwa in Form einer Erkrankung, hilft es, wenn ich meinem Leben einen Sinn gegeben habe, der mich Genesung erhoffen lässt, wenn ich Kontakte zu anderen Menschen habe, die mir Unterhaltung und Trost spenden, und wenn ich mich vielleicht trotz körperlicher Schwäche hier und da noch zuhause nützlich machen oder ein Buch lesen kann, um Befriedigung aus dieser Leistung zu ziehen.

Das Balance Modell

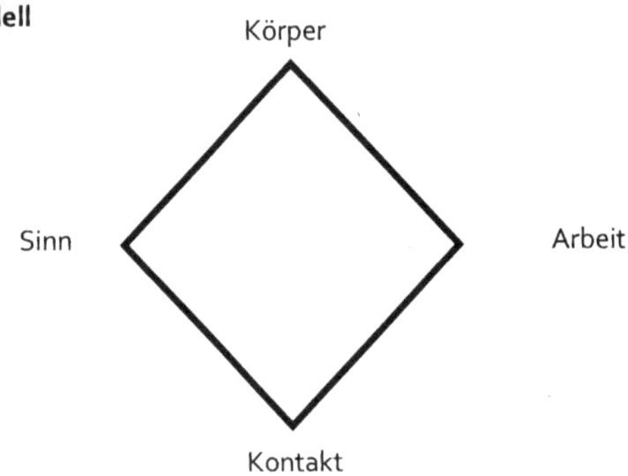

Übertragen auf die Partnerschaft bedeutet dies, dass einerseits Vorlieben der Partner*innen für bestimmte Bereiche anerkannt und gepflegt werden sollten, andererseits auch die Partnerschaft nicht nur auf einem „Bein" stehen, also nicht nur in einem der vier Bereiche gepflegt werden sollte. Am leichtesten lässt sich das anhand eines banalen Beispiels erklären: Sich bei der Partnersuche nur auf körperliche Attraktivität oder sexuelle Aktivität zu verlassen ist riskant, denn diese schwindet oft – nicht immer – mit den Jahren. Im Folgenden werden für jeden Bereich des Balance-Modells ein paar Wege aufgelistet, einander Liebe zu zeigen und die gemeinsame Liebe zu pflegen.

Ihr könnt die folgende Auflistung auf zwei Weisen nutzen: Erstens, um herauszufinden, was jeweils als Liebesbeweis bei dem*der Partner*in gut ankommen könnte. Wenn dein Partner eher der körperliche Typ ist und jeden Morgen eineinhalb Stunden im Bad verbringt, wünscht er sich wahrscheinlich eher ein Kompliment für das strahlende und duftende Ergebnis als Nörgelei über den Wasserverbrauch. Vielleicht freut er sich auch über einen gemeinsamen Schwimmbadbesuch als Geschenk. Wenn du den ganzen Tag bei der Arbeit bist und das nicht nur für dich, sondern auch für deine ganze Familie tust, wird dein zuhause bleibender Partner diesen Liebesbeweis vielleicht eher verstehen, wenn du ihn mit einer Umarmung begrüßt und seine Anstrengung die Wohnung sauber zu halten ebenso würdigst. Wenn deine Partnerin sehr viel Zeit mit ihrer Herkunftsfamilie verbringt und ihr das sehr wichtig ist, freut sie sich bestimmt, wenn du ab und zu mitkommst. Wenn du das Bedürfnis hast dem Alltag regelmäßig durch den Genuss klassischer Musik zu entfliehen und deine Partnerin dir die Zeit und Ruhe dazu lässt, lästere nicht über ihren Musikgeschmack, sondern überlege, sie auch ab und zu in ein Rockkonzert einzuladen.

Zweitens könnt ihr die Liste nutzen, um gemeinsame Ressourcen oder mögliche Ungleichgewichte in eurem gemeinsamen Leben zu identifizieren. Wenn ihr als Paar nur in einer Ecke dieses Quadrats unterwegs seid, also euch entweder fast nur im Bett rumtreibt oder abends nur noch über die Arbeit redet, euch mehr als Eltern denn als Paar erlebt oder nur noch im Reich der Fantasie und Zukunftsplanung zusammenfindet, dann kann es sinnvoll sein, gemeinsam weitere Bereiche zu erkunden, um eure Beziehung dauerhaft auf eine breitere und damit krisenfestere Basis zu stellen.

Aktivitäten, die du bei deinem*r Partner*in beobachtest:	**Liebeszeichen und Aktivitäten zu zweit, über die sich dein*e Partner*in vielleicht freuen könnte:**
• nimmt sich viel Zeit für Körperpflege, verbringt viel Zeit im Bad • schätzt äußere Attraktivität bei sich und anderen, zieht sich schön an, parfümiert und schminkt sich • isst bewusst, besonders genussvoll oder besonders gesund • bewegt sich gerne, um sich im eigenen Körper wohlzufühlen • sucht stets angenehme Sinneseindrücke durch Musik, Essen, Düfte, Stoffe, Landschaften, ...	• Sexualität, Zärtlichkeit, Streicheleinheiten • liebevolle Berührungen im Alltag, Guten-Morgen-, Gute-Nacht-, Willkommens- und Abschiedsküsse oder -Umarmungen und auch ein paar außerplanmäßige zwischendurch • Komplimente • sich herausputzen und parfümieren • gemeinsamer körperlicher Genuss, z.B. Massage, Sauna, Schwimmen, Essen, Tanzen, Musik hören • Teile der Körperpflege gemeinsam genießen, z.B. gemeinsam duschen oder sich gegenseitig eincremen • gemeinsam etwas für die Gesundheit tun wie gesundes Essen, Spazierengehen und Sport an der frischen Luft

Beim Lesen dürfte dir aufgefallen sein, dass manches davon für uns Autist*innen sehr schwierig ist. Durch unterschiedliche Verarbeitung von Sinnesreizen und Wahrnehmungen können sich unsere Bedürfnisse in diesem Bereich stark von denen neurotypischer Menschen unterschieden. Wenn dein*e Partner*in in eine Parfümwolke gehüllt aus dem Bad kommt, macht er*sie das wahrscheinlich auch, um dir zu gefallen. Wenn du also Parfüm grundsätzlich nicht ertragen kannst, dann sag das bitte möglichst vorsichtig und respektvoll und stelle klar, dass das an deiner sensorischen Sensibilität und nicht an dem Lieblingsduft deines*r Partners*in liegt. Auch gemeinsame Saunabesuche sind vielleicht nicht drin, wenn du wie ich sowieso schon ständig das Gefühl hast, dass dein Gehirn überhitzt. Gemeinsamer Genuss muss also gut geplant und dosiert sein. Gemeinsames Duschen oder Zähneputzen, das für manche Menschen ein Zeichen besonderer Vertrautheit ist, muss unter Umständen ausfallen. Auch das sollte so respektvoll wie möglich gesagt werden, damit dein*e Partner*in sich nicht abgelehnt fühlt. Zugleich können wir in diesem Bereich auch autistische Stärken einbringen, denn aufgrund unserer oft feinen Wahrnehmung haben viele von uns auch ein besonderes Gespür für schöne und angenehme Sinneseindrücke, die wir mit unseren Partner*innen teilen können.

Arbeit, Leistung, Materielles

Aktivitäten, die du bei deinem*r Partner*in beobachtest:	**Liebeszeichen und Aktivitäten zu zweit, über die sich dein*e Partner*in vielleicht freuen könnte:**
• widmet seinem*ihrem Beruf viel Zeit und ist stolz auf berufliche Leistungen und Erfolge • beschäftigt sich gerne geistig, liest Zeitungen, Fachbücher oder anspruchsvolle Romane • repariert im Haushalt Dinge, tüftelt und bastelt • erledigt die Haushaltsarbeit prompt, ausgiebig oder besonders sorgfältig • gibt gerne Geld aus für Dinge, die er*sie als wertvoll empfindet oder legt umgekehrt Wert darauf, besonders sparsam zu sein	• Geschenke und kleine Aufmerksamkeiten zwischendurch. Wenn dein*e Partner*in sehr statusorientiert ist z.B. gekaufte Blumen, Getränke oder Süßigkeiten, sonst selbstgepflückte Blumen oder ein handgeschriebenes Briefchen. • sich selbst in Beruf, Ausbildung oder Haushaltstätigkeiten anstrengen und die Arbeit des*der Partner*in als Beitrag zur gemeinsamen Beziehung würdigen • gemeinsame intellektuelle Anstrengungen, Diskussionen über gemeinsam gelesene Zeitungen oder Bücher • bewusster Umgang mit Geld, Sparsamkeit im Alltag und gemeinsame Entscheidungen für Investitionen • evtl. sogar zusammenarbeiten, einen gemeinsamen Betrieb gründen

Leistung wird nicht nur im Beruf erbracht, sondern genauso im Haushalt, beim Ausüben von Hobbies, Ehrenämtern oder der Arbeit an sich selbst zur Erhaltung der eigenen Gesundheit. Wenn du zu denjenigen Autist*innen gehörst, die bisher ihre Stärken im Beruf leichter einbringen konnten als im Beziehungsleben, vermittle deinem*r Partner*in, dass deine Arbeit – zumindest im Fall gemeinsamer Finanzen – auch ein Beitrag zur Beziehung ist, während du gleichzeitig probierst dein Repertoire ein bisschen zu erweitern. Wenn du zu denjenigen Autist*innen gehörst, die in Zeiten von Großraumbüros und täglichen Team-Meetings keine Stelle lange halten können, vermittle deinem*r Partner*in, dass du auf andere Weise deinen Beitrag zur Beziehung leistest.

Kontakt, Familie, Freund*innen

Aktivitäten, die du bei deinem*r Partner*in beobachtest:	**Liebeszeichen und Aktivitäten zu zweit, über die sich dein*e Partner*in vielleicht freuen könnte:**
• nimmt sich viel Zeit für dich und sucht bei jeder Gelegenheit das Gespräch mit dir • hält engen Kontakt zu seiner*ihrer Herkunftsfamilie • hat einen festen Freundeskreis, ist aktives Mitglied eines Vereins oder versteht sich als Teil einer größeren (sozialen, politischen, lokalen, religiösen,...) Gemeinschaft • ist im Internet eher auf sozialen Netzwerken unterwegs als auf Informationsangeboten • fühlt sich unter Menschen wohl und genießt deren Anwesenheit	• Zweisamkeit genießen, mit und ohne Worte ausdrücken: „Schön, dass du da bist, schön, dass wir zusammen sind" • miteinander reden nicht nur zum Informationsaustausch, sondern um sich zu verbinden und emotional aufeinander einzuschwingen • sich als Paar als Teil einer größeren Einheit erleben und das Aufgehoben sein darin genießen, z.B. im Freundeskreis, in einer Großfamilie, im Dorf oder Stadtviertel, in einer Subkultur, als Teil einer politischen Bewegung oder einer religiösen Gemeinschaft • gemeinsam Traditionen pflegen, die einen aneinander und/oder an eine größere Einheit zurückbinden. Dazu können Feiertage, Essen und andere kulturelle oder religiöse Traditionen gehören. Ihr könnt auch als Paar neue Traditionen erfinden wie ein gemeinsames Lied, Lieblingsessen, Geburtstagsritual, ... • sich als Eltern, Tanten, Onkel, o.ä. eines Kindes gegenseitig erleben

Ohne Zweifel ist dies der Bereich, in dem neurodiverse Paare die größten Unterschiede in den Bedürfnissen der Partner*innen erleben und in dem sich häufig Konflikte zeigen. Mehr dazu in den Kapiteln 5.5 „„Wie war dein Tag, Schatz?" Kommunikation im Alltag" und 6.6 „Als Paar in Gesellschaft". Ähnlich wie bei den Sinneseindrücken werdet ihr hier manches, aber nicht alles gemeinsam genießen können. Der*die autistische Partner*in sollte zu manchen Familientreffen mitkommen wollen und sich dort grundsätzlich willkommen fühlen, aber nicht zu allen Familientreffen mitkommen „müssen".

Aktivitäten, die du bei deinem*r Partner*in beobachtest:	**Liebeszeichen und Aktivitäten zu zweit, über die sich dein*e Partner*in vielleicht freuen könnte:**
• interessiert sich stark für Kunst, Musik und Literatur • identifiziert sich mit einer Religion, einer spirituellen oder politischen Weltanschauung • hat ein Hobby oder Spezialinteresse, das ihm*ihr Freude und Sinn bringt • spricht gerne über Vergangenheit, Gegenwart und Zukunft • fühlt sich spirituell mit Menschen und/oder Natur verbunden	• Gespräche über „Gott und die Welt", über alles, was einen gerade bewegt • gemeinsam über die Zukunft sinnieren, Fantasien entwickeln und Pläne schmieden – unabhängig davon, ob diese umgesetzt werden • gemeinsam Kunst, Musik, Literatur, Natur und andere Dinge genießen, die inspirieren und über den Alltag hinausweisen • gemeinsame Projekte, die der Beziehung zusätzlichen Sinn verleihen, zum Beispiel Verantwortung für Kinder, Haustiere oder einen Garten übernehmen, sich gemeinsam sozial engagieren, ... • gemeinsame oder auch getrennte Hobbies und Spezialinteressen. Bei getrennten Hobbies der*dem Partner*in ermöglichen, seinem*ihrem Hobby nachzugehen und Interesse dafür zeigen.

Hier haben wir Autist*innen sozusagen ein Heimspiel und viel Raum, unsere Stärken einzubringen. Sofern wir uns ab und zu rückversichern, dass unser Gegenüber sich noch für das Thema interessiert, können wir aufgrund unseres oft großen Interesses und

Wissens faszinierende Gesprächspartner*innen sein und können durch unsere oft hohen moralischen Ansprüche starke Ressourcen im Bereich Sinn einbringen.

Unter den genannten Liebesbeweisen und gemeinsamen Aktivitäten sind einige, die für Autist*innen sehr herausfordernd bis unmöglich sein können. Im Bereich *Körper* muss auf sensorische Sensibilitäten Rücksicht genommen werden. Bei *Arbeit* muss berücksichtigt werden, dass viele Autist*innen nicht gut in der heutigen Arbeitswelt klarkommen, und bei *Kontakt*, dass viele sich nicht in größeren Gruppen wohlfühlen. Es gibt aber innerhalb der einzelnen Bereiche genügend Varianten, so dass für die meisten Menschen etwas dabei sein dürfte. Gemeinsam genossene Sinneseindrücke dürfen sanft sein, Leistung zeigen wir auch in intellektuell anregenden Gesprächen oder durch Buchempfehlungen und der Kontakt darf sich auch mal auf den*die Partner*in selbst, die Katze und ein paar Internetforen erstrecken.

Für alle Paare: Beobachtet einander und achtet darauf, was der*die Partner*in wirklich mag und als liebevolle Handlung wahrnimmt. Findet auf Dauer gemeinsame Aktivitäten in mehr als einem Bereich. Es gibt hier kein richtig oder falsch, es geht nur darum, was euch beiden Spaß macht.

4.4 Sex und Konsens

Nur „Ja“ heißt Ja!

Aus Film und Fernsehen habe ich den Eindruck gewonnen, dass es irgendeine ungeschriebene Regel zu geben scheint, die besagt, dass sexueller Kontakt wie von selbst passieren soll. Diese Regel, falls es sie gibt, gilt für mich wie so viele andere ungeschriebene Regeln nicht, und auch das verschafft mir einen Vorteil. Tatsächlich steckt hinter dieser Vorstellung zumindest für heterosexuelle Menschen ein ziemlich festes Drehbuch, das ungefähr so geht: Sie rasiert sich die Beine und er den Bart (alleine), beide gehen miteinander „aus“ (in ein Restaurant, eine Bar, oder draußen einen Sonnenuntergang gucken), danach gehen sie zu einem von beiden nach Hause und trinken dort ein (oft alkoholisches) Getränk, begeben sich auf ein Sofa, kuscheln miteinander, küssen sich, ziehen sich aus, und so weiter. Zum einen ist dieser Ablauf an das Vorhandensein mindestens bescheidener finanzieller Mittel sowie passender Sitz- und

Liegegelegenheiten geknüpft. Auch hier können das Leben und die Mitbewohner*innen viele Striche durch die Rechnung machen. Zum anderen ist er voller vorgefertigter Erwartungen und passt einfach nicht für jede*n. Zudem habe ich den Eindruck, dass viele neurotypische Menschen von diesem Vorgehen genauso gestresst und ermüdet sind wie ich. Angeblich sind wir Autist*innen ja nicht so gut im Kommunizieren. Viele von uns sind aber gut darin, ihre Bedürfnisse zu kennen und klare Ansagen zu machen. Der anderen Person die eigenen Wünsche zu erzählen und sie nach ihren Wünschen zu fragen, muss überhaupt nicht unromantisch sein und kann viel zu einer entspannten und angstfreien Atmosphäre beitragen! Zudem kann ein offenes Gespräch davor schützen, selbst übergriffig zu werden oder sich unwillkürlich in die vermeintlichen oder tatsächlichen Erwartungen des Gegenübers zu fügen. In dieser Situation ist es tatsächlich wichtig auf Tonfall, Timing und auf kleine körperliche Signale zu achten. Ich weiß, genau das ist es, was uns Autist*innen oft schwerfällt, aber hier traue ich dir das zu! Wichtig ist es, sich und einander dabei nicht zu hetzen, sondern langsam vorzugehen und immer auf die Rückmeldung des Gegenübers zu warten. Da ich weiß, wie schwierig es sein kann, habe ich unten in einer Tabelle einige sprachliche und körperliche Signale und ihre wahrscheinlichen Bedeutungen – wie es tatsächlich gemeint ist, hängt aber immer von der jeweiligen Person und Situation ab! – aufgelistet.

„Nein heißt Nein": An diesem Grundsatz orientiert sich seit 2016 in Deutschland auch das Strafgesetz und das ist auch gut so. Doch damit sind nicht alle Probleme gelöst. Denn in der Realität sagen Menschen nur selten wörtlich „nein", wenn sie etwas nicht wollen. Oft sagen sie stattdessen „Hm, weiß nicht" oder „vielleicht später". Zudem heißt „nicht nein" nicht automatisch „ja, voll gerne!". „Ich mag dich auch, aber..." oder „Lass uns doch erstmal ein bisschen..." heißt erstmal „Nein" und fordert dich auf, abzuwarten, zu verlangsamen oder auch erst einmal zurückzuweichen.

Nur „Ja" heißt hier wirklich „Ja", auch wenn dieses „Ja" nicht immer eindeutig verbal ausgedrückt wird. Lasse deinem*r Wunschpartner*in ein bisschen Spielraum, sich auf dich zuzubewegen. Das ist durchaus wörtlich gemeint im Sinne von räumlichem Abstand, aber auch im Sinne von Zeit und Geduld. Auch wenn du als heterosexueller Mann das Gefühl hast, dass, vielleicht aufgrund geschlechtsspezifischer Erziehung, der berühmte „erste Schritt" – also zum Beispiel eine Frau zu küssen oder sie zu fragen, ob sie Lust hat mit dir zu schlafen – immer noch häufig von dir erwartet wird, mach diesen Schritt nicht, ohne darauf zu achten, dass deine Partnerin – bildlich gesprochen – aktiv und freudig mit dir tanzt und sich nicht nur aus Gewohnheit führen lässt.

Eine kommunikative Umsetzung des Grundsatzes „nur Ja heißt Ja" ist das Zustimmungskonzept. Es kommt dem Gerechtigkeitssinn und dem Hang zum wörtlichen Ausdrücken und Verstehen, den viele von uns haben, entgegen. Es bedeutet bei jedem Schritt nachzufragen, ob die andere Person das auch möchte, zum Beispiel wenn du eine Person, mit der du schon Händchen gehalten hast, küssen möchtest oder wenn du einer Person, die du schon geküsst hast, die Hand unters T-Shirt schieben möchtest.

Die Umsetzung des Zustimmungskonzepts und der Weg zu einer selbstbestimmten und erfüllten Sexualität als Person und als Paar ist nicht immer einfach und geradlinig und erfordert auch etwas Übung.[39] Handlungen und Körperteile müssen benannt werden, und zwar möglichst so, dass beide es weder als beschämend noch als unerotisch empfinden. Auch das geht am besten mit Nachfragen. Besonders für viele trans, inter und nonbinäre Personen, aber auch für traumatisierte Menschen kann es wichtig sein, dass ihre Körperteile nicht einfach benannt werden, wie der*die Partner*in es gewohnt ist, sondern dass nachgefragt wird, wie sie selbst diese bezeichnen oder abgewartet wird, bis sie es einem mitteilen.[40]

Gerade wenn ihr viele von den Dingen, auf die ihr vielleicht neugierig seid oder bei denen ihr um Zustimmung gefragt werdet, noch nicht ausprobiert habt, ist es manchmal auch gar nicht so einfach zu fragen und zu antworten. Deshalb ist es ratsam, langsam und behutsam vorzugehen, ohne die Freude am gemeinsamen Experimentieren zu verlieren. Wenn ihr vor, während und nach körperlich intimen Handlungen miteinander redet, habt ihr auch eine bessere Basis euch gegenseitig zu verstehen, zu trösten und es beim nächsten Mal besser zu machen, falls es sich mal nicht so gut angefühlt hat. Falls ihr Missverständnisse befürchtet, könnt ihr auch ein *Safeword* (siehe nächstes Kapitel) oder ein *Ampelsystem* mit „rot" für „Stopp", „gelb" für „Pause" und „grün" für „Weitermachen" ausprobieren. Wenn du zu schüchtern bist, um am Anfang schon so explizit über Sexualität zu sprechen oder festgelegte Signale zu vereinbaren: Oft reicht auch einfach ein „Möchtest du, dass ich weitermache?" oder „Ist das angenehm?". Mit der Zeit werdet ihr vielleicht Gefallen an deutlicheren Worten finden und diese sogar als *dirty talk* in eure sexuellen Praktiken einbauen.

Manche Menschen haben durch schlechte Erfahrungen Angst vor Sexualität aufgebaut und manchmal passiert es auch in liebevollen Beziehungen, dass die Partner*innen unangenehme sexuelle Erfahrungen miteinander machen oder dass weniger Sex stattfindet als es sich die Partner*innen wünschen würden. Dies kann an sensorischen Sensibilitäten liegen (mehr dazu weiter hinten in diesem Kapitel), aber auch daran, dass die Partner*innen zu schüchtern sind, um während und über Sexualität zu kommunizieren oder daran, dass sich Körper- und Geschlechtsempfinden eines*r Partners*in ändern und er*sie erst selbst wieder herausfinden muss, was ihm*ihr gefällt. Eine Methode, um den eigenen Körper und den des*der Partners*in bewusster wahrzunehmen und miteinander ohne Leistungs- und Erwartungsdruck zu erkunden, welche Berührungen beide als angenehm empfinden, heißt *Sensate Focus* oder *Sensualitätstraining.* Mit Streichel- und Massageübungen wird hier zunächst unter Aussparung der Genitalien wieder ein liebevolles Verhältnis zum Körper aufgebaut und über die Empfindungen bei verschiedenen Berührungen gesprochen, bevor sich die Partner*innen langsam wieder an sexuell erregende Praktiken annähern, falls sie dies wünschen. Dies kann unter der Anleitung eines*r Sexualtherapeuten*in erfolgen oder zu zweit zuhause mit ein bisschen Massageöl.41

Auch in Langzeitbeziehungen darf Sex gerne mal vorgeplant werden, wobei der gemeinsame Plan als Wunsch zu verstehen ist und nicht als Versprechen! Dies empfehlen Paarberater*innen grundsätzlich allen Paaren, bei denen durch den Alltagsstress die Lust auf spontanen Sex seltener wird. Für manche Autist*innen steigert dieses Vorgehen durch die Vorfreude und die Möglichkeit sich auf das Erlebnis einzustellen die Lust und den Genuss deutlich. Für einige ist es sogar die Voraussetzung dafür.

> **Für alle**: Nur „Ja“ heißt Ja! Achte auf die verbalen und körperlichen Signale deines*r Partners*in und frag lieber einmal zu viel als einmal zu wenig nach! Wenn euch eure Kommunikation um Sexualität besonders schwerfällt, versucht es mit Streicheln und Massage und erspürt und erfragt dabei was jede*r mag.

Und woran erkenne ich ein „Nein“ oder ein „Vielleicht“?

Für den Fall, dass du sehr unsicher bist, wie die Signale deines*r (Wunsch-)Partner*in zu deuten sind, bietet dir die Tabelle unten eine kleine Interpretationshilfe. Die Beispiele geben keinen vollständigen Überblick über mögliche Verhaltensweisen, sie sollen nur einigen Missverständnissen vorbeugen.

Das bedeutet meistens „Ja“ > weitermachen

Das tut oder sagt die andere Person:	**Das solltest du tun:**
• sagt „Ja“	• Weitermachen und weiter Fragen. „Ja“ heißt immer „ja“ zu dem, was du gerade tust oder wonach du gerade gefragt hast, nicht zu allen weiteren Schritten![42] Falls das „Ja“ zögerlich kommt, solltest du auch zögern.
• lächelt dich offen an, neigt sich stark zu dir hin, rutscht immer näher an dich heran, bewegt Lippen, Hände etc. in deine Richtung	• Einfach weiter annähern und gucken, ob die Stimmung so bleibt. Vor jedem größeren Schritt, in jedem Fall aber vor Berührungen der intimeren Körperzonen (dort wo sonst die Unterwäsche ist) oder Ausziehen fragen.
• sagt „das fühlt sich gut an“; schnurrt wie eine zufriedene Katze oder gibt „mmh“-Laute von sich, als würde er*sie ein Bonbon essen	• In dem Tempo und der Intensität weiter machen, wenn du Lust hast, nachfragen, ob er*sie mehr möchte.
• erwidert deine Berührungen, berührt dich von sich aus an intimeren Stellen	• Wenn es dir auch gefällt weitermachen, dirty talken, wenn du magst, sagen was dir gefällt und fragen was der anderen Person gefällt.

Das kann „Vielleicht“ bedeuten > abwarten und nachfragen

Das tut oder sagt die andere Person:	**Das solltest du tun:**
• verschwindet lange im Bad	• Erst mal abwarten, und sanft, zärtlich miteinander reden oder kuscheln und auf weitere Signale achten. Er*sie wird dir schon zeigen, ob er*sie Lust auf mehr hat. Vielleicht hat die andere Person sich extra für dich frisch gemacht und freut sich auf körperliche Intimität, vielleicht braucht er*sie aber auch noch Zeit, weil er*sie sich den Magen verdorben hat oder einfach noch nicht bereit für (weitere) sexuelle Handlungen ist.
• sagt, dass er*sie Kopf- oder Rückenschmerzen hat oder müde ist	• Abwarten, der anderen Person Zeit und Raum lassen. Wenn ihr schon ein bisschen vertraut seid, fragen, ob er*sie schlafen, kuscheln, eine Kopfmassage oder einen Tee möchte. Unter neurotypischen Menschen kann das eine Art Codewort sein für „ich will heute keinen Sex“, was aber keine Ablehnung für alle Tage bedeuten muss. Es kann aber auch wörtlich gemeint sein. Deshalb bietet es sich an nachzufragen, was die andere Person braucht.

Das bedeutet „Nein“ > aufhören, Pause, ggf. später nachfragen oder entschuldigen

Das tut oder sagt die andere Person:	**Das solltest du tun:**
• dreht den Körper oder Kopf von dir weg	• Aufhören damit, was auch immer du gerade machst. Die Person hat im Moment entweder kein Interesse, ist abgelenkt (zum Beispiel durch Sinneseindrücke oder Gedanken) oder wurde vielleicht an etwas Unangenehmes aus der Vergangenheit erinnert. Es kann auch sein, dass etwas, was ihr zusammen gemacht habt, unangenehme Gefühle ausgelöst hat. Lass etwas Ruhe einkehren und frage vorsichtig nach, zum Beispiel „Hat dir etwas nicht gefallen?“ oder „War das unangenehm für dich?“ oder einfach „Wie geht‘s dir?“. Falls dein Verhalten der Grund war, ist eine Entschuldigung fällig und eine behutsame Aufarbeitung der Situation, damit sie sich nicht wiederholt.
• Körper wird steif, Bewegungen mechanisch, Berührungen werden nicht erwidert	• Aufhören, Pause machen. Irgendwas stimmt nicht zwischen euch oder die andere Person fühlt sich unwohl. Frag nach, zum Beispiel „Brauchst du gerade etwas anderes/eine Pause?“, „Ist das unangenehm für dich?“ Falls sich herausstellt, dass dein Verhalten der Grund war, siehe oben.

• „Ich mag dich, aber...“	• Aufhören. Meiner Erfahrung nach machen sich hier viele Menschen Hoffnungen. Es ist aber meistens eine höfliche Ablehnung in der Art wie „lass uns lieber Freunde bleiben“. Höre genau zu und befrage dich nochmal ehrlich, wie gegenseitig eure Anziehung tatsächlich ist.
• „Es geht mir ein bisschen zu schnell“	• Aufhören mit dem, was du tust. Abwarten und die langsamere Person von euch beiden das Tempo vorgeben lassen. Nur wenn du diese Ansage wirklich respektierst, kannst du dir vielleicht später Hoffnungen auf mehr machen. Es kann aber auch einfach „nein“ bedeuten.
• Sagt oder zeigt, dass er*sie betrunken oder anderweitig berauscht ist	• Aufhören. Ihr könntet Dinge tun, die ihr oder eine*r von euch hinterher bereut. Wenn die andere Person sich dir in diesem Zustand körperlich annähert: Lieber nur kuscheln und nichts Sexuelles anfangen. Verabredet euch für ein anderes Mal und bleibt dann nüchtern.

Sexuelle Vorlieben und sensorische Besonderheiten

Manche Menschen mögen besonders starke Sinneseindrücke oder sensorische Deprivation, also die Reduzierung von Sinneseindrücken zum Beispiel durch Augen verbinden. Dies kann gerade leicht ablenkbaren Menschen helfen, den Moment zu genießen und sich auf die verbleibenden Sinneseindrücke zu konzentrieren. Manche Autist*innen haben so feine Sinnesempfindungen, dass sie Berührungen an den von Neurotypischen oft so benannten

„erogenen Zonen" wie Brust- und Genitalbereich kaum aushalten, obwohl sie durchaus Lust auf körperliche oder gar sexuelle Intimität haben. Bei manchen erstreckt sich diese Sensibilität sogar auf andere Körperstellen wie Kopfhaut, Ohren oder Fingerspitzen. Sollte das bei dir der Fall sein, sag es deinem*r Partner*in so, dass er*sie sich nicht als Person zurückgewiesen fühlt, sondern es als Glück empfinden kann, dass du so feinfühlig bist und seine*ihre Berührungen dich so erregen. Sag, wenn du eine Pause möchtest. Sag, wenn du dir eine andere Form der Berührung wünschst, die zärtlich oder auch sexuell sein kann, zum Beispiel nur Küssen, den Rücken streicheln oder „Trockensex", das heißt sich angezogen streicheln oder aneinander reiben. Manche Menschen haben auch ausgeprägte sensorische Vorlieben für bestimmte menschliche Körperteile oder Dinge außerhalb des menschlichen Körpers, darunter Stoffe, Folien oder andere Oberflächen. Auch darüber sollte geredet werden.

Für nichtautistische Partner*innen können sensorische Besonderheiten manchmal zu Missverständnissen führen. Autistische Personen können manchmal zum Schutz vor sensorischer Reizüberflutung körperliche Signale aussenden, die für nichtautistische Personen wie Desinteresse aussehen. Zum Beispiel könnten sie den Blick von dem*der Partner*in abwenden oder sich einer bestimmten Berührung entziehen und zugleich andere Berührungen durchaus genießen. Oder ihnen gefällt eine bestimmte Praxis eigentlich, aber sie sind irritiert durch eine zu helle Lampe oder ein Geräusch, das von draußen kommt. Auch hier ist es wichtig nachzufragen. Vielleicht will die Person, dass du genauso weitermachst und er*sie kümmert sich selbst darum sich sensorisch teilweise abzuschirmen, um eine bestimmte Berührung besser genießen zu können. Vielleicht ist sie aber auch bereits überwältigt und möchte eigentlich, dass du etwas änderst oder aufhörst. Nachfragen kann keinen Schaden anrichten, ungefragt Weitermachen schon.

BDSM

Du hast wie so manche von uns Autist*innen klare sexuelle Vorlieben43 und traust dich darüber zu reden, auch schon vor dem Sex? Wie sexy ist das denn! So gibst du auch deinem*r Partner*in die Chance seine*ihre Wünsche auszusprechen und schaffst die Basis für eine Kultur des Konsens, in der Gewalt und Übergriffigkeit keinen Platz haben, außer als einverständliche Inszenierung natürlich. Ihr müsst nicht mit Standard-Blümchen-Sex anfangen, sondern könnt gleich zu den Praktiken kommen, die euch richtig Spaß machen! Das verbindet ungemein! Die BDSM-Szene weiß seit langem, wie wichtig und sexy Konsens, Kommunikation und *Safewords* sind. BDSM ist die englische Abkürzung für eine Reihe sexueller Praktiken, die oft mit Schmerz, ungewöhnlichen Sinneseindrücken und/oder Machtspielen zu tun haben, auf Deutsch unzureichend mit Sadomasochismus übersetzt.44 *Safewords* sind Worte, bei denen der*die Partner*in sofort aufhört. Sie werden vorher zwischen den Partner*innen vereinbart für den Fall, dass ein „Nein" nicht ausreicht, weil es als Teil des sexuellen Spiels missverstanden werden könnte. Hier sind auch aus Gründen der körperlichen und emotionalen Sicherheit offene Gespräche wichtig, damit erstens niemand durch riskantere Sexualpraktiken körperlich oder psychisch verletzt wird und zweitens, um ein Übergreifen der BDSM-Praktiken auf den Beziehungsalltag zu verhindern oder zumindest zu kontrollieren. Insbesondere, wenn Spiele mit Machtunterschieden Teil der BDSM-Praktiken sind, sollte diese Gefahr den Partner*innen bewusst sein und immer wieder offen besprochen werden. Dieselben Praktiken bedeuten nicht für alle Praktizierenden dasselbe. Manche betrachten BDSM-Praktiken als Inszenierung und Rollenspiel, andere als Möglichkeit, Persönlichkeitsanteile auszuleben, die im Alltag nicht viel Platz haben.45 In einer neurodiversen Beziehung sollte im Sinne eines verantwortungsvollen Umgangs miteinander über solche unterschiedlichen Bedeutungen gesprochen werden.

Für alle Leser*innen: Nimm deine sexuellen Vorlieben an und teile diese deinem*r Partner*in mit – in vielen Fällen wird er*sie positiv überrascht sein!

Für neurodiverse Paare: Macht euch klar, dass gemeinsame Vorlieben und Praktiken nicht für jede*n von euch dasselbe bedeuten müssen. Kommuniziert darüber, um eure unterschiedlichen Bedürfnisse und Gefühle zu verstehen. Wenn Machtunterschiede Teil eurer Sexualität sind, vereinbart zum Schutz der Partner*innen und der Beziehung wie ihr das von eurem sonstigen Alltag trennen wollt.

4.5 Miteinander kommunizieren lernen

Über Gefühle sprechen: Zwiegespräch

Wenn ihr frisch verliebt seid, versteht ihr euch wahrscheinlich entweder ohne Worte oder könnt euch tagelang eure Lebensgeschichten erzählen. Wenn sich eure Beziehung entwickelt, wird es aber Situationen geben, in denen ihr gezielt über eure Gefühle sprechen müsst. Vielleicht gehen beide Partner*innen nicht im selben Tempo in die Beziehung rein, vielleicht hat eine*r von euch den*die andere*n unabsichtlich verletzt, vielleicht belasten Bedürfnisse eines*r Partners*in nach Freiraum oder Verlustängste den*die andere*n. Streit unter Verliebten kann sinnvoll sein, denn oft lernt man sich erst dadurch richtig kennen. Vorher spürt man oft eher die Gemeinsamkeiten oder einfach das gute Gefühl, das die Anwesenheit der anderen Person auslöst, im Streit werden beide wieder als Individuen sichtbar. Zu viel und destruktiv ausgetragener Streit kann aber eine Beziehung überfordern, so dass sie zu enden droht. Manchmal sagen Partner*innen im Streit Dinge, die den*die andere*n verletzen oder die sie selbst nachher bereuen, so dass sich Verletzungen und Schuldgefühle ansammeln, mit denen sie irgendwann nur noch schwer klarkommen. Manche Partner*innen vermeiden im Alltag Konflikte und ignorieren Probleme, so dass wichtige Informationen wie zum Beispiel über Bedürfnisse und Grenzen nur in der bereits emotional negativ aufgeladenen Atmosphäre eines Streits ausgesprochen werden, in der sie nicht mehr angemessen aufgenommen werden können. Da kann es hilfreich sein, regelmäßig über eure Gefühle zu sprechen, bevor sie im Streit aus euch herausplatzen.

Viele Paartherapeut*innen empfehlen hier die von Michael Lukas Moeller entwickelte und seit Jahrzehnten erprobte *Methode des Zwiegesprächs.*46 Hierbei nehmen sich zwei Menschen regelmäßig, mindestens einmal wöchentlich, Zeit, um nacheinander zu erzählen, wie es ihnen allgemein und in der Beziehung geht und um einander zuzuhören. Dies beugt Missverständnissen und Streitigkeiten vor und ermöglicht es, sich selbst und den*die Partner*in besser kennenzulernen. Gerade für diejenigen Autist*innen, die oft Schwierigkeiten haben ihre Gefühle rechtzeitig wahrzunehmen und zu benennen, ist dies sicherlich herausfordernd, aber auch besonders lohnend. Wenn ihr euch diese Zeit bewusst nehmt, wird schon etwas kommen. Wenn du gerade wenig fühlst oder keinen Zugang zu deinen Gefühlen hast, ist auch das eine wichtige

Information für die andere Person. Momente der Stille sind auch okay. Wenn ihr euch gegenübersitzt, gerne mit sanfter Berührung der Knie, und euch in die Augen schaut, kann die körperliche Nähe und das gespürte Wohlwollen des*der Partners*in das Fließen der Gefühle, Gedanken und Worte unterstützen. Wenn ihr oder eine*r von euch durch Augen- oder Körperkontakt leicht abgelenkt werdet, fühlt es sich vielleicht angenehmer an, nebeneinander zu sitzen und in die gleiche Richtung zu schauen. Schafft auf jeden Fall einen gerne auch ritualisierten Rahmen für das Zwiegespräch, der es vom alltäglichen Gespräch am Esstisch abgrenzt. Wenn euch Sprechen nicht so liegt, versucht es mit Schreiben. Vielleicht könnt ihr in Ruhe bei einer Tasse Tee eure Gefühle und Gedanken so zu Papier oder zum Bildschirm bringen, dass der*die Partner*in sie gut aufnehmen kann. Auch dabei könnt ihr gern nebeneinandersitzen, wenn ihr es als angenehm empfindet. Die Regeln für ein gesprochenes oder geschriebenes Zwiegespräch sind dieselben: Keine allgemeinen Überlegungen an und Regeln für die Beziehung aufstellen, auch nicht zu viel über die andere Person schreiben, sondern über die eigenen Wahrnehmungen, Bedürfnisse und Gefühle. Und dann geduldig und wohlwollend hören, was die andere Person sagt, lesen, was die andere Person schreibt oder sehen, was die andere Person gebärdet.

Zwiegespräch

Rahmen: Beide (oder alle) Partner*innen nehmen sich regelmäßig, am besten einmal pro Woche, 45–90 Minuten Zeit dafür. Neurodiversen Paaren empfehle ich eher 45 Minuten, da das Zuhören und einander verstehen viel Energie kosten kann. Handys bleiben aus, Kinder schlafen oder sind anderweitig versorgt. Partner*innen sollten bequem sitzen, nebeneinander oder einander gegenüber.

Ablauf: Zuerst redet eine Person ununterbrochen, solange sie möchte, oft ca. 20 Minuten lang. Dann redet die andere Person. Es kann danach eine zweite Runde geben, um beim oder nach dem Zuhören aufgekommene Gefühle auszusprechen, ohne sich aber zu direkt aufeinander zu beziehen.

Worüber wird gesprochen? Über Gefühle: Wie geht es mir allgemein? Wie geht es mir in unserer Beziehung? Anders als die meisten von uns das in der Schule gelernt haben, ist es hier erlaubt und sogar erwünscht möglichst viele Sätze mit „ich" zu beginnen.

Wie wird miteinander gesprochen? Eine Person spricht, die andere konzentriert sich aufs Zuhören. Kommentare sind nicht erwünscht, Fragen nur als einfache Verständnisfragen. Es ist nicht hilfreich oder nötig den eigenen Beitrag vorzubereiten, während die andere Person redet. Wenn durch den Sprecherwechsel eine kleine Denk-Pause entsteht, macht das nichts aus. Unterbrechungen, Bewertungen, Wünsche aneinander, Vorwürfe oder Diskussionen gehören nicht ins Zwiegespräch und sollten auch danach nicht passieren.

Nicht alle Paare werden solche Methoden schon so früh anwenden wollen, viele tun dies erst, wenn ernsthafte Konflikte da sind. Falls ihr aber in einer neurodiversen Beziehung öfter erlebt, dass ihr die Gefühlsausdrücke eures*r Beziehungs-partners*in nicht richtig deuten könnt und dies zu Missverständnissen geführt hat, kann eine strukturierte Methode auch hier schon hilfreich sein. Mit der Zeit werdet ihr durch diese Übung wahrscheinlich lernen, auch außerhalb des ritualisierten Zwiegesprächs eure Gefühle besser wahrzunehmen und persönlicher auszudrücken.

Für manche Menschen oder in manchen Situationen kann es allerdings auch überfordernd sein über Gefühle zu sprechen, zum Beispiel bei Trauer oder Depression. Mehr dazu in Kapitel 6.4 „Ehrlichkeit und Höflichkeit".

Missverständnisse vermeiden: Aktives Zuhören

Der traditionellen Kommunikationstheorie zufolge gehören zur Kommunikation Sender und Empfänger sowie eine Botschaft. So weit, so logisch. Leider verändert sich die Botschaft oft auf ihrer Reise vom Sender zum Empfänger. Eine Information lässt sich leider nicht so sauber codieren und ordentlich verpacken, dass sie garantiert genau so ankommt, wie sie gemeint war. Die Stimmungen der Gesprächspartner*innen, ihre Wahrnehmung der Beziehung zueinander sowie die Situation, in der etwas gesagt wird, haben Einfluss darauf, wie die Botschaft ankommt. Ebenso Tonfall, Tempo, Lautstärke und Körpersprache der sprechenden Person und ihre Interpretation durch das Gegenüber. Das bedeutet im Alltag: Ich weiß oft erst, was ich gesagt habe, wenn ich in das erstaunte Gesicht meines*r Gesprächspartners*in blicke.47

Gerade bei neurodiversen Paaren haben beide Partner*innen oft Schwierigkeiten, die Körpersprache und andere nonverbale Signale zu deuten. Sinnvollerweise sollte man sich deshalb gerade am Anfang der Beziehung mit Deutungen zurückzuhalten. Bevor Missverständnisse entstehen, die schnell zu Streitigkeiten werden können, bietet es sich an, vorsichtig nachzufragen, wie etwas gemeint ist. Dies ist mit Hilfe der Technik des *aktiven Zuhörens* möglich. Diese stammt aus der Werkzeugkiste von Therapie und Sozialarbeit und sollte im Alltag nicht ständig angewandt werden, sondern nur wenn es wirklich darauf ankommt. Wenn zum Beispiel eine gemeinsame Entscheidung ansteht oder sich ein wahrscheinlich abwendbarer Streit anbahnt. Aktives Zuhören bedeutet eigentlich nur 1. Zuzuhören (oder zu sehen, zu lesen) und 2. Nachzufragen, ob man das Gehörte (Gesehene, Gelesene) richtig verstanden hat. Dazu formuliert man üblicherweise in eigenen Worten um, was die andere Person gesagt hat, und fragt nach, ob es das war, was die andere Person gemeint hat. Zum Beispiel so: „Wieso muss ich immer das Programm für unsere gemeinsamen Abende organisieren?" – „Ich habe verstanden, dass du den Eindruck hast, du würdest immer zuerst etwas tun oder mehr tun als ich, um unsere gemeinsam verbrachte Zeit zu planen." In einem nächsten Schritt kann man noch versuchen herauszufinden, welche Gefühle oder Bedürfnisse dahinterstehen. Dabei ist auch etwas vorsichtiges Raten erlaubt, zum Beispiel so: „Es klingt für mich, als würdest du dich damit überfordert oder alleingelassen fühlen. Empfindest du das so?“ Umformulieren kann auch eine prima Chance sein, der anderen Person ihre Äußerung in emotional abgeschwächter oder nicht wertender Form wiederzugeben. Auch deshalb eignet es sich zur Deeskalation. Im obigen Beispiel wären zudem in Ergänzung zum aktiven Zuhören sicherlich auch Dank angebracht für die Initiative des*der Partners*in und seine*ihre bisherigen Vorschläge. Allgemein kann aktives Zuhören eingesetzt werden, um den Sachinhalt hinter einer emotionalen Äußerung herauszufiltern oder den emotionalen Inhalt hinter einer sachbezogenen Äußerung.

Letzteres ist ungefähr das, was Neurotypische häufig als Empathie bezeichnen, die ihnen oft sehr wichtig ist. Es ist nicht so, dass wir Autist*innen diese nicht hätten. Es fällt uns aber tatsächlich häufig schwer, die Gefühle nichtautistischer Menschen zu erkennen und Empathie so nach außen zu tragen, dass nichtautistische Menschen diese auch spüren. Beim Erraten der Gefühle der anderen Person halten wir uns häufig zurück aus Angst übergriffig zu sein oder etwas falsch zu machen. Doch diese Angst ist meist übertrieben.

Solange du deine*n Partner*in noch nicht so gut kennst, sind solche Fehler nicht schlimm. Dein Gegenüber wird in der Regel dankbar sein, dass du dich überhaupt für seine Gefühle interessierst, und die Gelegenheit nutzen, seine wirklichen Gefühle in Worte zu fassen. In Langzeitbeziehungen kannst du mit den dadurch gewonnenen Informationen eine innere Datenbank von Situationen und Gesichtsausdrücken deines*r Partner*in und möglichen damit verbundenen Gefühlen anlegen.

Techniken aktiven Zuhörens

Paraphrasieren: Wiedergeben in eigenen Worten („Ich habe verstanden, dass du gesagt hast, dass...“)

Verbalisieren: Beobachtungen aussprechen („Stimmt es, dass du wütend bist?“)

Nachfragen: Wenn man etwas nicht verstanden hat („Kannst du mir bitte nochmal in anderen Worten erklären, was du meinst?“, „Hast du noch ein anderes Beispiel für das, was dich stört?“)

Klären: Deutungsangebote für diffuse Äußerungen machen („Meinst du also, dass...?“)

Abwägen (z. B. „Was war schlimmer für dich am unterbrochen werden, dass du deine Gedanken nicht zu Ende führen konntest oder der mangelnde Respekt?“)48

Ich möchte dazu ermutigen, auch mal die Gefühle der anderen Person zu erraten, da dies eine Zwischenstufe sein kann auf dem Weg, diese zu verstehen, auch wenn es mir selbst als autistische Person nicht angenehm ist. Zweck des Erratens der Gefühle eures*r Partners*in sollte sein, Interesse zu zeigen und ihn*sie einzuladen, seine*ihre Gefühle in eigenen Worten zu beschreiben. Schlimmer als übertriebene Zurückhaltung beim Raten und Interpretieren wäre es, eure eigenen Interpretationen und Schlüsse direkt als Wahrheit anzusehen. Ein Beispiel: Ich bekam früher fast täglich von Freund*innen und Gästen in dem Café, in dem ich zeitweise arbeitete, gesagt: „Du siehst müde aus!“ Wahrscheinlich fühlten sie sich sehr empathisch, weil sie meinen Gesichtsausdruck so gut interpretiert haben. Vielleicht war ich tatsächlich immer müde, ich empfand mein Leben auch nicht als unanstrengend. Jedenfalls *fühlte* ich mich nicht müde und es hätte mir auch nichts geholfen mich müde zu fühlen, da ich in dem Moment keine Möglichkeit gehabt hätte meine Aktivitäten weiter zu reduzieren oder gar zu schlafen. Hätte mir mein Partner auch noch gesagt, dass ich müde aussehe, hätte ich wahrscheinlich auf der Stelle kehrt gemacht. Aktives Zuhören sollte dazu eingesetzt werden, um die andere Person besser zu verstehen und nicht um sie dazu zu bringen, über etwas zu sprechen, worüber sie gar nicht sprechen möchte. Nebenbei gesagt überfordern Dinge, über die eine Person aus meist gutem Grund ungern spricht, oft auch die Zuhörenden. Im Laufe einer längeren Beziehung werdet ihr auch schmerzhafte Dinge übereinander herausfinden und damit umgehen können, wenn die Zeit dafür reif ist.

Ich habe mit dem *Zwiegespräch* und dem *aktiven Zuhören* zwei Methoden vorgestellt, die ich für alltagstauglich halte und die auch ohne professionelle Begleitung oder Schulungen angewandt werden können. Manche neurodiversen Paare machen auch gute Erfahrungen mit Methoden wie *Gewaltfreie Kommunikation (GFK)* oder *Familien- oder Beziehungskonferenz*. Hier lohnt sich der Besuch von Workshops oder das Lesen eines speziellen Buches,49 um diese Methoden zu erlernen. Grundsätzlich gibt es nicht *eine* Methode, die für alle Menschen oder Paare passt. Probiert aus, was für euch funktioniert.

Für neurodiverse Paare: Interpretiert nicht zu viel in die nonverbale Kommunikation hinein, fragt lieber nach! Eignet euch ein paar einfache Techniken an, um Missverständnisse zu vermeiden. Das Sprechen über Gefühle kann gerade für Autist*innen herausfordernd sein, ist aber wichtig, um in einer Beziehung zu wissen, ob sich beide wohlfühlen. Probiert aus, diesen Gesprächen einen Rahmen und euch Zeit zu geben, sie zu üben.

Für Autist*innen: Hab keine Angst, Methoden auszuprobieren, die auf Empathie und das Wahrnehmen eigener Gefühle setzen, denn genau durch solche Methoden kannst du diese Fähigkeiten verbessern, auch wenn sie dir anfangs schwerfallen. Aber: Das Wahrnehmen der eigenen Gefühle und der anderer Menschen kann auch zu Überwältigung führen oder an Traumata erinnern und sollte deshalb dosiert geübt werden. Achte dabei auf dich selbst: Empfindest du Zwiegespräche oder aktives Zuhören als unangenehm, bist du danach immer müde, gereizt oder überhitzt, sind es zu dieser Zeit nicht die richtigen Methoden für dich!

4.6 Herkunftsfamilien und Freundeskreise kennenlernen und einbinden

Die erste Essenseinladung bei der Familie des*der Partners*in dürfte für die meisten Menschen eine aufregende Angelegenheit sein. Für mich fühlte es sich an, wie ein Ausflug in ein unbekanntes Land, mit einer Sprache, die ich nicht spreche, obwohl ich eigentlich sehr verbal und polyglott bin.

Ich war mit mindestens drei Herausforderungen konfrontiert: Erstens innerhalb kurzer Zeit eine Bindung zu Menschen aufzubauen, etwas, wofür ich normalerweise mindestens zwei Jahre brauche. Zweitens mich an eine Familienkultur anzupassen, die wie jede Familienkultur einzigartig und voller ungeschriebener Regeln ist, die ich nicht gut entschlüsseln kann. Und drittens als autistische Person meine neurotypische Umgebung nicht allzu sehr zu irritieren und zugleich nicht über meine eigenen Grenzen zu gehen.

Da ich mir sonst selten Gedanken mache, ob mich jemand mag oder nicht, sondern lange dachte, ich würde nach meinen Handlungen oder dem Inhalt meiner Äußerungen beurteilt, hatte ich auch keine Ahnung wie ich Menschen dazu bringen sollte mich auf Anhieb zu mögen. Ich nahm an, die gemeinsame Liebe zu einem Menschen, meinem Partner und deren Kind, schaffe ein gewisses gegenseitiges Wohlwollen, und das tut sie oft auch. Dennoch gilt es meist einige weitere Hürden zu nehmen, um akzeptiert zu werden. Zum Beispiel sich mit bestimmten gesellschaftlichen Konventionen wie Tischmanieren vertraut zu zeigen oder unterhaltsame Konversation machen, ohne zu persönliche oder konfliktträchtige, also interessante Themen anzusprechen wie Politik, Religion oder Sex. Da letzteres lange nicht zu meinen Stärken gehörte, griff ich in meine autistische Trickkiste und schaute zum Beispiel auf die Uhr, um pro Stunde genau drei Sätze zu sagen. Um nichts Peinliches zu sagen, schwieg ich meist, aber ich habe gelernt, dass konsequentes Schweigen unter Neurotypischen auch als unangebracht gilt. Auch zog ich mich häufig in die Küche zurück und bot immer wieder meine Hilfe beim Abwasch an, in der Annahme, mein Image als potenzielle Schwiegertochter dadurch zu pflegen und mir gleichzeitig die Tischgespräche zu ersparen. Aber auch solcher Übereifer wird in der neurotypischen Kultur selten goutiert. 50 Um nicht aufzufallen muss man das richtige Maß finden, und das konnte ich nicht.

Für den Anfang oder für die gelegentliche Familienfeier reicht es vielleicht aus sich daran zu erinnern, was die eigenen Eltern oder andere erwachsene Bezugspersonen einem als Kind vor Essenseinladungen eingeschärft haben oder sich ein paar Tipps aus einer Google-Recherche zu „Knigge“, „Benimm“ oder „Manieren“ zu holen. Wenn dein*e Partner*in jedoch engen Kontakt zu seiner*ihrer Herkunftsfamilie hat, werden deren Mitglieder auf Dauer nicht umhinkommen, dich näher kennenzulernen. Um Missverständnissen vorzubeugen, würde ich hier empfehlen, so ehrlich wie möglich zu sein. Das muss nicht heißen, dass du ihnen gleich zu Beginn sagst, dass du Autist*in bist. Respekt, falls du das bringst! Aber vielleicht kannst du erklären, wenn du Probleme mit bestimmten Situationen hast, zum Beispiel mit hohen Lärmpegeln, Gesprächen an großen Tischen, wenn alle durcheinanderreden, oder dass du Small Talk nicht so gewohnt bist. Mitkriegen werden sie es ohnehin und sich wahrscheinlich eigene Erklärungen zusammenreimen. In der Regel werden sie erwarten, dass du dich ein bisschen anpasst. Einerseits wissen Eltern natürlich, dass Partner*innen ihre Kinder verändern und es kann durchaus auch ein Machtspiel hinter der Erwartung dich anzupassen stecken. Andererseits ist Anpassung für neurotypische Menschen ein Wert an sich und gilt eben auch als Ausdruck von Zuneigung und Zugehörigkeit. Meist möchten dir die Verwandten deines*r Partners*in einfach helfen, dich in ihre Familie zu integrieren. Diese Hilfe kann Formen annehmen, die du nicht unbedingt als Hilfe empfindest und die letzten Endes auch keine Hilfe ist. Zum Beispiel dich zum Alkohol trinken verleiten oder peinliche Geschichten erzählen in der Erwartung, dass alle darüber lachen. In Freundeskreisen gilt Ähnliches wie in Familien, nur dass da der Anpassungsdruck meist nicht so hoch ist und die ungeschriebenen Regeln nicht ganz so strikt eingehalten werden.

Sofern du die Regeln irgendwie entschlüsseln und einhalten kannst, solltest du es deinem*r Partner*in zuliebe ein bisschen tun. Verstelle dich aber nicht so weit, dass du dir wie ein*e Schauspieler*in vorkommst. Das kannst du auf Dauer nicht durchhalten oder die emotionalen Konsequenzen für dich werden zu umfassend sein. Vielleicht haben dein*e Partner*in und du Ideen, wie ihr die Treffen so gestalten könnt, dass es für alle akzeptabel ist, was nicht total angenehm heißen muss. Gemeinsame Unternehmungen sind vielleicht einfacher als Gespräche am Esstisch und schaffen neuen Gesprächsstoff. Vielleicht hilft euch ein Codewort, um euch vor Ort unauffällig darüber zu verständigen, wann es einem*r von euch zu viel wird. Wenn du öfter nicht dabei sein möchtest, erkläre das so, dass es möglichst niemanden verletzt.

Besprecht als Paar, wie ihr damit umgeht, wenn eine*r von euch eine Situation verlassen muss, zum Beispiel wegen Reizüberflutung oder anderen Barrieren. Wenn es euch nicht sicher erscheint, die Wahrheit zu sagen, könnt ihr als Paar auch eine kleine Notlüge erfinden, die ihr zusammen durchzieht, beziehungsweise bei der dein*e Partner*in dich deckt. Eine solche Notlüge könnte zum Beispiel sein, dass du Zeit mit deinen Eltern oder anderen Familienmitgliedern verbringen möchtest oder dass du arbeiten musst. Schöner ist es natürlich, wenn du auf Verständnis für deine Bedürfnisse und Grenzen triffst, aber das wird nicht immer sofort der Fall sein.

Wenn sich im Familien- und Freundeskreis herumspricht, dass du autistisch bist, wird dein*e Partner*in wahrscheinlich auch mit Vorurteilen über Autist*innen konfrontiert sein. Vielleicht werden Teile eures Familien- und Freundeskreises Probleme haben, euch als Paar zu akzeptieren oder euch eine schlechte Prognose ausstellen. Das ist übergriffig, schmerzt und kann sowohl eure Beziehung belasten als auch langjährige Freundschaften und familiäre Beziehungen auf die Probe stellen. Nimm diese Belastung deines*r Partners*in ernst. Versuche dich aber gleichzeitig vor Angriffen auf dein Selbstwertgefühl zu schützen. Es sollte keine Situation entstehen, in der jemand den Eindruck hat, sich zwischen Menschen, die einem lieb sind, entscheiden zu müssen und es sollte auch keine Situation entstehen, in der eine*r von euch beiden sich für sich selbst oder die geliebte Person schämt.

Als Trost kann ich in solchen Fällen nur anbieten: Wenn eure Beziehung hält, habt ihr viel Zeit, um andere Menschen wie Familienangehörige und Freund*innen mitzunehmen. Diese hatten ja nicht die Kennenlern- und Verliebtheitsphase, die ihr als Paar hattet. Es ist verständlich, dass sie Zeit brauchen und es ist nie zu spät auch diese Beziehungen zu entwickeln. Sollten sich Probleme in diesem Bereich dennoch verfestigen, ist vielleicht Kapitel 6.6 „Als Paar in Gesellschaft“ interessant.

Für Autist*innen: Versuche dich äußerlich ein bisschen anzupassen, aber verstelle dich nicht so sehr und halte nicht so viel aus, dass es sich wirklich unangenehm anfühlt.

Für Neurotypische: Nimm es ernst, wenn deinem*r Partner*in etwas zu viel wird, auch wenn du es nicht nachempfinden kannst oder er*sie nicht genau benennen kann, was es ist. Gib deinem*r Partner*in niemals das Gefühl, dass du dich für ihn*sie schämst!

Für Paare: Findet Kompromisse! Es müssen nicht immer beide Partner*innen bei allen Familientreffen bis zum Ende bleiben.

4.7 Partner*in als Dolmetscher*in oder Therapeut*in?

Mir persönlich hat es lange geholfen, dass mein Partner in bestimmten sozialen Situationen im Familien- und Freundeskreis für mich „gedolmetscht“, also mir soziale Hinweise und Gepflogenheiten übersetzt und erklärt hat, aber mir auch Tipps im sozialen Verhalten gegeben hat, auf die ich selbst nicht gekommen wäre. Zum Beispiel berät er mich zu angemessenen Geburtstagsgeschenken oder erinnert mich immer mal wieder daran, wie oft man sich bei Freund*innen melden sollte und was man bei Essenseinladungen macht, nachdem das Essen serviert und gegessen ist. Oft konnte ich seine Deutungs- und Handlungsvorschläge oder auch seine Anwesenheit nutzen, um das Eis zu brechen und Kontakte so weit herzustellen, bis ich sie eigenständig weiterführen konnte. Er hat dadurch aber zu viel Verantwortung für mich übernommen. Wenn ich dann doch mal einen Tipp vergessen hatte oder aus anderen Gründen nicht befolgte oder einfach nicht das gewünschte Ergebnis dabei herauskam, war er manchmal enttäuscht. Ich wiederum fühlte mich abhängig.

Im schlimmsten Fall kann das Modell einer Partnerschaft, die auf sich anziehenden Gegensätzen gründet, zur Verstärkung dieser Gegensätze und damit zur Entfernung der Partner*innen voneinander führen. Denn, so Nossrat Peseschkian:

> *„Wenn man seine vermeintlichen Schwächen durch die Fähigkeiten des[*der] Partners[*in] kompensieren will, werden sie nicht aufgehoben, im Gegenteil, die Stärken unseres[*r] Partners[*in] kränken uns durch ihr bloßes Vorhandensein und führen uns die eigenen Schwächen und Unzulänglichkeiten ständig vor Augen. So kommt es nicht selten vor, dass der Hauptgrund der Partnerschaft mit der Zeit zum Hauptvorwurf wird.“*[51]

Meiner Ansicht nach spricht nichts dagegen, wenn man sich unter Liebenden gegenseitig auch mal berät, schließlich kennt man sich sehr gut und ist einander wohlgesonnen. In vielen Beziehungen sind Partner*innen dankbar dafür, dass sie einander ergänzen und der*die Partner*in eigene, als Schwächen empfundene Eigenschaften ausgleichen kann. Oft beeinflusst dies bereits die Entscheidung für eine*n bestimmte*n Partner*in. Gerade in neurodiversen Beziehungen scheint das gegenseitige Unterstützen und sich Ergänzen eine wichtige und überwiegend als positiv erlebte Rolle zu spielen.52

Solange die Unterstützung auf Gegenseitigkeit beruht, kann sie eine gute Möglichkeit sein, eure jeweiligen Stärken einzubringen und einander Wertschätzung dafür zu zeigen. Eine Beziehung ist eine tolle Gelegenheit, voneinander und miteinander zu lernen. Aber Unterstützung sollte nicht dauerhaft und einseitig sein. Beide Partner*innen sollten offen dafür sein, Rat mal anzunehmen und mal zu geben. Hilfe, die dich von deinem*r Partner*in dauerhaft abhängig macht, die dazu führt, dass du dich irgendwie „klein", „falsch" oder noch unsicherer als vorher fühlst, die dir ständig gegen deinen Willen „übergestülpt" wird, ist auf Dauer schädlich für dich und deine Beziehung.

Partner*innen mit *Helfersyndrom*

Manchmal drängt sich auch der Eindruck auf, dass der*die nichtautistische Partner*in das Gefühl dir zu helfen dringender braucht als du die Hilfe benötigst. Dieses Phänomen ist in der Psychologie als *Helfersyndrom* bekannt. Ich sehe diesen Begriff kritisch, denn ich halte Hilfsbereitschaft grundsätzlich für eine Tugend. Es kommt allerdings vor, dass Hilfe stärker von den Bedürfnissen der Helfenden motiviert wird, als von denen derer, welchen geholfen werden soll. Ein *Helfersyndrom* kann jemand entweder schon vorher mitbringen oder es kann sich im Laufe einer Beziehung oder eines Berufslebens im sozialen Bereich entwickeln. Wenn du dich fragst, ob dein*e Partner*in das hat, kannst du dir vielleicht seine*ihre vorigen Beziehungen oder Freundschaften angucken: Fühlt er*sie sich von Leuten angezogen, die Unterstützungsbedarf signalisieren? Hatte er*sie bereits mehrere Partner*innen mit bekannten Behinderungen oder in belastenden Lebenslagen?53 In diesem Fall braucht dein*e Partner*in vielleicht selbst Hilfe, um sich zu stärken und andere Quellen für sein*ihr Selbstvertrauen zu erschließen, als sich selbst immer nur als hilfreich zu erleben. Dabei kannst du ihm*ihr dann vielleicht helfen. In den meisten Fällen wirst du den ersten Schritt tun müssen, der darin besteht, ihm*ihr zu sagen und zu zeigen, dass du dir weniger Hilfe wünschst. Dein*e Partner*in wird deinen Schritten, dich von seiner*ihrer Hilfe unabhängiger zu machen, zunächst vielleicht mit gemischten Gefühlen begegnen, aber solange auch was von Erleichterung und Respekt dabei ist, sieht es für euch ganz gut aus. Sehr große Vorsicht ist aber angesagt, wenn Folgendes passiert: Dein*e Partner*in baut dein Selbstvertrauen zunächst auf, macht dir Komplimente, kritisiert Menschen, die dich früher kritisiert haben, ermutigt dich neue Dinge auszuprobieren nur, um dich danach wieder runterzuziehen, indem er*sie dich kritisiert, enttäuscht über die Ergebnisse deiner neuen Aktivitäten ist oder dir erzählt, ohne ihn*sie hättest du das alles nicht geschafft. Das tut dir auf Dauer nicht gut. Sucht wenn nötig professionelle Hilfe, um aus diesem Kreislauf auszubrechen. Wenn dein*e Partner*in das Problem nicht als solches wahrnimmt oder nicht offen dafür ist, Hilfe zu suchen, versuche, allein daran zu arbeiten. Finde Räume und Wege, durch die du unabhängig von deinem*r Partner*in bist und dein eigenes Selbstvertrauen stärken kannst.

Ich selbst ziehe es inzwischen meist vor, meine eigenen Fehler zu machen und aus ihnen zu lernen. Vor gewissen emotional schwierigen Gesprächen hole ich immer noch gerne das Feedback meines nichtautistischen Partners ein. Wenn er jedoch bei jedem Familientreffen gegen mein Schienbein kicken würde, damit ich bestimmte Dinge nicht sage, würde ich wahrscheinlich laut rufen: „Aua, warum trittst du mich?". Nicht, weil ich die Geste nicht verstehe, was manchen Autist*innen durchaus passiert, sondern weil ich diese Gängelung ablehne.

Wichtig ist auf Dauer, dass allen Partner*innen ihre Stärken und die des*der anderen bewusst sind und dass es neben den Unterschieden auch Gemeinsamkeiten gibt, die gepflegt werden.

Für Paare: Einander helfen, voneinander lernen und einander ergänzen tut der Partnerschaft gut, solange es auf Gegenseitigkeit basiert.

5 Die Beziehung stabilisieren, Bedürfnisse neu verhandeln

Un compromis est parfait lorsque tous sont mécontents.
Aristide Briand54

5.1 Wie möchtet ihr eure Beziehung weiterentwickeln?

Irgendwann, manchmal nach sechs Monaten, manchmal nach zwei oder, bei manchen Wochenendbeziehungen auch nach acht Jahren ist die prickelnde Phase der Verliebtheit vorbei und eure Beziehung hat sich stabilisiert. Es drehen sich nicht mehr alle Gedanken um die andere Person, dafür ist er*sie fester Teil deines Lebens und deines Alltags und jede*r von euch bezieht den*die Partner*in selbstverständlich in die eigene Lebensplanung mit ein.

In dieser Phase entwickeln viele Beziehungen eine Eigendynamik. Sie verändern sich und die Partner*innen stehen vor der Herausforderung zu entscheiden, ob sie eine Weiterentwicklung möchten und wenn ja in welcher Form. Manchmal geht es darum, die Beziehung selbst noch fester und enger zu gestalten, manchmal wird die Beziehung bereits als so stabil und selbstverständlich empfunden, dass sie die Basis für ein neues Projekt bilden soll, zum Beispiel eine gemeinsame Wohnung oder ein gemeinsames Kind. Manche Paare haben auch nach einer gewissen Zeit das Bedürfnis ihre Beziehung zu öffnen und noch weitere Beziehungen mit anderen Menschen einzugehen. Wenn ihr schon genau wisst, dass ihr nicht vorhabt zusammenzuziehen oder gemeinsam Kinder großzuziehen, könnt ihr die Kapitel 5.2 bis 5.6 überspringen.

Auch bei gemeinsamen Großprojekten gilt es, die eigenen Wünsche und Motive zu erkunden und nicht einfach einem vorgegebenen Beziehungsdrehbuch zu folgen. Möchte dein*e Partner*in Kinder, weil ihm*ihr etwas in der Beziehung fehlt oder möchtet ihr euch diesen Wunsch gemeinsam erfüllen, weil ihr beide Lust darauf habt, mit einem Kind zu leben und euch selbst und einander auch als Eltern zu erleben? Welche Hoffnungen verbindet ihr mit dem Zusammenziehen und seid ihr bereit einander die damit verbundenen Wünsche zu erfüllen? Ist die wirtschaftliche Basis für eure Wünsche und Bedürfnisse vorhanden und falls nicht, wie kann sie hergestellt werden? Wird eine Öffnung der Beziehung von allen Partner*innen gewünscht und sind die emotionalen und zeitlichen

Ressourcen vorhanden für die Abstimmung und Kommunikation, die das erfordert?

Durch die Verwirklichung solcher gemeinsamer Projekte erhält eure Beziehung zusätzliche Komplexität, denn ihr werdet sie nicht mehr nur als Liebespaar gemeinsam genießen und als Partner*innen füreinander da sein, sondern in einigen Bereichen auch wie Kolleg*innen oder Geschäftspartner*innen zusammenarbeiten müssen. Das schafft gemeinsame Erfolgserlebnisse, aber auch neues Konfliktpotential. Gerechtigkeitsfragen und Fragen nach der „richtigen" Erledigung von Aufgaben stellen sich, die für dich als Autist*in besonders sensibel sein könnten. In dieser Phase sind Fähigkeiten im Umgang mit Konflikten besonders wichtig, denn diese bleiben nie aus, wenn Menschen viele gemeinsame Entscheidungen treffen.

Manche Beziehungen enden in dieser Phase, der Schritt von der Verliebtheit zur Liebe bleibt aus. Manchmal stellen die Partner*innen fest, dass sie nicht so viele tiefere Gemeinsamkeiten haben, dass sich Lebensplanung und Werte zu sehr unterscheiden, um den weiteren Weg gemeinsam zu gehen. Andere Paare wissen einfach nicht, wie sie den nächsten Schritt hinkriegen sollen. Hier können auch äußere Faktoren wie eine wacklige finanzielle Basis oder misstrauische Herkunftsfamilien eine Rolle spielen. Manchmal steht eine Beziehung von Anfang an – bildlich gesprochen – auf wackligen oder zu wenigen Beinen, wenn sie zum Beispiel fast nur auf sexueller Anziehung basierte. Oft fehlt es aber auch an einer konstruktiven Streitkultur oder an Wegen, die emotionale Nähe im Alltag zu spüren. Oder es fehlen Zeit und Energie, so viele Zärtlichkeiten auszutauschen, wie frisch Verliebte dies zu tun pflegen. Partner*innen, die am Anfang auch durch ihre Gegensätze angezogen wurden, wie dies bei vielen neurodiversen Paaren der Fall sein dürfte, beginnen in dieser Phase oft, manche ihrer Unterschiede als Belastung zu empfinden, obwohl sie sich großartig ergänzen könnten.

Für Paare: Ist eure Beziehung in einer Phase der Stabilisierung, erwarten euch neue Entwicklungsaufgaben und Konflikte. Eine konstruktive Verhandlungs- und Streitkultur wird jetzt immer wichtiger, um im Alltag zufrieden zu bleiben und liebevoll miteinander umzugehen.

5.2 Zusammenziehen und wenn ja, wie

Es muss nicht immer die 3-Zimmer Wohnung oder die Doppelhaushälfte sein. Für viele von uns, vor allem für diejenigen, die nicht Vollzeit arbeiten können, ist dies auch finanziell kaum möglich. Eine stabile und enge Beziehung lässt sich auch in zwei getrennten Wohnungen oder in einer WG leben. Wenn ihr euch für eine gemeinsame Wohnung entscheidet, richtet diese so ein, dass es Rückzugsmöglichkeiten gibt für Personen, die diese brauchen. Wenn ihr euch keine Wohnung mit zwei Schlafzimmern leisten könnt, dann schafft eine ruhige Ecke mit einem Sofa oder einer Matratze zum Lesen, Musikhören, Meditieren, Kuscheln oder für den Fall, dass jemand doch mal allein schlafen möchte. Spätestens im mittleren Erwachsenenalter, wenn das Schnarchen immer lauter wird oder wenn das Budget endlich doch für getrennte Schlafzimmer reicht, finden das die meisten Menschen nicht mehr unromantisch.

Denkt bei der Wohnungseinrichtung an eure verschiedenen Bedürfnisse. Manche von euch brauchen vielleicht reduzierte Sinneseindrücke, also aufgeräumte, relativ leere Zimmer, die in sanften Tönen gestrichen sind, andere werden im kreativen Chaos und mit starken Farben nur so aufblühen. Wenn eine*r von euch sensorisch extrem sensibel ist, denkt auch an Haptik, also wie sich Dinge wie Stoffe oder Böden anfühlen, und an Gerüche, die zum Beispiel beim Kochen oder Putzen entstehen. Richtet bei Bedarf Bereiche der Wohnung unterschiedlich ein. Einigt euch, welche Räume aufgeräumt sein sollten und wo etwas herumliegen darf. Denkt bei eurer Planung daran, wie ihr die Wohnung nutzen werdet und welche Räume euch sonst zur Verfügung stehen. Wer von euch wird mehr Zeit zuhause verbringen? Wer hat bei der Arbeit Rückzugsmöglichkeiten in einem Einzelbüro und wer muss sich zuhause von der Reizüberflutung in Großraumbüro, Laden oder Fabrik erholen? Gibt es einen Park in der Nähe, in dem ihr Natur und Stille genießen könnt? Könnt ihr ab und zu getrennte Urlaube machen, in denen jede*r seinen*ihren Interessen nachgehen kann?

Für Paare: Schafft euch eine Wohnsituation, die euren jeweiligen Möglichkeiten und Bedürfnissen nach Ruhe und Rückzug angepasst ist.

5.3 Geld und Gerechtigkeit

In vielen Beziehungen wird gefühlt noch später über Geld geredet als in diesem Ratgeber, aber bei der Planung des gemeinsamen Haushalts, spätestens im Alltag des Zusammenlebens, wird es irgendwann passieren. Das ist in vielen Beziehungen ein heikles Thema, gerade wenn die Partner*innen sehr unterschiedliche Einkommens- und Vermögensverhältnisse haben oder sehr unterschiedliche Gewohnheiten beim Geldausgeben. Oft trägt die Geldverteilung gesellschaftlich bedingte Ungleichheiten aufgrund von Geschlecht, den Berufen der Eltern, einer Migrationsgeschichte oder eben einer Behinderung, besonders spürbar in die Beziehung hinein. Auch in neurodiversen Beziehungen lauern hier einige Gefahren. Einige Autist*innen sind sehr gut in ihren Jobs und haben das Gefühl, dass sie Stärken wie Detailorientierung und logisches Denken leichter in die Erwerbsarbeit einbringen können als in den Beziehungsalltag. Dies kann insbesondere in Beziehungen, in denen ein Partner ein autistischer Mann und die Partnerin eine neurotypische Frau ist, zur Verschärfung typischer Geschlechterkonflikte führen. Am Anfang sind beide oft mit einem traditionellen Arrangement ganz zufrieden, in dem der Mann hauptsächlich Geld verdient und die Frau die emotionale und körperliche Arbeit zuhause erledigt. Doch nach einigen Jahren brodelt häufig entweder ein diffuses Ungerechtigkeitsgefühl oder die Partner*innen leben sich durch ihre einseitige Orientierung auseinander. Wenn umgekehrt, Frauen eher die erwerbsorientierten Partnerinnen sind, kann das in heterosexuellen Beziehungen auch zu Problemen führen, zum Beispiel aufgrund von Scham wegen der Nicht-Erfüllung traditioneller Geschlechterrollen. Andere Autist*innen wiederum haben Schwierigkeiten eine (Vollzeit-)Stelle zu finden oder zu halten, im Zeitalter von Großraumbüros und täglichen Team-Meetings oft wegen sensorischer und sozialer Überforderung, und können deshalb vielleicht weniger Geld in die Beziehung einbringen als der*die Partner*in. Manche von uns sind sehr genügsam und andere haben einen sehr teuren Geschmack. Beides hat meist mit unserer Sinneswahrnehmung zu tun. Viele von uns können zum Beispiel nur weiche Stoffe auf der Haut ertragen. Weiche Stoffe sind meist entweder sehr alt oder ziemlich teuer.

Es gibt einige Beziehungsratgeber zum Thema Geld. Deshalb von mir hier nur ein einziger Tipp: Gerechtigkeit heißt nicht getrennte Konten! Eine Liebesbeziehung ist nicht der Ort, an dem gesellschaftliche Ungerechtigkeiten möglichst getreu abgebildet werden sollten, sondern eher ausgeglichen. Gönnt euch den gemeinsamen Spaß! Meistens bringt der*die Partner*in mit weniger Geld andere wichtige Ressourcen in die Beziehung ein, und sei es das Wissen darum, wie man mit wenig Geld über die Runden kommt. Genau wie bei der Haushaltsarbeit, um die es im folgenden Kapitel geht, muss hier die richtige Balance aus einer möglichst gleichmäßigen Aufteilung und individuellen Bedürfnissen gefunden werden. Das bedeutet, dass du nicht die halbe Haushaltskasse für dein Spezialinteresse ausgeben solltest, dass du aber sehr wohl Rücksicht erwarten darfst, wenn du im Erwerbsleben behindert wirst und deswegen weniger Lohn nach Hause bringst. Auch die nicht in Geld zu beziffernden Beiträge zum gemeinsamen Haushalt sollten in der Beziehung anerkannt und wertgeschätzt werden.

Für Paare: Gerechtigkeit heißt nicht 50/50! Würdigt die Beiträge beider Partner*innen zur Beziehung und zum gemeinsamen Haushalt, egal ob diese in Geld zu beziffern sind oder nicht.

5.4 Mut zum Putzplan! Arbeitsteilung im Haushalt

Wenn ihr bisher nicht zusammengewohnt habt und euch für eine gemeinsame Wohnung entscheidet, warten nicht nur einmal, sondern täglich neue Herausforderungen auf euch. Es gibt wahrscheinlich kein Paar und keine WG, das oder die sich nicht über Haushaltsarbeit streitet. Paartherapeut*innen können hunderte von Euro damit verdienen, einem Paar bei seinen Diskussionen um das „richtige" Einräumen der Spülmaschine zuzuhören. Was für eine Verschwendung von Zeit und Geld, könnte man meinen. Doch halt: Es geht dabei nicht nur um eingebrannten Kaffeesatz oder die Verkürzung der Nutzungsdauer eines Holzlöffels. Zwei Lebensphilosophien und Wertegerüste prallen aufeinander: Der eine bevorzugt eine eher prozessorientierte Herangehensweise an Aufgaben, macht was gemacht werden muss, ist froh und auch ein bisschen stolz, im Alltagschaos überhaupt Zeit dafür gefunden zu haben, und betrachtet seinen Beitrag zur Haushaltsarbeit auch als Beitrag zur Beziehung. Die andere denkt ergebnisorientiert aber auch sehr detailverliebt und wird von Schuldgefühlen gequält, wenn sie beim Öffnen der Spülmaschine eine Lücke entdeckt, in die noch ein schmutziger Teller gepasst hätte, oder die Pfanne auf deren Bedienungsanleitung nicht ausdrücklich stand, dass sie spülmaschinenfest ist. Die Schuldgefühle hat Madame Detailverliebt aber nicht dem Partner gegenüber, weil er wieder mal allein die Küche aufgeräumt hat, sondern gegenüber sich selbst und dem ganzen Kosmos, weil sie an ihrem eigenen Anspruch an Hygiene, Nachhaltigkeit und Planung gescheitert ist. Und aus dieser Krise muss sie jetzt ihr schon von der Hausarbeit müder Partner herausholen, natürlich nachdem sie ihn vorher ganz sachlich über das richtige Einräumen der Spülmaschine informiert hat. Klingt übertrieben? Ganz ehrlich: Bei keinem Thema verstehe ich die Klagen neurotypischer Partner*innen so gut wie hier, und nirgends hat es mich mehr Zeit gekostet zu lernen, empathischer und flexibler zu werden.

Die Wahrscheinlichkeit, dass autistische und nicht-autistische Personen unterschiedliche Vorstellungen von Haushaltsarbeit haben, ist recht groß. Ich zum Beispiel bin sehr stolz auf meine von schwäbischen Mamas und Omas erlernten Putztechniken und informiere mich gerne auch mal beim Bundesinstitut für Risikobewertung über gefährliche Bakterien im Haushalt, bin aber oft zu müde oder zu abgelenkt, um tatsächlich aufzuräumen und zu putzen.

Vielleicht bist du auch, liebe*r autistische*r Leser*in, extrem perfektionistisch in allem, was du tust und strengst dich deshalb bei der Haushaltsarbeit enorm an. Dies wird deine*n Partner*in wahrscheinlich stressen und unter Druck setzen, genauso perfekt zu sein, was im Alltag oft unrealistisch ist. Oder es führt dazu, dass er*sie dir erst recht beweisen will, dass es auch ein bisschen entspannter geht. Kommt dein Perfektionismus vor allem in Form ständiger Verbesserungsvorschläge zum Ausdruck? Dann wird das dein*e Partner*in, vor allem wenn er*sie bereits den größten Anteil der Haushaltsarbeit erledigt, als zusätzliche Ungerechtigkeit empfinden. Vielleicht bist du wie ich früher oft zerstreut und schaffst es nicht so recht Ordnung zu halten, was dein*e Partner*in als Faulheit oder Nachlässigkeit missverstehen könnte. Vielleicht seid ihr beide sehr sensibel und braucht eine ordentliche Umgebung, habt aber wenig Zeit zum Aufräumen. Hier ist es wichtig, offen darüber zu reden, was jede*r von euch erwartet und bereit ist zu geben.

Aus autistischer Sicht hilft hier am besten ein Plan, und zwar ein möglichst detaillierter. Das kommt unserem Gerechtigkeitssinn und unserem Gespür für Systeme entgegen und entlastet Paare davon, täglich neu zu verhandeln, wer was wann und wie genau macht. Wenn dein*e neurotypische*r Partner*in meint, das sei unromantisch und man müsse solche Aufgaben „aus Liebe" so nebenbei erledigen, wird wahrscheinlich ein Großteil der Haushaltsarbeit bei ihm*ihr oder einfach liegen bleiben.

Putzpläne und Aufräumsysteme sind nicht romantisch, aber auch nicht unromantischer als wöchentlicher Streit über Geschirr- und Müllberge. Manchmal erledigen sich solche Pläne mit der Zeit von allein, weil die jeweiligen Aufgaben zur Routine werden, manchmal schleicht sich auch über die Jahre eine Aufteilung ein, die nicht geplant war, aber gut funktioniert. Ich musste zum Beispiel herzlich lachen, als ich in meiner Ausbildung zur Beraterin für neurodiverse Paare den Tipp bekam, der*die autistische Partner*in solle die Steuererklärung machen und der*die neurotypische Partner*in solle dafür sorgen, dass sie rechtzeitig ans Finanzamt geschickt wird. Genauso machen mein Mann und ich es schon seit Jahren. Denn ich mag Zahlen, Formulare und Tabellen und kann mich lange auf eine Sache fokussieren, mein Mann hat dafür all die Fähigkeiten, die man braucht, um wichtige Dinge auch dann zu erledigen, wenn man gerade andere Interessen hat, auch Exekutivfunktionen genannt. Außerdem ist er flexibel genug, sich an stärkere Mächte wie das Finanzamt anzupassen.

Die Idee ist, eure Unterschiede nicht zum Problem zu definieren, so dass ein Machtkampf darüber entsteht, wer sich an wen anpassen soll. Nutzt stattdessen eure unterschiedlichen Stärken so, dass jede*r Partner*in Aufgaben bekommt, die ihm*ihr liegen und ihr dadurch als Team effektiver seid. Um eine möglichst realistische und gerechte Aufteilung zu erreichen, bietet es sich an, Aufgaben einerseits kleinteilig aufzudröseln und andererseits auch seltener anfallende, aber dennoch anstrengende und wichtige Aufgaben in die Planung einzubeziehen. Ich kenne zwei Methoden der Erstellung von Putz- und anderen Aufgabenplänen, die ich hier die induktive und die deduktive nennen möchte. Bei der *deduktiven Methode* wird zuerst das Ergebnis festgelegt. Es wird also eine Tabelle mit verschiedenen Tätigkeiten und deren Rhythmus entworfen und festgelegt, wer welche wann zu erledigen hat. Die Partner*innen können dann die erledigten Aufgaben streichen oder abhaken. Die *induktive Methode* hingegen besteht eher in einer Art Forschungsprozess, in dem herausgefunden wird, wer welche Aufgaben tatsächlich gerne erledigt. Marie Kondo empfiehlt, eine Liste der Aufgaben anzulegen, in der unter jeder Aufgabe die Person ihren Namen eintragen kann, die diese Aufgabe erledigt hat. Der*die Partner*in kann sich dann, wenn er*sie möchte, mit einem Smiley oder einem Herzchen bedanken.55 Diese Methode wird vielleicht als romantischer empfunden und ist eher geeignet sich selbst mit der Zeit überflüssig zu machen als die deduktive, baut aber stärker auf Gerechtigkeitssinn und Selbstkontrolle der Partner*innen.

Eine gerechte und realistische Aufteilung der Haushaltsarbeit muss meiner Meinung nach nicht immer 50/50 sein, sondern sollte berufliche und gesundheitliche Belastungen der einzelnen Partner*innen sowie sensorische Sensibilitäten berücksichtigen. Es ist gut möglich, dass einer Person mit starken sensorischen Sensibilitäten vom Geruch bestimmter Putzmittel übel wird oder dass jemand mit empfindlichem Gehör das Klappern der Töpfe beim Abspülen nicht erträgt. Dann sollte die Person dafür andere Aufgaben übernehmen.

Wenn ihr eine ausgeglichene Arbeitsteilung in diesem Sinne anstrebt, vergesst bitte nicht die Management-Aufgaben, die neben Einkaufen, Kochen, Putzen, Aufräumen und Reparaturen ebenfalls zur Haushaltsarbeit gehören und die einen großen Teil des *Mental Load* ausmachen. Als *Mental Load*56 wird die kognitive Belastung bezeichnet, die dadurch entsteht, dass eine Person nicht nur für sich, sondern auch für andere den Alltag organisiert und den Überblick über deren Termine und Aufgaben behalten muss. Dazu gehört es unter anderem, die Haushaltsmitglieder an Arztbesuche und Geburtstage zu erinnern, Kinder dorthin zu begleiten, Kuchen für Schulfeste zu backen, Belege zu sammeln sowie an Verträge, Abos, Ratenzahlungen und Kündigungsfristen zu denken. Diese Last tragen allgemein immer noch hauptsächlich Frauen und vor allem Mütter, in vielen neurodiversen Beziehungen wahrscheinlich vom Geschlecht unabhängig die neurotypischen Partner*innen.

Egal welche Aufteilung und welche Planungs-Methode ihr anwendet, ihr werdet sie immer wieder nachjustieren müssen, da es meistens eine Weile braucht, um herauszufinden wer von euch was gut und gerne macht und welche Aufteilung ihr beide als gerecht empfindet. Und erwartet nicht, dass euer System euch jegliche Kommunikation über dieses leidige Thema erspart. Präsentiere deinen erfüllten Putzplan oder deine Konmari™-mäßig aufgeräumte Kommode nicht als Beweis moralischer Überlegenheit. Zeige deinem*r Partner*in Wertschätzung für die Arbeit, die er*sie erledigt, egal ob sie im Putzplan steht oder nicht. Ein „Danke" reicht oft schon.

Für Paare: Gerechtigkeit heißt nicht, dass beide dasselbe tun müssen, aber auch nicht, dass eine*r zu Hause gar nichts tut. Findet eine Arbeitsteilung, die den Fähigkeiten und Bedürfnissen beider Partner*innen entspricht und macht einen Putzplan.

5.5 „Wie war dein Tag, Schatz?“ Kommunikation im Alltag

„Wie war dein Tag, Schatz?“ Was soll ich darauf antworten? Möchte er jetzt ernsthaft, dass ich jeden stressigen Moment meines Arbeitstages vor ihm ausbreite und emotional nochmal durchlebe, vom morgendlichen Verkehrschaos über fordernde Kund*innen und aufgewühlte Kolleg*innen bis zu den Baumängeln im Bürogebäude und deren kurz- und langfristige Auswirkungen auf meine Gesundheit? Will er eine Erfolgsbilanz, wissen wie viel Geld ich heute verdient oder wie viele Kund*innen ich akquiriert habe? Oder versucht er meinen Gefühlszustand einzuschätzen, um zu wissen wie nett er zu mir sein „muss“? Dann reicht vielleicht eine allgemeine Ampel-Bewertung à la „grün“ für gut, „gelb“ für mittel und „rot“ für schlecht, die manche Berater*innen neurodiversen Paaren tatsächlich empfehlen? Und welche Nachfragen provoziere ich, wenn ich „so mittel“ sage? Wenn ich jetzt zu lange überlege, denkt er, es stimmt wirklich was nicht. „Gut. Ich habe mittags einen Falafelteller gegessen und saß danach kurz auf der Wiese.“ – „Und bei der Arbeit, alles okay?“ Mist, schon wieder. Wie komme ich da bloß raus? „Jaja, und hier zuhause?“ Puh. Verhör beendet. Jetzt kann er erzählen. Was für den*die neurotypische*n Partner*in ein netter Einstieg ins abendliche Paar- und Familienleben sein soll, kann für Autist*innen der gefürchtetste Moment des ganzen Tages werden.

Autist*innen sind nicht schlecht im Kommunizieren. Wir können oft sehr gute Vorträge halten, begeistert über Themen sprechen, die uns interessieren, und manche von uns können auch sehr gut zuhören. Wir können oft noch die Sachebene aus dem Gesagten heraushören, wenn die meisten nicht-autistischen Menschen schon längst durch den Tonfall zu abgelenkt oder aufgebracht und deshalb vorübergehend emotional und intellektuell nicht mehr verfügbar sind. Viele von uns mögen Kommunikation nicht so gerne, wenn sie keinen Informationswert hat, sich um für uns uninteressante Dinge dreht oder irgendwelchen Drehbüchern folgt, die wir nicht kennen. Natürlich nutzen auch wir Kommunikation, um uns mit anderen Menschen zu verbinden, auch diejenigen von uns, die keine Lautsprache verwenden, aber wir tun das eben oft gerne über Sachthemen. Oft wird uns vorgeworfen, wir würden entweder zu viel oder zu wenig reden, monologisieren oder einsilbig antworten. Außerdem neigen wir dazu, Gesagtes erstmal wörtlich aufzunehmen, auch wenn wir gelernt haben, es in seine bildliche oder soziale Bedeutung zu übersetzen. Wahrscheinlich haben wir schon viele Missverständnisse und Konflikte erlebt, weil nicht-autistische Menschen in dem, was wir sagen, gerne zwischen den Zeilen lesen, obwohl da bei uns nichts steht. Vor diesem Hintergrund wird verständlich, warum uns die Frage „Wie war dein Tag, Schatz?" ganz schön unter Druck setzen kann. Unsere Erwartung an uns selbst, wenn uns diese Frage gestellt wird, ist wahrscheinlich zunächst ganz anders und viel höher als die unseres*r Partners*in.

Was tun? Zu Hause erstmal aufs Klo gehen, die Zeitung zur Hand nehmen, sich in der Küche nützlich machen, vor dem Fernseher zu Abend essen in der Hoffnung unbemerkt und unkommunikativ in den Familienalltag hineinzuschlittern? Oder gleich zu Friedemann Schulz von Thuns dreibändigem Klassiker der Kommunikationspsychologie *Miteinander Reden* greifen oder ein Training in Gewaltfreier Kommunikation buchen? Letzteres würde ich Paaren, die viel streiten, durchaus empfehlen. Ersteres bietet viele hilfreiche Anregungen und Beispiele auch für Paare. Ich erkannte darin zum Beispiel den kommunikativen Teufelskreis wieder, in dem mein Partner und ich uns verfangen hatten: Je einsilbiger ich antwortete, umso mehr vermutete mein Partner, ich hätte etwas zu verbergen – zum Beispiel ein Problem, bei dem er mir helfen könnte – und versuchte erst recht es aus mir herauszukitzeln.57 Als Lektüre ist Schulz von Thuns Buch aber doch eher für Kommunikations-Nerds geeignet. Insgesamt lehren uns die meisten Kommunikationstrainings und Arbeitsbücher hauptsächlich Gesprächs-, Frage- und Interpretationstechniken, die sich dazu eignen Gespräche im professionellen Kontext zu führen oder aber Konflikte zu lösen. Sie sind oft zu komplex für private Alltagsgespräche, in denen es vor allem darum geht, sich emotional aufeinander einzuschwingen.58

Denn genau das ist das Ziel eines Großteils der Kommunikation im Alltag. Unter anderem deshalb sind nicht-autistischen Menschen Körpersprache und Satzmelodie so wichtig. Manche unserer neurotypischen Partner*innen beklagen sich tatsächlich darüber, dass wir Kommunikation überwiegend zum Informationsaustausch nutzen. Beim abendlichen Willkommens-Gespräch zu Hause geht es darum, sich miteinander zu verbinden und diese Verbindung in Form von Interesse aneinander auch zu zeigen. Es kann auch darum gehen, den Gefühlszustand der anderen Person zu erahnen und den eigenen mitzuteilen, einschließlich einiger Informationen über die Ursache dieses Zustands. Dies kann wichtig sein, um sich für den Rest des Abends aufeinander einzuschwingen oder um die eventuell schlechte Laune des*der Partners*in nicht auf sich selbst zu beziehen. Für viele Menschen ist dieses kurze Gespräch so etwas wie eine tägliche Rückversicherung der Beziehung. Dies gelingt am besten durch Nähe, Gegenseitigkeit und Gleichberechtigung.

Erfahrene Berater*innen neurodiverser Paare, wie die vom *Neurodiverse Couples Institute* des *Asperger / Autism Network (AANE)*, wissen, dass Schwierigkeiten in der Paarkommunikation nicht durch kommunikative Defizite der neurodivergenten Person entstehen, sondern durch mangelnde Gegenseitigkeit. Anders gesagt: Du bist nicht schuldig! Manches Schweigen resultiert auch aus Rücksichtnahme. Vielleicht habt ihr euch über die Jahre angewöhnt, einander keine Fragen zu stellen, weil sie übergriffig wirken könnten, vielleicht sprecht ihr bestimmte Sorgen nicht an, um keine Ängste bei euren Partner*innen auszulösen. Fragen sind aber ein guter Weg, um ein gegenseitiges Gespräch zu beginnen und am Laufen zu halten. Die Berater*innen von AANE haben dazu das einfache Tool QAAA oder Question – Answer-Answer-Answer (zu Deutsch Frage – Antwort-Antwort-Antwort) entwickelt. Auf eine Frage folgen drei Sätze als Antwort, nicht mehr und nicht weniger. Dann folgt wieder eine Frage an den*die Partner*in. Als ich davon in meiner Weiterbildung hörte, dachte ich zuerst, die wollen mich veräppeln. Ein so simples Werkzeug soll meine jahrzehntelangen Probleme lösen? Zuhause probierte ich es aus einer Mischung aus Neugier und Verzweiflung am Esstisch gleich aus und siehe da, die Erfahrung war so schön, dass ich am nächsten Tag richtig Lust auf ein weiteres „Wie war dein Tag, Schatz?"-Gespräch hatte. Es ging ungefähr so:

„Und Schatz, wie war dein Tag?"

„Hm, weiß nicht. Die Arbeit hat eigentlich Spaß gemacht, aber es war ein bisschen laut im Büro und ich konnte nicht konzentriert schreiben. Außerdem habe ich in der Mittagspause einen interessanten neuen Co-Working Space entdeckt, aber dazu erzähle ich dir später mehr. Erzähle mir lieber erstmal was du mit dem Schnucki so gemacht hast."

„Wir haben viel gespielt. Er war ganz gut gelaunt. Nur manchmal hat er etwas über die Stränge geschlagen, vor allem wenn er mit dem Hämmerchen-Spiel beschäftigt war. Ist das bei dir manchmal auch so?"

„Ja, ehrlich gesagt habe ich auch schon erlebt, dass er sich dabei sehr aufgeregt hat. Aber meistens habe ich den Eindruck, es macht ihm viel Spaß und er ist stolz, dass er es so gut kann. Ich glaube auch nicht, dass es gefährlich ist. Machst du dir denn Sorgen deswegen?"

Nun weiß mein Partner, dass ich seine Sorgen nicht teile aber ernst nehme und er kann darüber offen sprechen, ohne dass wir gleich eine Lösung finden müssen. Später werden wird auch auf das Thema meiner bevorstehenden Büroplatzsuche zurückkommen und eine Ahnung davon bekommen, was jede*r von uns darüber denkt, ohne dass es zu hoch gehängt wird.

Ohne QAAA wäre das Gespräch entweder so gelaufen:

„Und Schatz, wie war dein Tag?"

„Ganz gut. Und deiner?"

„Ja, eigentlich auch ganz gut, aber worüber ich mit dir schon lange Mal reden wollte: Müssen Kinder wirklich mit so gefährlichen Sachen spielen? Mir reicht's langsam, dass überall Werkzeuge rumliegen." Es folgt eine schon hundert Mal geführte Diskussion.

Oder so:

„Und Schatz, wie war dein Tag?"

„Ach, im Büro war es heute wieder total nervig. Der Drucker ist schon wieder kaputt gegangen, die Küche war unaufgeräumt und die Nachbarn waren ziemlich laut. Aber weißt du was? Ich habe einen super neuen Co-Working Space gesehen und gleich einen Termin zur Besichtigung gemacht." Es folgen detaillierte Ausführungen zu den Vor- und Nachteilen des bisherigen Büroplatzes und des Co-Working Space sowie ein Finanzierungsplan, der den Partner nachts garantiert schlecht schlafen lässt.

Natürlich müssen die verhandelten Themen wie die Miete eines neuen Büroplatzes aus gemeinsamer Kasse und möglicherweise gefährliche Spielzeuge besprochen werden. Aber nicht unbedingt beim Essen und wenn, dann in freundlicher, offener, gegenseitiger Form. Und das gelingt uns auch zunehmend und es geht manchmal sogar schneller als ein Streitgespräch, das jede*r gewinnen möchte und bei dem am Ende doch beide verlieren.

> **QAAA** (Frage – Antwort–Antwort–Antwort, engl. Question – Answer–Answer–Answer)
>
> Partner*in 1 stellt eine Frage.
> Partner*in 2 antwortet in drei Sätzen, an die sich wiederum eine Frage anschließt.
> Partner*in 1 antwortet in drei Sätzen, an die sich wiederum eine Frage anschließt.
>
>

Irgendwann wird meistens eine Antwort oder eine Frage kommen, die zur nächsten Entscheidung oder Aktivität überleitet, wie etwa

„Hast du Lust,...?“ oder „Ich würde jetzt gerne....“, so dass das zunächst oft unnatürlich anmutende Gespräch ein natürliches Ende findet. Wenn die Konversation vor allem dem emotionalen Einschwingen aufeinander dient, wie in unserem Beispiel-Fall „Wie war dein Tag, Schatz?“ kann auch nach ein bis zwei Runden Schluss sein.

Mein Mann wird übrigens erst aus diesem Buch erfahren, dass wir regelmäßig QAAA praktizieren. Ich habe es manchmal als Richtschnur in meinem Kopf und meistens stimmt er sich anscheinend intuitiv darauf ein. Hilfsmittel wie QAAA müssen also nicht in einer strengen und steifen Form angewandt werden und manchmal machen sie sich selbst auch überflüssig.

Natürlich steckt in dieser Methode Anpassung an die Erwartungen meines Partners, die ich in diesem Fall gerne wähle, da mir an dem abendlichen sich-aufeinander-Einstimmen und Informationsaustausch auch etwas liegt. Es gibt aber auch Tage, an denen es enorm wichtig für mich ist, dass er mein knapp dahergenuscheltes „gut“ als Antwort auf seine Frage nach meinem Tag akzeptiert, und das tut er inzwischen auch. Manchmal erzähle ich ihm dann eine halbe Stunde später sogar freiwillig, was ich so erlebt habe, manchmal nicht. Für manche Paare kann es auch hilfreich sein, ein wortloses Begrüßungsritual zu erfinden oder dem*der nach Hause kommenden Partner*in erstmal ein bisschen Zeit zum Ankommen zu geben.

Für Autist*innen: Keine Angst vor Fragen! Es geht den Fragenden oft nur darum, grundsätzliches Interesse am Gegenüber zu zeigen, und nicht um exakte Informationen. Auch du kannst Fragen stellen, um Dinge von deinem*r Partner*in zu erfahren oder das Gespräch zu lenken.

Für Neurotypische: Bedenke, dass Fragen autistische Menschen unter Druck setzen können, da sie oft den Anspruch an sich selbst haben umfassend und wahrheitsgemäß zu antworten. Zudem empfinden sie Übergänge wie zum Beispiel zwischen Arbeitstag und Familienleben oft als stressig und brauchen erstmal eine Pause.

Für Paare: Findet ein Ritual, um den Übergang von Arbeit/Uni/Schule/etc. zum häuslichen Paar- oder Familienleben zu gestalten. Das kann ein kurzes Gespräch sein, aber auch ein wortloses Begrüßungsritual oder eine kurze Zeit der Ruhe.

5.6 „Kinder oder keine, entscheiden wir alleine!“

Da das Kind selbst nicht gefragt werden kann, halte ich das für eine sehr persönliche Entscheidung, die jeder Mensch und jedes Paar für sich treffen muss. Es gibt einige Klischees und Vorurteile über Autist*innen und Elternschaft. Lasst euch nichts einreden! Weder sind wir alle perfekt organisierte wissenschaftlich vorgehende Supereltern, die vor jeder Geburt 20 Bücher gelesen haben, noch sind wir alle zu chaotisch, um für uns selbst und andere zu sorgen. Wenn letzteres auf euch im Moment zutreffen sollte, wisst ihr es wahrscheinlich. Nicht aufgeben, das kann sich mit der Zeit ändern!

Vielleicht werden eure Kinder anspruchsvoll sein, vielleicht werden sie auch autistisch sein. Welches Glück, dass sie euch, die Expert*innen, als Eltern haben! Das Einfühlungsvermögen zwischen Autist*innen funktioniert oft – nicht immer! – sehr gut. Wichtig ist, dass eure*euer Partner*in auch bereit ist, sich auf Kinder mit starken Persönlichkeiten einzulassen und individuelle Beziehungs- statt Erziehungs-Konzepte mit den Kindern auszuprobieren. Die Persönlichkeit eines Kindes steckt, so wie eure eigene, voller Überraschungen.

Da bereits sehr viele Bücher über das Leben mit autistischen Kindern existieren, gebe ich hier nur einen einzigen Erziehungstipp. Eigentlich ist es weniger ein Erziehungstipp als eine Argumentationshilfe gegenüber Leuten, die dir Erziehungstipps geben wollen. In dem Moment, in dem Menschen Eltern werden, werden sie nämlich oft nicht als das gesehen, was sie sind, nämlich – unabhängig davon wie viele Kerzen auf ihrer letzten Geburtstagstorte standen – erwachsene Menschen, die sich zutrauen, einen neuen Menschen durch das Leben auf diesem Planeten zu begleiten. Im Gegenteil, werdende oder frischgebackene Eltern werden sowohl von Fachleuten als auch von Familienangehörigen, Freund*innen und Zufallsbekanntschaften oft als unmündig und erziehungsbedürftig behandelt und mit ungebetenen Ratschlägen bedacht, insbesondere wenn sie eine bekannte Behinderung haben oder wenn sie einen flexiblen und individuellen Erziehungsstil pflegen, der einer neurodiversen Familie durchaus angemessen ist.

Also, hier meine Argumentationshilfe gegen solche Leute oder die innere Stimme in dir, die ihnen glauben möchte: Behandle dein in den 2020er Jahren geborenes Kind nicht so, als würdet ihr in den 1950er Jahren leben. Die hast du ja selbst nicht mal erlebt. Vieles, was damals die Norm war, gilt heute als Gewalt, Missbrauch oder Vernachlässigung, manches ist gesetzlich verboten. Auch wird eine dressurartige Erziehung, die ja leider manchmal immer noch gerade für autistische Kinder empfohlen wird, dein Kind nicht auf eine Welt vorbereiten, in der Selbständigkeit und Partizipation nicht nur anerkannte Werte, sondern auch notwendige Skills in Schule und Beruf sind. Falls ihr Erziehungsratgeber lesen wollt: Das meiste – nicht alles! – was Autor*innen mit einem grundsätzlich positiven Menschenbild wie Jesper Juul oder Nora Imlau geschrieben haben, lässt sich auch in neurodiversen Familien anwenden.59 Sucht ihr spezielle Ratgeber zum Leben mit autistischen Kindern, empfehle ich Bücher mit einem einfühlsamen und akzeptierenden Ansatz wie Debby Elleys *15 Dinge, die dir niemand gesagt hat* oder Christiane und Deniz Döhlers *AuJA. Autismus akzeptieren und handeln*.60

Und jetzt kommt doch noch ein Erziehungstipp: Fast alles, was für eure Selbstfürsorge als Autist*in und neurodiverses Paar gut ist, wie zum Beispiel die Reduzierung von Sinnesreizen und ein bewusster Umgang mit Körperwahrnehmung und Kommunikation, kann euren Kindern nicht schaden. Nicht nur, weil das Kind so entspannte und damit auch einfühlsamere Eltern hat, sondern auch, weil zum Beispiel der Schutz vor Reizüberflutung für die Gehirnentwicklung eines Babys genauso förderlich ist wie für die Entspannung deines autistischen Gehirns.

Als Autist*innen haben wir besondere Stärken und verstehen uns oft mit jungen Kindern besonders gut. Genau wie manche Zwei- oder Dreijährige habe ich Spaß daran, mir die Namen vieler Baustellenfahrzeuge und Dinosaurierarten zu merken. Es kann aber auch sein, dass wir beim Umgang mit unseren Kindern an unsere Grenzen geraten. Bei mir ist es so, dass ich nicht gut Rollenspiele spielen kann, was in einer bestimmten Phase der kindlichen Entwicklung aber üblich und wichtig ist. Hier finde ich es hilfreich, offen mit den anderen Bezugspersonen des Kindes zu sprechen und auch hier eine Form der Aufgabenteilung zu vereinbaren. Sind die Kinder etwas älter, gilt es für manche Autist*innen, Bedürfnisse nach Nähe und Distanz, Anregung und Ruhe sensibel mit ihnen zu verhandeln, ähnlich wie mit dem*der Partner*in. Gemeinsam könnt ihr hier sicher Wege finden, die für beide angenehm sind: ein gemeinsamer Mittagsschlaf oder auch ein Power-Nap nur für dich, Spielzeiten ohne Worte, gemeinsame oder stille Lesezeiten morgens und abends.

Wenn ihr (eure) Kinder beim Aufwachsen begleitet, werdet ihr euch sicherlich öfter an eure eigene Kindheit erinnern. Wenn ihr belastende oder gar traumatische Kindheitserlebnisse hattet, werden vielleicht auch diese wieder präsenter sein als zuvor. Dies ist eine riesige Chance, Dinge zu verarbeiten, alte und neue Bedürfnisse ernst zu nehmen und das eigene Leben nochmal neu auszubalancieren. Es kann euch aber auch an eure Grenzen bringen und damit euch und euren Kindern schaden. Wenn ihr Angst davor habt, könnt ihr euch überlegen, wie ihr euch darauf vorbereitet, zum Beispiel mit kompetenter (trauma-)therapeutischer Unterstützung.

Lasst euch euren Kinderwunsch nicht von Therapeut*innen oder anderen Fachleuten ausreden. Manche Menschen glauben, sowas passiere heutzutage nicht mehr. Menschen, die eine gesetzliche Betreuung haben oder die in Wohneinrichtungen für Menschen mit Behinderung wohnen, wird hier, obwohl ihre Selbstbestimmung gesetzlich besser geschützt ist als früher, oft immer noch stark reingeredet. Oft werden dabei die Bedürfnisse der betreuenden Personen und Einschätzungen medizinischen Fachpersonals eher wahrgenommen als die Wünsche der Personen, um die es geht.61 Bei vergleichsweise unabhängig lebenden Menschen mit Behinderung läuft die Einflussnahme subtiler. Es wird dann zum Beispiel gefragt, ob wir uns das wirklich wünschen oder zutrauen. Oder Menschen beglückwünschen uns merklich zurückhaltender zu einer Schwangerschaft, als sie das bei anderen tun. Obwohl Menschen mit Behinderung ein Recht auf Elternschaft haben und bei Bedarf auch auf staatliche Hilfen wie Elternassistenz, ist das noch nicht für alle selbstverständlich. Deshalb habe ich die Kapitelüberschrift „Kinder oder keine, entscheiden wir alleine!“ gewählt, ein alter Slogan der Frauenbewegung, den man heute fast nur noch von Menschen mit Behinderung hört.

Für Autist*innen: Triff die Entscheidung für oder gegen ein Leben mit Kindern selbst und mit deinem*r Partner*in. Lass dich beraten, aber lass dir deine Entscheidung nicht ausreden von Menschen, die dir als Autist*in nicht zutrauen.

Für Eltern: Als Eltern eines autistischen Kindes müsst ihr nicht alles anders, aber vieles besser machen als andere Eltern, denn autistische Kinder verzeihen Fehler oft schlechter. Vertraut hier auf euer Einfühlungsvermögen und auf menschen- und kinderfreundliche Ratgeber.

5.7 Autismusdiagnose während der Beziehung

Wenn du wie ich noch tief im 20. Jahrhundert geboren bist, ist es wahrscheinlich, dass du erst im Laufe deines Erwachsenenlebens erkannt hast, dass du autistisch bist. Falls du eine*n langjährige*n Partner*in hast, wirst du diese Erkenntnis wohl nicht vor ihm*ihr verbergen wollen. Nicht-autistische Partner*innen reagieren auf diese Nachricht zunächst oft ähnlich wie die autistische Person selbst, mit einer Mischung aus Erleichterung und Resignation. Oft überwiegt allerdings die Erleichterung. Beide Partner*innen wissen nun, dass an bestimmten Schwierigkeiten keine*r von beiden die Schuld trägt und dass sie viele Verletzungen einander nicht absichtlich zugefügt haben. Beide beginnen zu erkennen, dass manche Dinge sich wahrscheinlich nicht ändern werden.

Darin liegt für euch beide die Chance, Konflikte ruhen zu lassen und einander so anzunehmen, wie ihr seid, so wie ihr es als frisch Verliebte getan habt. Eure Beziehung kann sich wunderbar weiterentwickeln und vertiefen, wenn ihr diese Nachricht zum Anlass nehmt, euch selbst und einander noch besser kennenzulernen und über eure Wahrnehmungen, Bedürfnisse und Gefühle auszutauschen. Nehmt euch dafür Zeit, plant am besten extra Beziehungsgespräche in dieser Phase ein. Wahrscheinlich brauchst du als autistische Person in dieser Phase auch Zeit für dich, um zu reflektieren, zu lesen und Kontakte in die autistische Community zum Beispiel über Selbsthilfegruppen oder Internetforen zu knüpfen.62 Aber auch dein*e Partner*in braucht Unterstützung beim Verstehen und Verarbeiten dieser Nachricht. Im eigenen Interesse solltest du ihm*ihr dabei zur Seite stehen und wenn möglich deine Wahrnehmungen und Gefühle mitteilen.

Es kann nämlich auch passieren, dass dein*e Partner*in wahllos anfängt zu googeln oder mit Bekannten und Verwandten zu sprechen und mit sämtlichen Vorurteilen über Autist*innen konfrontiert wird, die in unserer Gesellschaft leider kursieren. Wenn dein*e Partner*in abgegriffenen Klischees mehr glaubt als seiner*ihrer Lebenserfahrung und deiner Innensicht, habt ihr ein ernsthaftes Problem und hattet es wahrscheinlich vorher schon. In dieser Situation solltet ihr euch professionelle Hilfe holen, und zwar von Personen, die sich mit Autismus und neurodiversen Beziehungen auskennen. Diese Hilfe braucht ihr vielleicht auch im gar nicht so seltenen umgekehrten Fall, nämlich wenn dein*e neurotypische*r Partner*in zuerst auf die Idee kommt, du könntest autistisch sein, weil er*sie sich vielleicht schon seit längerer Zeit bei Freund*innen über eure Beziehungsprobleme ausweint, regelmäßig deine Eigenarten googelt oder zufällig einen Radiobeitrag über Autismus gehört und dabei sofort an dich gedacht hat. *Spouse-Diagnosed*, also „von dem*der Ehepartner*in diagnostiziert", ist ein feststehender Begriff unter Berater*innen neurodiverser Paare und sehr viele Paare, die in die Beratung kommen, gehören zu dieser Gruppe.

Solltest du als nichtautistische Person insgeheim deine*n Partner*in als autistisch diagnostiziert haben, denke gut darüber nach, ob und wenn ja wie du ihn*sie darauf ansprichst. Wird es für deine*n Partner*in der ersehnte Schlüssel zur Selbsterkenntnis und individueller Befreiung sein? Oder nur ein weiterer Schlag gegen sein*ihr Selbstvertrauen? Gerade in Fällen, in denen eine autistisch wirkende Person für ihre Stärken bisher weder in Familie noch Beruf viel Anerkennung bekommen hat und auf viele Barrieren gestoßen ist, kann eine Autismus-Diagnose zunächst Gefühle der Verzweiflung und Hoffnungslosigkeit verstärken. Die Konsequenzen solcher Gefühle können gravierend sein und sind unbedingt ernst zu nehmen! Wenn du typische Probleme eines neurodiversen Paares bei euch erkennst, kannst du deine*n Partner*in auch dazu einladen, diese mit dir zu bearbeiten, ohne ein einziges Mal die Worte „Autismus" oder „Neurodiversität" zu benutzen. Es reicht völlig aus, in Alltagsworten zu beschreiben, was er*sie konkret tut und wie du dich jeweils fühlst. Auch Adjektive wie „schüchtern", „nüchtern" oder „rational" bieten sich an, um Eigenschaften zu beschreiben, die unter Autismus subsumiert werden könnten. Doch verwende auch diese Begriffe mit Vorsicht und wenn möglich ohne wertenden Unterton.

Problematische Reaktionen des*der Partners*in

Bei der Verarbeitung einer Diagnose des*der Partners*in können auch psychologische Reaktionen eine Rolle spielen, die viele Menschen, die sich selbst mit der gesellschaftlichen Norm identifizieren, zeigen, wenn sie mit Menschen konfrontiert werden, die sie als normabweichend erleben. Die Reaktionen lassen sich grob zwischen den Polen *Angst vor Ansteckung* und *Mitleid* ansiedeln. Angst vor Ansteckung ist hier zum einen wörtlich zu verstehen, als Angst davor, mit der autistischen Person in Verbindung gebracht zu werden und dadurch Vorurteile auf sich zu ziehen. Zum anderen kann sie symbolisch verstanden werden, nämlich als Furcht davor, sich mit der eigenen Persönlichkeit auseinanderzusetzen, die möglicherweise auch autistische Züge oder Anteile von Hochsensibilität,

ADHS oder Depressionen aufweist. Auch autistische Personen können Angst haben mit Personen in Verbindung gebracht zu werden, die auf eine auffälligere Weise autistisch sind als sie selbst. Diese Angst führt meist dazu, dass vermieden wird, über das die Partner*innen unterscheidende Thema, hier den Autismus, zu sprechen oder dass eine*r oder beide Partner*innen es wissen und doch nicht wahrhaben wollen. Natürlich ist bei manchen Autist*innen auch die Angst da, der*die nichtautistische Partner*in könnte sich trennen. In seltenen Fällen kann es auch sein, dass ein*e Partner*in einer autistischen Person Vorurteile gegenüber Autist*innen so verinnerlicht hat, dass die Beziehung dadurch in Gefahr gerät. Meistens jedoch wird er*sie in deinen autistischen Eigenarten auch viele der Eigenschaften erkennen, die er*sie immer an dir geschätzt hat.

Die zweite häufige Reaktion, Mitleid, ist eine tiefe bis übertriebene Wahrnehmung des Leidens einer anderen Person, verbunden mit dem Wunsch, dieses Leid möge verschwinden. Dies ist eine Art sich emotional zu verbinden, gerade wenn die mitleidende Person sich in die bemitleidete Person schwer einfühlen kann, weil sie vielleicht keine ähnlichen Erfahrungen gemacht hat wie diese, oder diese Erfahrungen verdrängt.63

Spürst du in dir diesen mitleidenden Impuls das Leid anderer zu lindern, solltest du dir allerdings diese drei Fragen stellen:

Erstens: Leidet die andere Person wirklich und wenn ja, woran? Leidet er*sie am eigenen Autismus oder an einer an Barrieren reichen Umgebung und verständnislosen Reaktionen ihrer Mitmenschen, einschließlich dir selbst?

Zweitens: Kann ich dieses Leid überhaupt lindern und wenn ja, wie? Oder kann ich die Person besser unterstützen, indem ich ihr zeige, dass ich sie in jedem Fall liebe und ihre eigenen Versuche ihr Leid zu lindern wohlwollend begleite?

Drittens: Bringt mein Mitleid eine Schieflage in unsere Beziehung – womöglich zusätzlich zu der Schieflage, die bereits da ist, wenn eine*r der Partner*innen besser in dieser Gesellschaft klarkommt als der*die andere?

Mitleid kann dazu führen, die andere Person übertrieben unterstützen oder gar therapieren zu wollen. Aus Mitleid motivierte Handlungen und Äußerungen sind meist gut gemeint, werden aber oft als „von oben herab" und bevormundend empfunden. Wenn du als autistische Person damit konfrontiert bist, aber von einem guten Willen deines*r Partners*in ausgehst, kannst du ihm*ihr vielleicht helfen, seine*ihre Unterstützung auf die Fälle zu beschränken, in denen du sie tatsächlich möchtest. Mehr dazu in Kapitel 4.7 „Partner*in als Dolmetscher*in oder Therapeut*in".

Nachdem du dich deinem*r Partner*in anvertraut hast, stellt sich oft auch die Frage, ob oder wie ihr deine neue Erkenntnis mit weiteren Personen aus dem Familien- und Freundeskreis teilen möchtet. Ein Coming-Out als Autist*in ist deine eigene Entscheidung. Entscheidest du dich dafür, wird auch der*die offenste und liebevollste neurotypische Partner*in dies wahrscheinlich als herausfordernd erleben. Er*sie wird sich wahrscheinlich sorgen, dass du, er*sie selbst und weitere Familienmitglieder von anderen Menschen abgestempelt oder ausgegrenzt werden. Mach deinem*r Partner*in klar, dass deine Entscheidung gute Gründe hat, erzähle von autistischen Vorbildern, aber lasse ihm*ihr Zeit und Ruhe, die ganze Sache zu verarbeiten.

Es gibt auch den umgekehrten Fall, dass ein*e nichtautistische*r Partner*in ihrer Familie und ihren Freund*innen vom Autismus ihres*r Partners*in erzählen möchte. Entweder, weil er*sie grundsätzlich gerne offen über die Beziehung spricht, oder weil er*sie auf Verständnis oder auch praktische Unterstützung in bestimmten Bereichen hofft, zum Beispiel wenn eine*r der Partner*innen eine Auszeit braucht und das Paar auf Hilfe bei der Kinderbetreuung angewiesen ist. Zu dieser Offenheit darf der*die autistische Partner*in aber nicht gedrängt werden. Nur er*sie weiß über die Risiken Bescheid. Als Alternative bietet sich wiederum an, die zu besprechenden Phänomene in alltäglichen Worten zu beschreiben.

Für nichtautistische Partner*innen: Stülpe deinem*r Partner*in keine Diagnose über! Beschreibe stattdessen, wenn nötig, eure Unterschiede in alltäglichen Worten. Wenn dein*e Partner*in eine (Selbst-)Diagnose bekommt, unterstütze ihn*sie und lasse ihm*ihr Raum und Zeit, das zu verarbeiten. Stelle dich auf viele Gefühle ein, von denen Erleichterung nur eines ist.

Für Autist*innen: Nimm deine*n Partner*in auf deinen Selbstfindungsprozess nach der Diagnose mit und versuche ihm*ihr regelmäßig zu erklären, was bei dir los ist, damit er*sie sich nicht eigene Fantasien darüber bildet.

Für neurodiverse Paare: Die Phase nach einer Autismus-Diagnose kann befreiend, aber auch extrem belastend sein. Spart in dieser Zeit nicht an professioneller Hilfe, wenn ihr sie braucht.

6 Häufige Konflikte in neurodiversen Beziehungen und ein konstruktiver Umgang damit

„Es sind nicht sie (diese Unterschiede zwischen uns), die uns trennen. Es ist vielmehr unsere Weigerung, die Unterschiede anzuerkennen, (...). Zu oft vergeuden wir die für die Anerkennung und Erforschung unserer Unterschiede notwendige Energie und geben vor, sie stellten ein unüberwindbares Hindernis dar oder existierten gar nicht. (...) So oder so finden wir keine Möglichkeit, unsere Verschiedenheit als Werkzeug der kreativen Veränderung einzusetzen."
Audre Lorde64

6.1 „Es fühlt sich an, als müsste ich auf rohen Eiern laufen..."

Paarberater*innen berichten, ein Paar als möglicherweise neurodiverses Paar zu erkennen, wenn sie unter anderem folgende Klagen hören:

„Ich habe ein Gefühl, als müsste ich zuhause auf rohen Eiern laufen." Diese Aussage, oft als Klage formuliert, ist manchmal von beiden Partner*innen, manchmal auch nur von der*dem neurotypischen Partner*in zu hören. Letztere sagen oft auch so etwas wie: „Ich habe das Gefühl, ich muss meine*n Partner*in immer mit Samthandschuhen anfassen." „Ja, womit denn sonst?", denke ich als autistische Paarberaterin. Aus beiden Aussagen sprechen einerseits Liebe und der Wunsch, es dem*der Partner*in irgendwie recht zu machen, andererseits ein Befremden über die als besonders oder übertrieben empfundenen oder meistens einfach nicht verstandenen Bedürfnisse oder Erwartungen der*des Partners*in. Diese gegenseitige Wahrnehmung ist allerdings ein guter Startpunkt, um ins Gespräch über die unterschiedlichen Bedürfnisse der Partner*innen zu kommen.

„Es fühlt sich an, als würden wir verschiedene Sprachen sprechen." Diese Aussage ist von beiden Partner*innen häufig zu hören. Tatsächlich sind Kommunikationsweisen wohl der häufigste von außen beobachtete Unterschied zwischen Autist*innen und Neurotypischen, obwohl für Autist*innen Unterschiede in der Wahrnehmung manchmal noch mehr ins Gewicht fallen. Im Extremfall können unterschiedliche Kommunikationsweisen dazu führen, dass sich nicht-autistische Partner*innen einsam und ungehört, autistische Partner*innen sich wiederum von unklaren Fragen und

Aufforderungen geradezu verfolgt fühlen. Eine Kostprobe davon wurde bereits in Kapitel 5.5 „Wie war dein Tag, Schatz?“ gegeben. Hier müssen die Partner*innen üben, ihre verschiedenen Sprachen füreinander zu übersetzen und sich gegebenenfalls Unterstützung dabei holen. Einige Verständnistipps und Übersetzungsvorschläge gebe ich in den Unterkapiteln 6.2 bis 6.5.

Weitere spezifische Probleme sind die oft beidseitige Wahrnehmung, von dem*der Partner*in vor anderen Menschen herabgesetzt zu werden (Kapitel 6.6), der unterschiedliche Umgang mit Regeln und Routinen im Alltag (Kapitel 6.7) und die Schwierigkeit, Krisen zu erkennen und dem*der Partner*in in diesen vertrauen zu können (Kapitel 6.8). In diesem Kapitel werden solche Konflikte entschlüsselt und ein paar Tipps im Umgang mit ihnen gegeben.

Zuletzt geht es auch um die ganz unangenehmen Themen, die bei Weitem nicht in jeder neurodiversen Beziehung vorkommen und die ich nur Leser*innen mit starken Nerven und solchen, in deren Leben diese Themen tatsächlich eine Rolle spielen empfehlen möchte. In Kapitel 6.9 geht es um Gewalt und in Kapitel 6.10 um das mit vielen Vorurteilen behaftete Thema Depression, die manchmal mit neurodiversen Beziehungen in Verbindung gebracht wird.

> **Für alle**: Fasse die Person, die du liebst, ruhig mit Samthandschuhen an.

6.2 Gegenseitige Empathie und *Theory of Mind*

Neurotypische Leser*innen dieses Buches werden an manchen Stellen vielleicht gedacht haben: „Das kenne ich doch auch, manchmal geht es mir genauso.“ Und tatsächlich sind wir keine Außerirdischen, auch wenn ich mich selbst manchmal gerne auf den Zwergplaneten Pluto beamen würde. Die meisten Konflikte in neurodiversen Beziehungen sind die gleichen wie in allen Beziehungen. Sie stellen sich oft nur in anderer Schärfe und sind schwerer zu lösen, da Herausforderungen in der Kommunikation und im gegenseitigen ineinander Einfühlen hinzukommen. Ja, gegenseitig. Ich bin keine Anhängerin der verbreiteten Theorie, dass es Autist*innen *einseitig* und *allgemein* an *Theory of Mind* oder kognitiver Empathie fehle, deren häufiges gegenseitiges Scheitern zwischen autistischen und neurotypischen Menschen einen Großteil der autistischen Erfahrung ausmacht. *Theory of Mind* bedeutet, ein Bewusstsein dafür zu haben, dass die Gedanken anderer Menschen sich von den eigenen Gedanken unterscheiden und eine Ahnung davon, was diese Gedanken sein könnten. Okay, vielleicht lernen wir das später als andere, manchmal auch viel später. Vielleicht haben wir auch einen grundlegenden Widerwillen dagegen, Menschen unserer Ansicht nach „falsche" Überzeugungen zuzuschreiben. Vielleicht erkennen wir die Gefühle neurotypischer Menschen auch nicht so gut an deren Mimik und Körperhaltung. Denen geht es aber umgekehrt mit uns genauso. Obwohl meine Mimik sehr, manchmal unangemessen, stark sein kann, erlebe ich selten, dass jemand sie richtig zu deuten weiß. Als junger Mensch war ich häufig schockiert darüber, was andere Menschen in meinen Gedanken zu lesen glaubten und wie sehr sie dabei daneben lagen.

Autist*innen im Erwachsenenalter haben teilweise sogar eine ausgeprägte Fähigkeit zum Perspektivwechsel, da sie diesen gezielt trainiert haben. Sie können sich nämlich nicht, wie nicht-autistische Menschen dies oft tun, darauf verlassen, dass es anderen in derselben Situation gleich gehen wird wie einem selbst. Sie schwingen sich auch nicht oder weniger stark als neurotypische Menschen unbewusst emotional auf Gruppen oder auf die dominante Person in einer Gruppe ein. Mit Bernhard J. Schmidt bin ich der Meinung, dass die weitgehende Nicht-Teilnahme von Autist*innen an der unbewussten Gruppenkommunikation Neurotypischer wahrscheinlich den Hauptunterschied zwischen autistischen und neurotypischen Menschen darstellt.65 Das ist eine Ursache der „sozialen Schwierigkeiten", die als eines der Hauptdiagnosekriterien für Autismus gelten. Viele Autist*innen lösen diese Probleme über Beobachtung und Verstand und das funktioniert oft sehr gut. Die gar nicht so wenigen Autist*innen, die undercover als Lehrende, Trainer*innen oder Supervisor*innen arbeiten, werden mir stillschweigend rechtgeben. *Theory of Mind* ist ganz schön anstrengend und wird im privaten Alltag, auch von denjenigen – autistischen oder nicht-autistischen Menschen – die sie gut beherrschen, nicht ständig praktiziert. Im Alltag reichen unsere kognitiven Kapazitäten meist maximal für einen Analogieschluss – wie würde es mir anstelle der anderen Person gehen? – oder eine Gefühlsansteckung, und beide führen leicht zu Missverständnissen. Gefühlsansteckung oder affektive Empathie kann für Autist*innen besonders verwirrend sein, weil sie diese oft sehr stark erleben aber zugleich deren Ursache nicht immer verstehen.

Das Problem bei der gegenseitigen Empathie zwischen Autist*innen und Neurotypischen ist, dass es nicht reicht sich vorzustellen *in den Schuhen der anderen Person* zu gehen. Ihr müsstet nämlich *als die andere Person* in deren Schuhen gehen.66 Nach zehn bis zwanzig Jahren Beziehung könnt ihr das vielleicht, vielleicht auch nicht. Deshalb ist Kommunikation so wichtig aber, wie bereits beschrieben, eben auch herausfordernd. Ein Teufelskreis? Ja, aber kein auswegloser. Der Ausweg lautet: Kommunikation bewusst gestalten, dabei besonders darauf achten, dass beide zu Wort kommen, verlangsamen, damit beide Partner*innen Zeit zum Nachdenken und Verarbeiten haben und so explizit wie möglich machen. Explizit heißt hier nicht unhöflich, plump oder brutal direkt. Explizit kommunizieren heißt Gefühle und Gedanken offenlegen und erklären, aber in eurem Tempo und möglichst unterhalb eurer Schmerzgrenze. Deshalb möchte ich euch ermutigen, euch in jeder Phase eurer Beziehung bewusst Zeit für Gespräche zu nehmen, sei es mit einer strukturierten Methode wie dem Zwiegespräch (Kapitel 4.5) oder QAAA (Kapitel 5.5) oder frei, und kein für euch wichtiges Thema auszusparen.

Für neurodiverse Paare: Geht nicht davon aus, dass ihr euch ohne Worte versteht! Kommuniziert so explizit wie möglich und bleibt dabei freundlich.

6.3 Kommunikation und Streitkultur

Behutsam streiten

Wenn mein Mann oder ich gefragt werden, was das Geheimnis unserer langen und glücklichen Beziehung ist, fallen uns spontan zwei Antworten ein. Die eine zitiert den alten Spruch, das Geheimnis guter Beziehungen liege „zwischen den Laken", also im Bett oder wie und wo auch immer man sonst gerne körperliche Intimität genießt. Die andere lautet: Es hat mit unserer Streitkultur zu tun. Von Anfang an haben wir Streit als manchmal unvermeidlichen Teil einer Beziehung akzeptiert und versucht ihn möglichst sanft auszutragen. Anfangs hatten wir die Regel, nie im Streit oder unter dem Eindruck des Streits auseinanderzugehen. Das halte ich auch für eine sinnvolle Regel, sofern man sie etwa zu 80 % befolgt. Gerade für den*die autistische*n Partner*in mag es auch Phasen oder Situationen geben, in denen er*sie einen Streit nicht auf der Stelle austragen kann, sondern erst einmal eine Pause braucht, um sich zu beruhigen und nachzudenken. Das kann verschiedene Gründe haben. Ein Grund kann eine sensorische und emotionale Überwältigung durch den Tonfall, emotionale Signale des*der

Partners*in und eigene, teils widersprüchliche Gefühle sein. Ein weiterer Grund kann sein, dass er*sie den Anlass des Streits noch nicht ganz versteht und auch nicht verstehen kann, wenn er nicht ruhiger erklärt wird. Vielleicht legt er*sie auch Wert auf Ehrlichkeit und Korrektheit und befürchtet etwas zu sagen oder zu tun, was er*sie später bereuen wird. Oder dass der*die Partner*in etwas sagt, dass man später vielleicht verzeihen muss, aber nie vergessen kann. Und diese Befürchtungen können sehr berechtigt sein! Liebe*r nichtautistische*r Partner*in, bei vielen autistischen Partner*innen bleibt tatsächlich alles hängen, was du jemals im Streit gesagt hast, egal wie oft und wie glaubwürdig du hinterher versicherst, es nicht so gemeint zu haben.

Streit hat einen Sinn. Man lernt sich dadurch besser kennen. Manchmal muss ein Konflikt, also das zusammenstoßen oder aneinandergeraten (lateinisch *confligere*) zweier Interessen, Bedürfnisse oder Wünsche ausgetragen werden, damit beide deutlich spüren, dass sie überhaupt unterschiedliche Bedürfnisse haben. Oft markiert wiederholter Streit gerade den Übergang von der Verliebtheitsphase mit ihren Verschmelzungsfantasien hin zu der reiferen Phase der Liebe, in der man versteht, dass es immer auch um den liebevollen Umgang mit Unterschieden gehen wird. Das geht aber nur, wenn Streit konstruktiv ausgetragen wird und nicht vor lauter Verteidigen der eigenen Position die Neugier auf die Perspektive des*der Partners*in verloren geht. Destruktiv ausgetragene Streitigkeiten haben schon viele Beziehungen zwischen sich liebenden Menschen zerstört, einfach weil zu viele Verletzungen passiert sind. Deshalb ist es enorm wichtig, *wie* ihr eure Konflikte austragt.

Wenn du als autistische Person also mitten im Streit, der für deine*n Partner*in vielleicht noch eine Diskussion ist, eine Pause brauchst oder auch rausgehen möchtest, dann ist das okay und oft auch sinnvoll. Ihr könnt euch beide beruhigen und nachdenken. Wenn dein*e neurotypische*r Partner*in, nachdem du ein paarmal um den Block gelaufen bist, wieder genau dort anfängt, wo ihr vorher aufgehört habt – hoffentlich nicht im gleichen Tonfall –, ist das allerdings auch okay und oft auch sinnvoll. Dein*e Partner*in hat recht, weil bei manchen Konflikten der einzige Weg aus dem Konflikt der Weg durch den Konflikt ist. Du hast recht, weil der Weg durch den Konflikt sorgsam ausgewählt und mit sanften Schritten und zur richtigen Zeit gegangen werden will. Wichtig ist, dass ihr euer jeweiliges Bedürfnis einander so mitteilt, dass ihr es verstehen könnt und darauf vertraut, dass ihr beide an einer Lösung des Konflikts interessiert seid. Sonst entsteht bei deinem*r Partner*in schnell der Eindruck, du wolltest dich nur vor dem Streit drücken und dich deiner Verantwortung entziehen, und du fühlst dich vielleicht verfolgt von der eigentlich geliebten Person, die gerade scheinbar nur ihre Wut an dir auslassen will. Oft führen neurodiverse Paare jeden Streit zweimal, da im ersten Streit oft das eigentlich strittige Thema nicht ausreichend besprochen wurde oder sich im Streit Missverständnisse oder Verletzungen aufgebaut haben, die erneut bearbeitet werden müssen. Der Trick ist, diesen *Streit nach dem Streit* bewusst einzuplanen, aber nicht als Streit, sondern als Diskussion oder besser noch als Dialog.

Die Paarberater*innen des AANE empfehlen Paaren in Situationen, in denen ein*e Partner*in eine Auszeit braucht, ein Codewort zu vereinbaren und die Auszeit so zu gestalten, dass sie für beide akzeptabel ist. Stürme also nicht aus der Wohnung und knalle nicht die Tür hinter dir zu, sondern teile deinem*r Partner*in mit, dass du vor der Fortsetzung des Gesprächs gerne einmal um den Block laufen und nachdenken würdest. Im Idealfall stimmt er*sie dem zu. Manchmal ist es ihm*ihr auch wichtig, dass du bleibst. Notfalls setzt euch schweigend nebeneinander, statt allein zu schweigen. Nach einer Auszeit bietet es sich an, in Ruhe, bei einem Heißgetränk, auf dem Sofa und vielleicht auch mit einer strukturierten Methode, das Konfliktthema aufzugreifen. Familienberater Jesper Juul nennt dieses Vorgehen, dass sich auch bei Streitigkeiten zwischen Kindern und ihren erwachsenen Bezugspersonen bewährt hat: „Das Eisen schmieden, wenn es kalt ist."67 Das bedeutet: Das Konfliktthema nicht sofort bearbeiten, wenn der Konflikt durch einen aktuellen Auslöser voll präsent ist und die Beteiligen entsprechend starke Emotionen dazu haben (dann wäre das „Eisen heiß"), sondern erst dann, wenn die mit dem Konflikt zusammenhängenden Emotionen aller Beteiligten sich beruhigt haben. QAAA (Kapitel 5.5) oder das weiter unten beschriebene WWW-Feedback bieten sich als Methoden an, bei großen oder schwer greifbaren Themen auch ein Zwiegespräch (Kapitel 4.5).

Für Paare: Versucht euch im Streit nicht zu überfordern und die Diskussion zu strukturieren. Damit sich der Streit nach dem Streit nicht unkontrolliert Bahn bricht, plant ihn ein und schmiedet das Eisen, wenn es kalt ist. Besprecht in ruhiger Atmosphäre nochmal das Thema, über das ihr euch gestritten habt *und* eure Kommunikation im Streit.

Sich entschuldigen und sich beschweren

Auch bei Streit und Versöhnung ist es wichtig, die beiden Ebenen zu beachten, die bei jeder Kommunikation aber besonders bei Konflikten eine Rolle spielen: Die Sach- und die Beziehungsebene, wobei ich stark empfehlen würde mit letzterer anzufangen. Wenn die im Streit oder durch den Anlass des Streits verletzten Gefühle nicht anerkannt und geheilt werden, kann es keine konstruktive Lösung auf der Sachebene geben. Wenn du jetzt denkst: „Ich bin aber mehr der sachliche Typ.“, dann erinnere dich daran, wer im Streit am liebsten weggerannt wäre. Manchmal braucht es auch eine Entschuldigung. Diese ist trotz des Wortlauts nicht als Schuldeingeständnis zu verstehen, sondern drückt einfach Reue darüber aus, die geliebte Person unabsichtlich verletzt zu haben. Eine solche Entschuldigung ist eine Übung in Empathie und kann sich ungefähr so anhören: „Als ich vorhin ... gesagt habe, hast du dich ... gefühlt. Das tut mir sehr leid. Lass uns gemeinsam schauen, was wir tun können, damit es dir wieder besser geht.“ Das sind meistens genau drei Sätze, also kurz und schmerzlos. Bei Satz eins musst du vielleicht ein bisschen raten, aber keine Sorge: Dein*e Partner*in wird dich schon korrigieren, wenn du daneben liegst. Er*sie wird sicher deinen Versuch, seine*ihre Gefühle zu verstehen, zu schätzen wissen.

In den meisten Beziehungsratgebern wird an dieser Stelle auch betont, man dürfe hier auf keinen Fall das eigene Verhalten und die eigenen Absichten nochmals erklären, weil dies einer Rechtfertigung und somit einer erneuten Beleidigung der verletzten Person gleichkäme. Das wird grundsätzlich auch häufig so empfunden. Wenn jedoch das verletzende Verhalten einer selbst erlittenen früheren Verletzung oder einfach autistischen Bedürfnissen geschuldet ist, ist das eine wichtige Information. Diese wird jedoch am besten nach der Entschuldigung und nachdem sich die Gefühle beider etwas beruhigt haben, eingeflochten, denn sonst kann der*die Partner*in den Eindruck bekommen, du wolltest von seinen*ihren Verletzungen ablenken und dich selbst in den Mittelpunkt stellen.

Entschuldigung

Die eigene verletzende Handlung benennen: „Als ich ... gesagt/getan/unterlassen habe ..."

Die Wirkung bei dem*der Partner*in benennen (notfalls raten und rückversichern): „fühltest du dich ...." / „warst du ..." („War das so?")

Sagen, dass es leidtut: „Das tut mir leid."

Wiedergutmachung oder Besserung anbieten: „Ich werde versuchen es beim nächsten Mal anders zu machen." / „Ich denke, du hättest dir in der Situation ... gewünscht. Stimmt das?"/ „Damit du weißt, dass ich es ernst meine, würde ich gerne ...."

Wenn du dich selbst durch deine*n Partner*in verletzt, beleidigt, übergangen oder einfach zu sehr genervt fühlst, bietet sich, um ihm*ihr das zu eröffnen, ein *WWW-Feedback* an. Das ist ein Werkzeug Gewaltfreier Kommunikation für den Hausgebrauch. WWW steht hier für Wahrnehmung – Wunsch – Wirkung.

Anstatt also zu sagen: „Warum laberst du mich immer sofort voll, wenn ich nach Hause komme? Du weißt doch, dass ich gestresst von der Arbeit bin!", könntest du Folgendes tun:

Zunächst kannst du deine *Wahrnehmung* möglichst konkret beschreiben: „Gestern hast du mir viele Dinge erzählt, als ich gerade zur Tür hereingekommen war und noch im Flur stand. Das kommt meinem Eindruck nach öfter vor."

Dann könntest du die *Wirkung* des Wahrgenommenen auf Dich beschreiben: „Mich stresst das ein wenig, da ich erstmal ablegen möchte und einen Moment zur Ruhe kommen muss, bevor ich mich auf ein Gespräch richtig konzentrieren kann." Wenn du wie hier noch dein eigenes *Bedürfnis*, nämlich zur Ruhe zu kommen, hinter dieser Wirkung benennen kannst, ist das sozusagen das I-Tüpfelchen auf dem WWW.

Nun ist es Zeit, deinen *Wunsch* zu formulieren, allerdings mit Spielraum für partnerschaftliche Verhandlung: „Es würde mich freuen, wenn wir uns bewusst und in Ruhe Zeit dafür nehmen würden, uns unsere Erlebnisse vom Tag zu erzählen, zum Beispiel beim Essen oder bei einem Abendspaziergang." Klingt übertrieben?

Versuche einen Mittelweg zu finden, der zu dir und deinem*r Partner*in passt.

WWW-Feedback

Wahrnehmung: „Ich sehe/höre/erinnere mich, dass..."

Wirkung: „Das wirkt auf mich/ich fühle mich dann..."

Wunsch: „Ich wünsche mir/ich würde gerne/es würde mich freuen, wenn..."

Der Wunsch wird nicht immer sofort umgesetzt werden, sondern es muss gemeinsam ein Weg gefunden werden, der zu den Bedürfnissen beider Partner*innen passt.

Stress und Streit in Langzeitbeziehungen

Die Mischung aus Stress und Routine, die sich bei Paaren manchmal einstellt, wenn beide viel arbeiten und dazu noch jüngere Kinder oder pflegebedürftige Angehörige zu versorgen haben, führt dazu, dass Partner*innen weder allein noch gemeinsam die Ruhe finden, ihre Bedürfnisse und Gefühle zu reflektieren. Stattdessen haben beide die nächste Aufgabe und ihre eigene Überforderung im Kopf und wünschen sich von dem*der Partner*in vor allem Entlastung und möglichst effizientes Funktionieren – also genau das, worunter sie selbst gerade leiden. Paare in dieser Situation begegnen sich im Alltag manchmal nur noch mit Ansprüchen und Vorwürfen. Manchmal erkennt man die gestörte Alltagskommunikation auch daran, dass Paare sich streiten, sobald sie im Urlaub sind. Dann haben sie wahrscheinlich im Alltag nur noch wenig oder in höflichen Floskeln kommuniziert. Andere streiten sich im Alltag ständig und im Urlaub gar nicht, da die Streitigkeiten ihre Ursache mehr im stressigen Alltag als in der Beziehung haben. In beiden Fällen hat niemand etwas böse gemeint oder etwas Böses getan, trotzdem ist die Beziehung in Gefahr. Nehmt euch Zeit füreinander, bevor es zu spät ist! Ein wöchentliches Zwiegespräch, und wenn es Samstagabends ist, wenn die Kinder schlafen, wäre ein guter Anfang. Wenn ihr so gestresst seid, dass ihr den Zugang zu euren Gefühlen derart verloren habt, dass ihr zu einem Zwiegespräch gar nicht in der Lage seid, versucht es mit einer Kritikrunde!68 Klingt kontraintuitiv und zu brutal für den Samstagabend? Naja, der Trick ist der, die Kritik, die unter der Woche auf der Zunge liegt, hinunterzuschlucken und dann am Samstagabend nur die ein oder zwei Kritikpunkte zu nennen, die tatsächlich noch eine Rolle spielen. Das nicht ganz sauber ausgekratzte Marmeladenglas, das ihr am Montagmorgen im Mülleimer gefunden habt, wird hoffentlich nicht mehr dabei sein. Ihr werdet bald merken, welche Kritikpunkte wichtig sind und welche ihr längst wieder vergessen habt, welche Probleme ihr eigentlich selbst lösen könnt und worüber ihr tatsächlich mit dem*der Partner*in reden müsst. Nach ein paar Wochen werdet ihr vielleicht Lust haben, euch auch mal bei eurem*r Partner*in für etwas zu bedanken und zu einem informellen Gespräch oder einem klassischen Zwiegespräch zurückkehren. Und mit dem Sex oder euren bevorzugten Formen der Intimität klappt es dann hoffentlich auch wieder. Falls nicht, solltet ihr das als Gesprächsthema nicht aussparen.

Kritikrunde

Macht wöchentliche Termine aus, bei denen ihr einander die Dinge sagt, die euch stören.

Wenn euch zwischen den Terminen etwas auffällt, das euch stört, sagt nichts.

Nennt bei dem Termin nur Dinge, die euch über den Augenblick hinaus, in dem sie passiert sind, immer noch stören.

Wenn nach einigen Wochen wieder mehr Frieden eingekehrt ist, könnt ihr von der Notfallmaßnahme Kritikrunde wieder zum klassischen Zwiegespräch übergehen.

Für alle Paare: Gebt der Austragung eurer Konflikte einen Rahmen, damit sie sich nicht unkontrolliert Bahn brechen. Nehmt euch bei Streit, wenn nötig, eine Pause und kommt später in ruhigerer Stimmung auf das Konflikt-Thema zurück. Hört auf eure Gefühle und Bedürfnisse und die eures*r Partners*in und lernt, diese zu benennen.

6.4 Ehrlichkeit und Höflichkeit

Mein Partner und ich lieben selbstgemachte Pommes, in Stäbchen- oder Spaltenform, mit Kurkuma und Senfsamen gewürzt, mit Oregano oder mit geräucherter Paprika. Nun habe ich mich jahrelang darüber geärgert, dass er mir beim gemeinsamen Essen immer die knusprigen dunklen Pommes weggeschnappt hat. Er ist sonst immer sehr höflich, aber beim Pommes-Essen schien sich anscheinend das Lustprinzip in ihm durchzusetzen. Bis ich ihn dann, eines Tages, nach über zwanzig Jahren, um eine ehrliche Antwort auf meine Frage bat: „Welche Pommes schmecken dir denn nun wirklich besser, die hellen oder die leicht verbrannten?“ Er antwortete: „Naja, ehrlich gesagt, die hellen.“ Wie froh waren wir beide da, dass er in Zukunft ohne schlechtes Gewissen die innen noch weichen goldenen Pommes essen konnte und ich die knusprig angebrannten, die ich so sehr mag.

Nicht alle von uns sprechen *Aspergisch*,[69] die klare und aufrichtige Sprache, die viele neurotypische Menschen vor große Rätsel stellt, weil sie wider Erwarten überhaupt keine Geheimnisse birgt. Auch Autist*innen können die ganze Bandbreite kommunikativer Stile von plump direkt oder einfach ehrlich über freundschaftlich unbefangen oder auch übergriffig vertraut bis hin zu respektvoll distanziert oder geheimnisvoll wortkarg anwenden. Unser bevorzugter Stil hängt nicht nur von uns und unserem*r Gesprächspartner*in ab, sondern auch davon, wo und mit wem wir aufgewachsen sind. Die meisten von uns, die lautsprachlich kommunizieren, scheinen jedoch eine Vorliebe für deutliche und präzise Worte zu haben.

Das bedeutet oft auch, dass wir ehrlich und unbefangen unsere eigenen Wünsche und Interessen aussprechen. Für neurotypische Menschen klingt das dann manchmal so, als würden wir unsere eigenen Interessen über die anderer Menschen stellen – in der *Positiven Psychotherapie* ist das sogar die Definition von Ehrlichkeit. Das mag manchmal sogar stimmen und es ist vielleicht auch eine sinnvolle Haltung für Menschen, die oft erleben, dass ihre Interessen nicht berücksichtigt werden, sofern sie selbst nicht dafür kämpfen. Um zu verstehen, dass das nicht immer moralisch verwerflich ist, muss man sich nur das andere Extrem vorstellen: Immer sich selbst zu übergehen und von anderen zu erwarten, dass sie mitfühlen und mitdenken. Für mich persönlich kann ich jedenfalls sagen, dass ich meine Interessen nicht unbedingt durchsetzen will, wenn ich sie ausspreche, sondern mir wünsche, dass mein Partner seine Wünsche oder Interessen ebenso deutlich äußert, so dass wir beide wissen, woran wir sind und danach gemeinsam verhandeln und uns einigen können. Dieses Vorgehen mag aber zu konfrontativ und kränkend sein für jemanden, der*die gelernt hat, die vermuteten Interessen anderer bei seinen*ihren Vorschlägen bereits mitzudenken, was vielerorts als zentraler Bestandteil von Höflichkeit gesehen wird. Wenn ich auf meinem Ausgangspunkt stehen bleibe und mein Partner seiner Wahrnehmung nach bereits die Hälfte der Strecke auf mich zugegangen ist, haben wir keine guten Bedingungen mehr, um uns in der Mitte zu treffen. Würde ich von meinem Partner erwarten mir weiter entgegenzukommen, würde er es verständlicherweise als ungerecht empfinden. Er hat in seiner Wahrnehmung meine Interessen bereits über seine eigenen gestellt – übrigens die Definition von Höflichkeit in der *Positiven Psychotherapie*. Allerdings geht es ihm dabei oft so wie in der obigen Geschichte und er bekommt nur die verbrannten Pommes ab. „Es kann nicht nur neurodiversen Paaren so gehen. Auch transkulturelle Paare erleben oft ähnliche Missverständnisse. Die Wahrscheinlichkeit, dass nichtautistische Menschen unsere Bedürfnisse nur schlecht intuitiv verstehen und einschätzen können und umgekehrt, ist tatsächlich sehr hoch. Es wäre also für meinen Partner und mich praktischer, direkt zu kommunizieren. Andererseits wäre es moralisch nicht akzeptabel, meinem Partner ein von ihm als zutiefst unhöflich und egoistisch empfundenes Verhalten abzuverlangen. Wenn ich das penetrant tue, kann sich ein Teufelskreis ergeben: Ich rede immer direkter, in der Hoffnung von ihm auch klare Ansagen zu bekommen, er zieht sich immer mehr zurück und redet immer verklausulierter, weil er das Gespräch als zu konfrontativ empfindet. Was also tun?

Zum Beispiel sich freuen, dass die andere Person an einen gedacht hat. Mein Partner hat sich im Spekulieren über meine Wünsche Gedanken über mich gemacht. Ich habe ihn ernstgenommen und wollte ihm deshalb die Gelegenheit geben, seine Wünsche so frei und offen zu äußern, wie ich es tue. Keine*r von uns hatte den Vorsatz, den*die andere*n zu verletzen oder sich rücksichtlos durchzusetzen. Wenn wir das erkannt haben, sind die schlechten Gefühle bald verflogen. Nachdem nun geklärt ist, dass beide gute Absichten hatten, können wir in Ruhe überlegen, wie wir künftig in solchen Situationen klarer kommunizieren können. Unterschiedliche Kommunikationsstile brauchen meist auch unterschiedlich viel Zeit. Gute Kompromiss- oder Synergieideen kommen vielleicht auch beim nächsten Abwasch. Und vor allem sollte man Kommunikationsstile nicht moralisch bewerten. Auch wenn die meisten Menschen

Vorstellungen von Höflichkeit haben, die oft moralisch aufgeladen sind, unterscheiden sich diese doch so sehr nach Person, Umfeld, Geschlecht, sozialer Klasse, Sprache, Region oder eben auch neurologischen Voraussetzungen, dass es absurd erscheint, eine Form der Höflichkeit als den anderen überlegen darzustellen.

Konfliktpotential ergibt sich meiner Erfahrung nach nicht nur daraus, dass wir unseren Kommunikationsstil nicht immer auf unsere*n Gesprächspartner*in einstimmen, sondern auch daraus, dass viele von uns Autist*innen den hierarchischen Kommunikationsstil nicht beherrschen. Anders als viele neurotypische Menschen passen wir unsere Kommunikation meist nicht intuitiv dem gesellschaftlichen Machtverhältnis zwischen uns und unserem Gegenüber an. Ein hierarchischer Kommunikationsstil sieht in der Regel vor, dass die ranghöhere Person direkter und die rangniedrigere Person „höflicher", damit ist meist indirekter gemeint, spricht. Extreme Beispiele dafür sind Situationen, in denen Chef*innen oder Lehrer*innen duzen und direkt kritisieren, man selber aber nicht zurückduzen oder widersprechen darf. Es gibt aber subtilere Erwartungen je nach wahrgenommenem gesellschaftlichem Status, die leider auch vor Paarbeziehungen nicht Halt machen. Die Weigerung oder Unfähigkeit hier mitzuspielen, wird insbesondere Frauen in heterosexuellen Beziehungen oft negativ ausgelegt. Wenn dir das passiert, also wenn zum Beispiel dein Partner für sich Direktheit beansprucht, sie bei dir aber kritisiert, tut er das vielleicht aus Gewohnheit, weil er eben als cisgeschlechtlicher Mann eher den direkten als den indirekten Kommunikationsstil gelernt hat oder weil er eine Vorgesetztenposition bei der Arbeit hat. Oder empfindet er es tatsächlich so, dass er ein größeres Recht darauf hat, seine Meinung offen auszusprechen und im Zweifelsfall auch durchzusetzen als du? In jedem Fall ein Anlass für weitere Nachforschungen und, falls du unzufrieden mit der Situation bist, für ein Konfliktgespräch.

Generell wird es in neurodiversen Beziehungen eine größere Portion Metakommunikation geben müssen als in anderen Beziehungen. Metakommunikation heißt: „Lass uns mal darüber reden, wie wir miteinander reden". Beide Partner*innen werden hin und wieder ihre Äußerungen nochmal in die Sprache der*des anderen übersetzen müssen. Als kleine Serviceleistung hier unten in der Tabelle ein paar Übersetzungen häufig missverstandener Sätze.

Aussage	Neurotypisch	Aspergisch
• „Ich habe Kopfweh.“ Oder: „Ich bin müde.“	• Ich möchte heute Abend keinen Sex.	• Ich habe Kopfweh oder bin müde. (Mit Sex hat das nichts zu tun. Falls ich Sex möchte und du auch ziehe ich mir vielleicht vorher noch schnell einen Espresso oder eine Kopfschmerztablette rein.)
• „Ich habe keinen Hunger“.	• Ich komme gerade gestresst von der Arbeit und es würde mich überfordern mit dir schon wieder dieselbe Diskussion wie jeden Tag darüber zu führen, was wir zum Abendessen kochen. Du weißt ja, dass mir das vegane Essen, das du in letzter Zeit meistens kochst, nicht so gut schmeckt. Eigentlich würde ich jetzt von dir gerne hören, dass du mir meine Lieblingspizza holst.[70]	• Ich habe keinen Hunger. (Wenn ich Hunger bekomme, werde ich mir schon was zu essen machen.)

• „Dieses Jahr schenken wir uns nichts zu Weihnachten.“ (oder zu einem anderen Feiertag deiner Wahl)	• Ich möchte den Druck aus dem Weihnachts-shopping (o.ä.) herausnehmen und schlage deshalb vor, dass wir uns nicht wie in den letzten Jahren versuchen mit Geschenken zu übertrumpfen, die dann den Geschmack der*des Beschenkten doch nicht perfekt treffen. Eine kleine Aufmerksamkeit sollte doch genügen.	• Dieses Jahr werde ich keine Weihnachts-geschenke für dich besorgen, folglich musst du mir auch keine holen.

Was ist nun mit denjenigen Autist*innen, die nicht offen und direkt kommunizieren, sondern sich eher zurückziehen und schweigen? Für einige von diesen scheint es mir besonders vielversprechend zu sein, bewusste Kommunikationsgelegenheiten wie ein Zwiegespräch (Kapitel 4.5) zur Gewohnheit zu machen. Als Partner*in einer solchen Person, ob autistisch oder nicht, hat man in jedem Fall die Verantwortung, genau hinzusehen und zu hören und sich mit Zuschreibungen und Vereindeutigungen scheinbar widersprüchlicher Signale zurückzuhalten. Schweigen darf nicht als Zustimmung interpretiert werden. Offenheit sollte ermöglicht, aber niemand dazu gedrängt werden. Dasselbe gilt für das Sprechen über eigene Gefühle. Es gibt Menschen, für die ein Zwiegespräch oft überwältigend wäre. Manchmal befinden sich Menschen auch in Lebensphasen, in denen das vorübergehende Herunterdimmen der Gefühle sinnvoll ist. Man stelle sich nur vor, man ist in Trauer und hört täglich die Frage „Wie geht's?“. Einige Menschen müssen sich manchmal auf abstrakter, rationaler, gar unpersönlicher Ebene über ihre Beziehung unterhalten, weil die eigenen Gefühle vielleicht im Moment unzugänglich sind oder schwer auszuhalten wären. Das ist zwar genau das Gegenteil von dem, was in den meisten

Beziehungsratgebern, so auch an vielen Stellen von diesem, empfohlen wird, es muss aber auch zumindest zeitweise möglich sein. Hier gilt es zu erkunden und auszuprobieren, was für euch passt.

> **Für Paare**: Wenn ihr es so empfindet, als würdet ihr verschiedene Sprachen sprechen, dann nutzt das als Ressource. Lernt zwischen euren Sprachen zu übersetzen und freut euch, dass sich je nach Situation mal die eine, mal die andere Sprache als effektiver erweisen kann. Keine Sprache ist besser oder schlechter als die andere. Nutzt strukturierte Kommunikationsrituale, um Missverständnisse zu vermeiden oder aufzuklären.

6.5 Versprochen ist versprochen? Umgang mit Absprachen

An vielen Stellen dieses Ratgebers empfehle ich Partner*innen, Absprachen miteinander zu treffen. Nun machen leider die Missverständnisse zwischen autistischen und nicht-autistischen-Menschen vor dem Thema Absprachen nicht Halt. Eine geniale Antwort meines Partners auf meine mit „Du hast mir doch versprochen, dass..." beginnenden Vorhaltungen ist: „Naja, das habe ich vielleicht gesagt aber doch nicht versprochen". Was die einen am liebsten gleich als Gesetz in Stein meißeln würden, so dass es Archäolog*innen noch in viertausend Jahren finden könnten, ist für die anderen vielleicht eine romantische Liebesbezeugung, eine freundliche Absichtserklärung, eine zu erwägende Idee, ein Gedankenspiel oder eine aufheiternde Fantasie. Wenn ich ehrlich bin, halte ich auch nicht alle Versprechungen, die ich mache. Es gibt im Leben doch so vieles, was unsere Pläne durchkreuzen kann, und auch der eigene Gedächtnis- oder Energieschwund gehört dazu. Was tun? Den*die Partner*in zum*zur Notar*in zerren und einen Vertrag über gegenseitige Rechte und Pflichten aufsetzen, einschließlich Geschirrspülordnung und Gutenachtkussgebot? Oder doch hoffen, dass es sich irgendwie einpendelt? Meine Erfahrung ist, dass sich die meisten Absprachen tatsächlich eher als Absichtserklärungen verstehen lassen. Eine Ausnahme bildet vielleicht das Thema sexuelle Treue, da pochen auch neurotypische Menschen oft auf ein Gesetz. Interessant und wertvoll ist aber in jedem Fall der Prozess, in dem diese Absichtserklärungen zu Stande kommen und in dem ihr euch gegenseitig erlaubt, eure jeweiligen Bedürfnisse als wichtig und gleichwertig auszudrücken und der anderen Person zu vermitteln. Gerade für Autist*innen gibt die Aussicht auf eine Absprache der Kommunikation Ziel und Struktur. Ich lasse mich jedenfalls eher motivieren in ein Gespräch über ein schwieriges Thema einzusteigen, wenn am Ende Konkreteres zu erwarten ist als ein „Schön, dass wir mal wieder darüber geredet haben". Jede Absprache muss nach einiger Zeit überprüft und nachjustiert werden und keine Absprache ersetzt die immer wieder nötigen Versuche, sich im Alltag ineinander einzufühlen, so schwierig das sein mag. Zudem gilt es zu bedenken, dass neurotypische Menschen oft ein kürzeres Gedächtnis haben als autistische.71 Deshalb wird dein*e neurotypische*r Partner*in es in der Regel als ungerecht ansehen, wenn du dich bei einer Sache, die ihm*ihr nicht gefällt oder ihn*sie gar verletzt, auf eine Absprache berufst, die eher vage oder ziemlich alt, gar älter als eure derzeitige Beziehungsphase, ist. Ein Extrembeispiel wäre, sich nach zwei Jahren Beziehung erstmals einen Seitensprung zu erlauben und sich darauf zu beziehen, dass ihr euch das zu Beginn der Beziehung zugestanden hattet. Ein alltägliches Beispiel wäre zu sagen: „Wir hatten uns doch darauf geeinigt, immer den blauen Spüllappen für die Gläser zu benutzen.", wenn der Anteil der*des Partners*in an der Absprache höchstens ein dahingemurmeltes „mmh" war. Kurz gesagt: Trefft Absprachen, aber betrachtet dabei den Weg als Ziel!

Für Autist*innen: Ein Versprechen innerhalb einer Partnerschaft lässt sich nicht einklagen.

Für neurotypische Partner*innen: Dein*e autistische*r Partner*in weiß möglicherweise noch, dass du vor zwei Jahren gesagt hast, du würdest die Garage aufräumen.

Für Paare: Betrachtet beim Treffen von Absprachen den Weg als Ziel!

6.6 Als Paar in Gesellschaft

Als neurodiverses Paar, bei dem eine*r der Partner*innen autistisch und der*die andere neurotypisch oder geradezu allistisch72 ist, werden Unterschiede zwischen euch wahrscheinlich besonders deutlich zu Tage treten, wenn ihr euch in Gesellschaft befindet, zum Beispiel bei Familienfesten oder Zusammenkünften im Freundeskreis.

Mit Bernhard Schmidt gehe ich davon aus, dass einer der Hauptunterschiede zwischen autistischen und neurotypischen Menschen die weitgehende Nichtteilnahme von uns Autist*innen an der unbewussten Gruppenkommunikation Neurotypischer ist.73 Diese unbewusste Gruppenkommunikation spielt sich auf verschiedenen Kanälen ab: hörbar über Tonfall, Satzmelodie und Laute, die Zustimmung oder Interesse signalisieren, wie „ja“, „mmh“, „echt jetzt?“, sichtbar durch Gesichtsausdrücke, Augenkontakt, Gesten und Körperhaltung sowie spürbar durch neurologische Prozesse, die es ermöglichen, dass sich Menschen in einer Gruppe emotional aufeinander einstimmen. Die hörbaren Signale können viele von uns Lautsprache sprechenden Autist*innen noch ganz gut einsetzen. Dennoch habe ich selbst schon öfter die Rückmeldung erhalten, sowohl meine Stimmlage als auch meine „mmhs“ klängen für Neurotypische unangenehm eintönig. Bei der Körpersprache wird es schon schwieriger. Autist*innen und Neurotypische haben beidseitig Schwierigkeiten diese beim jeweils anderen zu deuten und konstruktiv einzusetzen. Sehr schwer beeinflussbar sind die Prozesse des sich-aufeinander-Einstimmens, die mit sehr feinen, eher unbewusst gesendeten und wahrgenommenen Signalen der Körpersprache zu tun haben.

Doch was wird denn überhaupt auf all diesen Kanälen unbewusst kommuniziert? Die unbewusste Gruppenkommunikation dient vor allem dem Zusammenhalt der Gruppe. Dies wird einerseits erreicht durch Dinge, die das Wohlbefinden der Gruppe und der Einzelnen darin fördern. Dazu gehört, sich emotional aufeinander einzuschwingen, sich gegenseitig in Status und Beziehung zu bestätigen, sich für die anderen mitverantwortlich zu fühlen, einander zu helfen und verletzende Äußerungen, Kritik und allzu starke Meinungsabweichungen zu vermeiden. Andererseits kann dazu auch gehören, sich gegenüber Außenstehenden oder „Neulingen“ abzugrenzen und Vorurteile zu pflegen, sich emotional auf eine dominante Person in der Gruppe einzustimmen oder dem Gruppendenken anheim zu fallen, also bei Entscheidungen dem Zusammenhalt und dem positiven Selbstbild der Gruppe Vorrang vor sachlichen Kriterien einzuräumen.

Betrachtet einige der folgenden Schilderungen als worst-case-Szenarien, von denen ich hoffe, dass sie euch erspart bleiben. Natürlich könnt ihr Glück haben und in einem Haufen vielfältig-individueller und vielseitig interessierter Menschen landen, die euch spontan genauso annehmen, wie ihr seid. Aber als Autistin im mittleren Lebensalter komme ich nicht umhin, auch von den anderen Erfahrungen zu erzählen.

Der erste Kontakt

Es macht für die unbewusste Gruppenkommunikation einen großen Unterschied, ob du bereits als Mitglied der Gruppe anerkannt bist oder nicht. Im Freundeskreis können Grenzen fließend sein, in eher traditionellen Familien fängst du jedoch in der Regel außen an und als Langzeit-Partner*in eines Familienmitglieds wird von dir erwartet, dass du dich langsam in den inneren Kreis bewegst. Giltst du noch als Außenstehende*r, wirst du im ersten Fall vielleicht zunächst auf die Probe gestellt, auf deine Anschlussfähigkeit an die Gruppe abgeklopft, oder – im unmissverständlich gut gemeinten, aber oft nicht weniger herausfordernden zweiten Fall – gleich durch symbolische Akte in die Gruppe aufgenommen.

Im ersten Fall kann es sein, dass du dich mit persönlichen Fragen konfrontiert siehst, schlimmstenfalls auch mit ein paar vorgefertigten Annahmen über deine Herkunftsfamilie, deinen Wohnort, deinen Beruf, deine Erwerbsunfähigkeit oder dein Alter. Nichts davon ist in der Regel böse gemeint, das meiste soll einfach nur freundliches Interesse signalisieren. Dennoch wird damit oft nebenbei auch dein gesellschaftlicher Status erforscht. Von dir wird wahrscheinlich erwartet, dass du freundliches Interesse und Respekt zeigst, also vor allem lächelst und zuhörst, wenn du dich wohl fühlst ein paar unverfängliche Gegenfragen stellst und wenn du ganz mutig bist, ein oder zwei sehr harmlose Geschichtchen aus deinem Leben erzählst. Hier geht es nicht darum, besonders geistreich, originell oder interessant zu sein. Das kannst du später versuchen. Im zweiten Fall wirst du eventuell zu einer Reihe mehr oder weniger vergnüglicher Aufnahmerituale gedrängt. In diesen Breitengraden gehört dazu häufig das Lachen über Witze, das Trinken von Alkohol sowie – häufig noch nach Geschlechtern getrennt – das Wenden von Fleischstücken auf dem Grill oder das gemeinsame Abwaschen in der Küche.

Zurück zu Fall eins: Wenn du die inoffizielle Aufnahmeprüfung nach zwei Stunden oder auch nach mehreren Jahren bestanden hast, was dir selten explizit mitgeteilt wird, folgt eine Phase, die wiederum obigem zweiten Fall ähnelt. Du hast es geschafft und bist ein anerkanntes Mitglied der Familie oder der Clique, in der sich alle anderen seit der Grundschulzeit kennen. Freu dich nicht zu früh, denn unter Umständen kann der Stress jetzt erst richtig losgehen. Du wirst dauerhaft deine Bedürfnisse wie zum Beispiel nach Nähe und Distanz nicht nur mit denen deines*r Partners*in, sondern – wenn auch weit weniger intensiv – mit denen der Menschen in seinem*ihrem Umfeld ausbalancieren und ihnen deine Sichtweisen und Gefühle vermitteln müssen.

Gruppen festigen ihren Zusammenhalt notfalls durch Abgrenzung nach außen. Lästern über Nachbar*innen, Kolleg*innen oder entferntere Verwandte und Bekannte kann ein Mittel dazu sein.74 Du musst dabei nicht unbedingt mitmachen, aber sei dir bewusst, dass dein Schweigen, ähnlich wie (d)ein einsames Tofuwürstchen auf einem Grill voller Schweinenackensteaks, bei den anderen Gruppenmitgliedern ein schlechtes Gewissen und deshalb auch einen leisen Groll gegen dich auslösen kann. Keinesfalls solltest du versuchen, an dieser Stelle mit deinem überlegenen Wissen und deinen überlegenen Moralvorstellungen zu punkten. Das kannst du allenfalls später tun, wenn du durch dein Alter in der Gruppenhierarchie aufgestiegen bist oder wenn deine Rolle als Außenseiter*in *in* der Gruppe so etabliert ist, dass deine Kritik bereits genauso zum Ritual gehört wie das Lästern selbst. Umgekehrt einfach mitzulästern, empfehle ich allerdings auch nicht. Erstens, weil es mir tatsächlich moralisch gegen den Strich geht und zweitens, weil wir Autist*innen auch in diesem Fall dazu neigen, nicht ganz den erwarteten Ton zu treffen, was wiederum die Neurotypischen erschrecken kann. Vielleicht kannst du ja aufs Klo oder eine rauchen gehen. Oder dir noch ein Tofuwürstchen holen.

Heutzutage wird ja immer wieder geschrieben, wie wichtig es sei, dem Onkel zu widersprechen, der seine Vorurteile am Sonntagstisch raushaut. Das ist auch meine Meinung. Gemeint ist aber der „eigene" Onkel. Solltest du bei Treffen im Familien- oder Freundeskreis tatsächlich nicht nur harmlose Lästereien, sondern diskriminierende Sprüche hören, gar welche, die dich selbst betreffen, nimm wenn möglich deine*n Partner*in in die Pflicht dagegenzuhalten und schütze dich selbst, was in den meisten Fällen heißt, dem Sonntagstisch erstmal fernzubleiben.

Nun zum Lachen: Sehr gerne fördern Menschengruppen ihren Zusammenhalt über gemeinsames Lachen. Allseits als angenehm empfunden wird dies meistens, wenn man über gemeinsame Erlebnisse lachen kann, wenn jemand eine lustige Geschichte aus seinem Leben erzählt, oder wenn sich eine gewisse Situationskomik ergibt, die alle Beteiligten ansteckt. Jemandem schnalzt beim gemeinsamen Essen die Pizza vom Teller, einer erzählt eine niedliche Sache, die sein Hundewelpe letzte Woche gemacht hat, alle erinnern sich daran, wie sie beim letzten Campingurlaub gemeinsam aus dem Boot gefallen sind. Manchmal ist es auch lustig, wenn jemand einen Witz erzählt – ich verhaue dabei immer Tonfall, Tempo und Timing. Schwierig wird es, wenn sich keine dieser Möglichkeiten einstellt. Dann muss halt im Zweifelsfall doch der Arbeitskollege oder die abwesende Tante herhalten, über die man gemeinsam lachen kann. Wenn auch diese Möglichkeit nicht vorhanden ist, wird manchmal von einem Mitglied der Gruppe erwartet, diese Rolle zu spielen. Das heißt ein Gruppenmitglied, das sich vielleicht ein bisschen anders benimmt als die anderen, den Ruf hat tollpatschig oder zerstreut zu sein, soll sich quasi „opfern" und blamieren (lassen), damit „alle" was zu lachen haben. Es wird dabei erwartet, dass diese Person mit lacht. Ich bin mir nicht sicher, ob ich das überhaupt richtig verstanden habe. Aber ich habe den Eindruck, dass manchmal sogar die Person, die sich „opfert", das Ganze auf gewisse Weise genießen kann, da das gemeinsame Lachen am Ende eine erlösende Wirkung hat und letzten Endes das Vertrauen in die Gruppe sogar stärken kann – man durfte sich blamieren und wird dennoch nach wie vor als zugehörig akzeptiert. Mir ist dieses Gefühl sogar selbst aus meiner Kernfamilie nicht ganz fremd.

Im glücklicheren Fall läuft das Ritual so ab, dass, nachdem eine peinliche Geschichte über eine Person erzählt wurde oder diese genötigt wurde diese selbst zu erzählen, alle nacheinander von ähnlich blamablen Begebenheiten erzählen, die ihnen selbst bereits passiert sind, um herzlich miteinander zu lachen. Im mittelguten Fall kommt das ganze ab und zu mal vor, mit unterschiedlich verteilten Rollen, und jede*r ist froh, wenn es ihn*sie diesmal nicht getroffen hat. Im unglücklichsten Fall aber trifft es immer dieselbe Person – ratet mal, wen. Die einzige Methode des Umgangs damit, die ich kenne – für Tipps von Leser*innen bin ich dankbar – lautet, aus der Not eine Tugend zu machen und selbst die Initiative zu ergreifen, um unaufgefordert die wildesten Slapstick-Geschichten von sich zu geben oder sogar live zu inszenieren. Also in die Rolle zu schlüpfen, die man in der Schule als „Klassenclown" bezeichnet. Dann lachen die anderen über dich und mit dir, du schmeißt die Party und hast die Macht, die anderen regelrecht von dir abhängig zu machen, denn sie werden es langweiliger finden, wenn du nicht da bist. So viel Verantwortung laugt auf Dauer aber ganz schön aus und deshalb empfehle ich es nicht wirklich. Und dich selbst, so wie du bist, lernen die Menschen dabei ja nicht wirklich kennen.

Ich stelle solche Mittel hier nicht vor, um nahezulegen, dass du eine solche Situation aushalten *sollst*, sondern nur für den Fall, dass du sie aus welchen Gründen auch immer aushalten *willst*. In einer Beziehung sollte es auch möglich sein, sich dafür entscheiden zu können, sich solchen Situationen nicht oder nur sehr selten auszusetzen. Wie beim Lästern gilt auch beim Lachen: Geht es an die Grenze zu Mobbing und Diskriminierung, ist Schluss und dein*e Partner*in ist aufgefordert, uneingeschränkt zu dir zu stehen.

Was ist mit dem umgekehrten Fall? Meint dein*e nichtautistische*r Partner*in, du hättest ihn*sie bereits mehrmals vor seiner*ihrer Familie oder Clique bloßgestellt? Wenn wir Autist*innen solche Vorwürfe bekommen, hat das oft mit unserem kritischen Blick für Details sowie der sachlichen und nüchternen Kommunikationsweise zu tun, die viele von uns pflegen. Ein neurotypischer Partner wird deinen freundlichen Hinweis, in welche Schublade welcher Löffel gehört, ganz unterschiedlich aufnehmen, je nachdem ob er mit dir allein ist oder ob seine Mutter hinter ihm in der Küche steht. Dein kritisches Hinterfragen ihrer Ansichten mag eine neurotypische Partnerin unter vier Augen als intellektuell anregend schätzen, wenn dies jedoch vor Freund*innen oder gar Kolleg*innen geschieht, wird sie dies in vielen Fällen als Angriff auf ihren guten Ruf verstehen.

Zurück zu euch als Paar

Seid euch bewusst, dass ihr als Paar in Gesellschaft mit zwei Beziehungsformen, eurer Paarbeziehung und der Gruppe, gleichzeitig jongliert. Versucht am besten in Gruppen extra nett und zuvorkommend zueinander sein oder aber euch separat mit verschiedenen Leuten zu unterhalten. Wenn Herausforderungen absehbar sind, sprecht vorher über eure Bedürfnisse. Vielleicht fühlt sich der*die autistische Partner*in bei der Silvesterparty wohler, wenn er*sie sich eine konkrete Aufgabe sucht, sich zum Beispiel um Bewirtung, Spiele oder Fotos kümmert? Vereinbart, wenn nötig, ein Codewort oder eine Geste dafür, wenn eine*r von euch eine Auszeit oder etwas anderes braucht. Nach gemeinsamen Gruppenaktivitäten empfehle ich euch beiden einen kurzen Austausch über eure jeweiligen Empfindungen, damit sich kein Groll über etwaige Missverständnisse oder Verletzungen festsetzt, der im nächsten Streit unkontrolliert rausplatzt. Das muss kein ritualisierter Ablauf sein, sondern einfach ein paar freundliche gegenseitige Nachfragen: „Wie fandst du's heute?", „Hast du dich wohl gefühlt?", „Können wir beim nächsten Mal etwas tun, damit du dich noch wohler fühlst?" Wenn sich in diesen Gesprächen rausstellt, dass sich immer wieder die gleichen Konflikte und Verletzungen wiederholen, solltet ihr überlegen, die Zeit mit den jeweiligen Gruppen zu begrenzen oder mal mit anderen Gruppenmitgliedern darüber zu reden.

Dieses Kapitel zu schreiben, ist mir übrigens am schwersten gefallen, da ich das Gefühl habe, hier selbst noch nicht alles durchschaut zu haben, auch wenn ich eigentlich ganz gerne am Grill stehe. Deshalb enthält diese Kapitel auch eher plumpe und klischeehafte Beschreibungen Neurotypischer. Hier bin ich tatsächlich auch heute noch wie die *Anthropologin auf dem Mars*, so ein Buchtitel der berühmten Autistin Temple Grandin.

Für Autist*innen: Schön, dass du da bist! Du musst nicht alles so machen wie alle anderen.

Für neurotypische Partner*innen: Du kannst dir wahrscheinlich nur schwer vorstellen, wie anstrengend Familientreffen für deine*n autistische*n Partner*in sind. Glaube es ihm*ihr einfach.

Für Paare: Schützt euch und einander in Gesellschaft!

6.7 Stressmanagement oder die Morgen- und Abendroutine

Vor einigen Jahren gab es einen regelrechten Medienhype um die Morgenroutinen verschiedener Prominenter. Es wurde suggeriert, dass ritualisierte Abläufe zwischen Aufstehen und Arbeitsbeginn das Geheimnis der Leistungsfähigkeit und dennoch relativen Entspanntheit dieser Menschen sind. So wurden Teetrinken, zum Fenster rausgucken oder das Anschlagen einer Stimmgabel, wenn man sie nur konsequent und regelmäßig praktiziere, als alltagstaugliche Alternativen zu langen Yogasessions propagiert. Wir Autist*innen wissen das schon lange, werden dafür aber eher selten bewundert.

Im Gegenteil: Nachdem sich unsere Partner*innen jahrelang über unsere niedrige Stresstoleranz beklagt haben, beschweren sie sich, kaum dass wir Methoden zur Stressbewältigung gefunden und in unseren Alltag integriert haben, diese nähmen zu viel Zeit in Anspruch. Und überhaupt, das sei alles zu rigide und unflexibel. Hier generalisiere ich über Gebühr. Aber sowohl vielen Autist*innen als auch spezialisierten Berater*innen ist dieses Phänomen bekannt.

Das fühlt sich erstmal unlogisch und ungerecht an, doch wenn ihr zusammenwohnt und vielleicht noch morgens Kinder aufwecken oder den Opa füttern müsst, kann aus eurer jeweils allein verbrachten Entspannungszeit tatsächlich ein Nullsummenspiel werden. Ich plädiere dennoch dafür, diese keineswegs aufzugeben. Fünf Minuten pro Person für morgendliches oder abendliches Meditieren sind besser als gar nichts. Und vielleicht erfindet ihr Rituale, die euch gemeinsame Entspannung ermöglichen? Das können einfache Dinge sein wie abends kurz miteinander auf dem Balkon sitzen, Familienkuscheln, bevor ihr die Kinder ins Bett bringt, oder Trampolinhüpfen.

Achtet generell darauf, Übergange bewusst zu gestalten, sowohl kleine wie den morgendlichen Aufbruch zur Arbeit oder zur Schule und die abendliche Heimkehr, als auch mittlere wie Urlaubsbeginn und Ferienende oder ganz große wie Umzüge, Jobwechsel, kindliche Autonomiephasen, Pubertät und Wechseljahre. Auch für nichtautistische Menschen sind dies sensible Zeiten. Für Autist*innen sind sie es umso mehr. Ihr tut euch allen einen Gefallen, wenn ihr solche Zeiten bewusst zelebriert und nicht mit vielen im Vergleich dazu nebensächlichen Aktivitäten und Aufgaben überfrachtet.

Wirklich Sorgen machen solltet ihr euch dann, wenn eine*r von euch, vor allem der*die autistische Partner*in, seine*ihre Selbstfürsorge vernachlässigst. Alles was ihm*ihr hilft sich wohlzufühlen, zur Ruhe zu kommen, bei sich selbst zu sein und Stress abzubauen, sollte einen festen Platz in eurem Alltag haben, egal ob es Yoga, Boxen, Modelleisenbahnbauen oder *Stimming* ist. *Stimming*75 ist ein Oberbegriff für verschiedene Dinge, die manche Autist*innen tun, um sich besonders in herausfordernden Situationen zu beruhigen. Das können Bewegungen wie Schaukeln, das Summen des immer gleichen Liedes, die Wiederholung angenehmer Laute oder das Schnuppern an der eigenen Armbeuge sein.

Für Autist*innen: Zeit für Selbstfürsorge sollte immer da sein. Fünf Minuten sind besser als nichts!

Für neurotypische Partner*innen: Wirf deinem*r autistischen Partner*in nicht vor, dass er*sie Zeit für notwendige Selbstfürsorge braucht.

Für Paare: Gestaltet Übergänge zwischen verschiedenen Tätigkeiten und Kontexten bewusst und erfindet, wenn möglich, gemeinsame Entspannungsrituale.

6.8 Krisen und Notfälle erkennen

Ein halbes Jahr lang hatte ich immer wiederkehrende Erkältungen, aber natürlich ging ich auch mit einer Erkältung zur Arbeit und auf Dienstreise. Nun lag ich schon seit zwei Wochen überwiegend im Bett, dabei hatte ich doch eigentlich ein Seminar vorzubereiten. Am Tag vor dem Seminar fühlte ich mich wieder ein wenig fitter, packte meine Aktentasche und machte mich auf den Weg ins Büro, um das Seminar vorzubereiten. Vorsichtshalber ging ich auf dem Weg ins Büro doch mal bei einer Ärztin vorbei. Nicht meinetwegen, aber den Teilnehmenden meines Seminars wollte ich ja keine unterdurchschnittlich präsente Dozentin zumuten. Die Ärztin schaute mir kurz in den Hals und redete dann ziemlich viel, wovon ich noch die Worte „Lebensgefahr", „akut" und „Not-OP" in Erinnerung habe. Naja, ich habe auf sie gehört und bin noch hier.

Wenn ich ein cisgeschlechtlicher Mann wäre, würde diese Episode wahrscheinlich als klassisches Beispiel ‚toxischer Männlichkeit'[76] gelten. Die Ähnlichkeiten zu dem Beispiel, mit dem Jack Urwin seinen Artikel „A Stiff Upper Lip Is Killing British Men" einleitet, sind frappierend. Nun will ich nicht verhehlen, dass ich als selbständig arbeitende Frau eine gewisse Abgebrühtheit und Leistungsorientierung im Repertoire habe, die ungesund sein kann und auf manche Menschen irgendwie männlich wirkt, aber ‚toxische Männlichkeit' passt nicht ganz. Was ist es dann? Posttraumatische Belastungsstörung? Möglich. Autismus? Könnte sein. Wie viele Autist*innen habe ich tatsächlich ein Körperempfinden, das sich deutlich von dem Neurotypischer unterscheidet. Man könnte es hyper- und hyposensitiv, also über- und unterempfindlich, zugleich nennen. Jedenfalls erlebe ich keinen großen Unterschied zwischen tiefen Schnittwunden und blauen Flecken oder zwischen Erkältungen und lebensbedrohlichen Infektionen.

Ähnlich kann es sich bei anderen Arten von Krisen verhalten. Da für mich der Unterschied zwischen Krise und Alltag oft nicht so groß ist wie für andere, bin ich geradezu berühmt dafür, in Krisenzeiten und -situationen handlungsfähig zu bleiben oder sogar zu Höchstform aufzulaufen – wie übrigens nicht wenige autistische Unfallchirurg*innen und Rettungssanitäter*innen. Das geht aber nur, wenn ich die Krisen denn als Krisen erkenne. Da zwischenmenschlicher Umgang zu meinen Spezialinteressen gehört, bin ich inzwischen ganz gut darin zu erkennen, wann es anderen schlecht geht. Ich musste jedoch weitaus mühsamer lernen zu erkennen, wann es mir selbst schlecht geht. Nur durch jahrelanges

Kampfsporttraining habe ich verinnerlicht, meinen Körper vor Angriffen und Verletzungen zu schützen. Erst nachdem ich die Möglichkeit und Notwendigkeit mich zu verteidigen kannte, lernte ich, die Angst vor dem Angriff und den Schmerz des Getroffenwerdens überhaupt zu spüren. Nachdem ich aus gesundheitlichen Gründen mit dem Kampfsport aufgehört hatte, kam der derzeitige Boom der Selbstfürsorge für mich genau richtig und ich bin froh, fast in jeder Zeitschrift Anregungen für Achtsamkeit und Psychohygiene zu finden. Aber es gibt immer wieder Zeiten, in denen mir meine eigenen Empfindungen „durchrutschen". Das passiert zum einen unter dem Druck von Multitasking. Wenn ich mehrere Aufgaben gleichzeitig erledigen will oder soll, ist mein Gehirn überlastet und kann wichtige von unwichtigen Dingen nur schwer unterscheiden. Auch Neurotypischen passiert es, dass sie vor lauter Emails vergessen, dass Mittagessenszeit ist, aber bei Autist*innen scheint dieses Phänomen deutlich weiter verbreitet zu sein, denn unser Arbeitsspeicher ist meist ziemlich voll und deshalb schnell überlastet. Zum anderen können auch Situationen, in denen ich mich stark auf die Bedürfnisse anderer Menschen konzentriere, was ja in Liebesbeziehungen durchaus vorkommt, zum teilweisen Verlust meiner Selbst- und Körperwahrnehmung führen. Zum Glück habe ich das mittlerweile erkannt und versuche wichtige und sensible Entscheidungen aus Multitasking-Zeiten herauszuhalten und auch in Beziehungen meine Gesundheit grundsätzlich zu priorisieren.

Was mir selbst noch nicht zurückgemeldet wurde, was von neurotypischen Partner*innen in der Paarberatung aber öfter berichtet wird, ist, dass manche Autist*innen Schwierigkeiten haben, Krisen bei anderen zu erkennen. Also zum Beispiel nicht zu erkennen, wann es einem Kind schlecht geht. Oder nicht zu erkennen, in welcher Situation man einen Krankenwagen rufen sollte. Oder allgemein Gefahren anders einzuschätzen als es die Mehrheit der Menschen tun würde. Einige neurotypische Partner*innen berichten von Sicherheitsbedenken im Rahmen der gemeinsamen Kindererziehung oder bei gemeinsamen Aktivitäten wie Autofahren oder Bergsteigen.

Schwierigkeiten, Krisen als solche zu erkennen, können viele Gründe haben. Neurotypische Menschen schieben das manchmal auf unser angeblich mangelndes Einfühlungsvermögen. Teilweise hat es sicherlich damit zu tun, dass es manchen von uns allgemein schwerfällt, Gefühlsausdrücke zu erkennen. Es kann auch passieren, dass wir unter dem Druck von Multitasking oder sensorischem Overload zu sehr mit unserer Umgebung oder mit uns selbst beschäftigt sind und deshalb nicht aufmerksam genug dem Kind oder dem*der Partner*in gegenüber. Bei denjenigen von uns, die hyposensitive Anteile haben, kann es auch damit zusammenhängen, dass wir selbst in der fraglichen Situation vielleicht weniger leiden würden als die Person, um die wir uns kümmern sollen. Ein weiterer Grund kann sein, dass wir selbst in Krisen keine angemessene Unterstützung bekommen haben, weil andere Menschen nicht erkannt haben, wie schlecht es uns geht, und uns deshalb ein Modell dafür fehlt, wie man sich in solchen Situationen überhaupt verhalten sollte. Ob du individuell ein Problem haben könntest, Krisen als solche zu erkennen oder nicht, fragst du dich am besten selbst und deine*n Partner*in oder andere dir sehr nahestehende Menschen.

Mindestens genauso wahrscheinlich ist der umgekehrte Fall, dass neurotypische Menschen nicht erkennen oder glauben, wenn es autistischen Menschen schlecht geht. Vielleicht ändert sich unser Gesichtsausdruck bei Schmerzen nicht so dramatisch wie erwartet. Vielleicht versuchen wir dennoch höflich zu lächeln, wie wir es gelernt haben. Vielleicht haben wir Probleme unsere Schmerzen spontan auf einer Skala von eins bis zehn anzusiedeln, da wir uns dazu erstmal Vergleichswerte wünschen würden, um keine falsche Antwort zu geben. Wenn du und dein*e Partner*in auch das Problem haben solltet, nicht wirklich zu erkennen, wann es dem jeweils anderen oder von eurer Fürsorge abhängigen Menschen schlecht geht, solltet ihr über eure Krisenkommunikation sprechen, vielleicht ein Codewort oder ein Ampelsystem benutzen oder ein anderes Signal entwickeln, das für euch funktioniert.

Neurodivers oder nicht, im Laufe eines längeren (Familien-)Lebens empfiehlt es sich, so oder so eine Art Krisenplan zu haben. Der muss nicht als Zettel am Kühlschrank hängen, der kann auch mündlich abgesprochen sein in der Art wie „im Zweifelsfall immer die Kinderarzt-Hotline anrufen“. Wenn ihr nicht zusammenwohnt, kann es sinnvoll sein, eure Wünsche aneinander zu besprechen, für den Fall, dass sich eine*r von euch zum Beispiel in depressiven oder psychotischen Phasen zurückziehen sollte. Möchte eine Person lieber in Ruhe gelassen werden oder soll der*die Partner*in auch ungefragt klingeln und anbieten, sie zu einer Beratungsstelle oder Therapeutin zu begleiten? Dabei kann es auch um Themen wie Patientenverfügungen oder Vorsorgevollmachten gehen. Sprecht möglichst explizit darüber, was ihr euch für gewisse Notfälle wünscht. Überlasst nicht alle Entscheidungen eurem*r Partner*in. Wenn eine*r von euch eine dritte Person als Bevollmächtigte*n einsetzt, bedeutet das nicht, dass er*sie dem*der

Partner*in nicht vertraut, es kann auch sein, dass er*sie den*die Partner*in nicht mit schwierigen Entscheidungen belasten will.

Autistic Burnout

Zu guter Letzt gebe ich euch doch noch ein paar Tipps, woran ihr Krisen, besonders bei autistischen Personen, erkennen könnt. Das Autistic Women and Nonbinary Network (Netzwerk autistischer Frauen und nonbinärer Personen in den USA) hat eine Handreichung für spezifische Krisen und Burn-Outs bei Autist*innen veröffentlicht. Darin enthalten sind Warnzeichen, Ursachen und Gegenmittel, die im Folgenden abgedruckt sind, frei übersetzt und ergänzt von mir.77 Manche davon gelten auch für nichtautistische Menschen, aber nicht alle.

Warnzeichen für Autistic Burnout

- Rückgang von Motivation und Sinn, eher kurz- als langfristiges Denken, Beschäftigung mit Aufgaben, die weder wichtig noch dringend sind

- Schwierigkeiten, Entscheidungen zu treffen und Prioritäten zu setzen

- Schwierigkeiten, Selbstfürsorge zu praktizieren. Dies weist auf einen Rückgang der Selbst- und Körperwahrnehmung oder auf einen Verlust von Motivation und Prioritätensetzung hin. Das ist der Grund, warum ein Ausbleiben der Selbstfürsorgerituale ein weitaus größerer Grund zur Beunruhigung ist als ausufernde Morgen- und Abendroutinen.

- Schneller als sonst zu Overloads, Meltdowns und Shutdowns kommen, d.h. öfter durch Sinneseindrücke, Arbeitsüberlastung, den Einfluss oder die bloße Präsenz anderer Menschen überwältigt zu sein und sich daraufhin entweder aktiv bis aggressiv emotional zu entladen oder stark zurückzuziehen

- Verlust der Sprache, selektiver Mutismus, d.h. Menschen, die ansonsten Lautsprache benutzen, sprechen plötzlich in manchen Situationen gar nicht

- Trägheit, Erschöpfung

• Vor dem Burn-Out manchmal unerklärliche Euphorie, überschießende Kreativität und übermäßiger Leistungsdrang. Kann sich zum Beispiel in Schlafmangel äußern, den man selbst nicht als Problem wahrnimmt, oder im Anpacken von Großprojekten, für die man eigentlich keine Zeit und Energie hat.

• Körperliche Erkrankungen, Verdauungsprobleme wie Sodbrennen oder Durchfall, wiederkehrende oder chronische Entzündungen, Migräne oder migräneähnliche Symptome

• Gedächtnisverlust oder plötzliche Erinnerung an Episoden aus der Vergangenheit, teilweise ohne erkennbaren Anlass und Zusammenhang zur Gegenwart

• Man erscheint nach außen autistischer als sonst oder entspricht plötzlich mehr den gängigen Diagnosekriterien als dem individuellen autistischen Profil, das man sonst hat. Oder man wirkt auf andere oder auch sich selbst so, als sei man plötzlich in eine frühere Lebensphase zurückgefallen oder hätte Dinge verlernt, die man bereits konnte.

Als Gegenmittel werden die gleichen wie sonst gegen akuten Stress empfohlen: Ruhe, gutes Essen, Bewegung, regelmäßige Pausen bei der Arbeit – ich stelle mir hierfür oft einen Wecker –, Naturgenuss, kreative Betätigungen ohne Leistungsdruck oder Beschäftigung mit Spezialinteressen. In Silke Lipinskis *Autismus: Das Selbsthilfebuch* finden sich ebenfalls Listen mit Warnzeichen sowie Tipps zur Stressvermeidung und -bewältigung. Wunderbare Anregungen zur dauerhaften Selbstfürsorge gibt Liane Holliday Wiley in ihrem Buch *Safety Skills for Asperger Women. How to Save a Perfectly Good Female Life.*78 Nach Krisen muss oft die Selbst- und Körperwahrnehmung ein Stück weit neu aufgebaut werden und auch als Paar werdet ihr mehr Gespräche führen müssen als sonst, um einige Bereiche eures gemeinsamen Lebens neu zu justieren. Bei wiederkehrenden Krisen dieser Art solltet ihr über größere, zum Beispiel räumliche oder berufliche, Veränderungen nachdenken.

Für Paare: Glaubt einander, wenn eine*r von euch sagt, dass es ihm*ihr schlecht geht. Ermutigt einander, auf Selbstfürsorge zu achten. Macht einen Plan für den Fall, dass dennoch eine Krise eintritt!

6.9 Gewalt

Häusliche und sexualisierte Gewalt

Inhaltswarnung: In diesem Kapitel geht es um körperliche und sexualisierte Gewalt.

Repräsentativen Befragungen zufolge hat ungefähr jeder vierte Mensch in Deutschland körperliche Gewalt in einer Partnerschaft erlebt. Einseitige, schwere oder wiederholte Gewalt wird am häufigsten von männlichen Partnern oder Ex-Partnern in heterosexuellen Beziehungen ausgeübt.79 13 % aller Frauen waren bereits von schweren sexualisierten Übergriffen wie Vergewaltigung betroffen. Frauen mit verschiedenen Behinderungen sind in weit höherem Maße als der Durchschnitt betroffen, nämlich zu mindestens 27 % von sexualisierter und zu 29 % von Partnerschaftsgewalt.80 Autistische Frauen sind hier keine Ausnahme. Einzelne Studien kommen sogar zu einer drei- bis vierfach höheren Betroffenheit von Autist*innen von sexualisierter und Partnerschaftsgewalt im Vergleich zum Durchschnitt aller Frauen. Auch autistische Männer dürften in höherem Maß von Gewalt betroffen sein als nichtautistische Männer. Zu inter und nichtbinären Personen gibt es meines Wissens wenig Daten, jedoch keinen Anlass von einer niedrigeren Betroffenheit auszugehen, eher von einer höheren.81

Die Gründe für die stärkere Gefährdung autistischer Frauen Beziehungsgewalt zu erfahren sind noch nicht ausreichend erforscht. Autistinnen selbst nennen als mögliche Gründe, dass wir oft gutgläubiger sind, weil wir Gesagtes wörtlich nehmen und nicht darauf kommen, dass jemand verborgene Interessen und Pläne hat. Viele von uns stehen auch besonders loyal zu einem*r Partner*in, für den*die wir uns einmal entschieden haben. Durch Erziehung und frühe Therapien können einige von uns es bereits gewohnt sein, dass andere Menschen unsere Gefühle und Bedürfnisse übergehen. Die Gewöhnung daran kann so weit gehen, den eigenen Gefühlen nicht mehr zu vertrauen. Einige von uns haben auch wiederholt die Erfahrung gemacht, dass wir keine Hilfe bekommen haben, wenn wir von Gewalt betroffen waren. Vielleicht wurde uns nicht geglaubt, wenn etwa unsere Erzählungen in ihrer emotionalen Außenwirkung nicht den Erwartungen Neurotypischer entsprachen. Vielleicht wurden wir gar selbst beschuldigt, zum Beispiel wenn unser Verhalten nicht den typischen Erwartungen an unsere Geschlechterrolle oder allgemein an sozial anerkanntes Verhalten entsprach.

Mir selbst ist das in einer früheren Beziehung auch passiert. Zum Glück traf ich recht schnell die Entscheidung, diese zu beenden. Oft dauert Gewalt in Beziehungen jedoch über Jahre an. Dann wird betroffenen Personen manchmal von anderen eine Mitschuld gegeben oder sie beschuldigen sich selbst mit, um sich nicht als völlig hilflos zu erleben. Oder sie haben sich bereits so lange den Erwartungen ihres Partners gefügt, dass sie vergessen haben, welche Bedürfnisse und Rechte sie haben. All dies sind Gründe, weshalb es Menschen oft schwerfällt, sich aus solchen Beziehungen zu lösen. Weitere Faktoren können die gemeinsame Verantwortung für Kinder, finanzielle Abhängigkeit und Wohnungsnot sowie der Umstand, dass ab und zu auch positive Erfahrungen mit dem*der gewalttätigen Partner*in gemacht werden, sein.

Vermeide, dass dir so etwas (nochmal) passiert!
Solltest du solche Erfahrungen gemacht haben, kannst du deine vergangenen Beziehungen und Partner*innen nochmal reflektieren und überlegen, was die ersten Anzeichen für Gewalt waren und wann ein guter Zeitpunkt zum Hilfeholen oder zum Beenden der Beziehung gewesen wäre. Meistens eskaliert Gewalt in Beziehungen mit der Zeit. Informiere dich am besten, bevor du deine nächste Beziehung eingehst, über die Dynamik von Misshandlungsbeziehungen und mache eine Art Sicherheitsplan.82 Überlege, auf welche Signale du achten möchtest, und an wen du dich wenden könntest, wenn du dir unsicher bist: ein*e Freund*in, eine Selbsthilfegruppe für Autist*innen oder auch speziell für autistische Frauen oder LGBTIQA+ oder eine Beratungsstelle für von häuslicher oder sexueller Gewalt betroffene Menschen.83

Achte unter anderem auf folgende Alarmzeichen:84
Misshandlungsbeziehungen beginnen oft damit, dass der*die Partner*in die betroffene Person zu kontrollieren versucht, immer wissen will, wo sie ist und was sie tut, viel Mikromanagement ausübt und kritisiert. Das kann erstmal auch aufmerksam, entlastend und kompetent wirken. So ein Verhalten muss noch nicht unbedingt ein Anzeichen von Misshandlung sein, sollte beobachtet werden. Definitiv gefährlich wird es, wenn sich die Kontrolle auf die sozialen Kontakte, die gesamte Lebensplanung und die eigenen Wahrnehmungen und Gefühle der betroffenen Person ausweitet. Schon vor dem ersten körperlichen Übergriff ist in vielen Beziehungen die Wahrnehmung der betroffenen Person derart hinterfragt worden, dass sie selbst zweifelt, ob es wirklich so schlimm

war, wie es sich für sie anfühlte. Oft ist die betroffene Person auch derart sozial isoliert worden, dass sie nicht weiß, wen sie anrufen könnte, um darüber zu sprechen, sich auszuweinen und sich Hilfe zu holen. Der*die gewalttätige Täter*in wird somit zugleich der*die Einzige, an den*die sich die betroffene Person wenden kann, wenn sie Trost braucht, was sie leicht geneigt machen kann, den Versprechungen, Entschuldigungen und Beschuldigungen des*der Täters*in zu glauben. Wenn du dich aktuell noch in einer solchen Situation befindest, suche Hilfe, um dich der Gewalt zu entziehen, auch wenn es das Beenden der Beziehung und des Kontaktes bedeutet.

Wenn du eine oder mehrere solcher Beziehungen hinter dir hast: Hole dir jetzt Unterstützung, um dich selbst zu stärken, sei es durch Freund*innen, diesbezüglich erfahrene Therapeut*innen oder einen Kurs in Selbstverteidigung beziehungsweise Kampfkunst, am besten bei eine*r Trainer*in mit klarer Haltung und Erfahrung im Lehren von Selbstbehauptung. Letzteres dient weniger der körperlichen Gegenwehr im Ernstfall – obwohl auch das manchmal nötig wird und klappt – als vielmehr dem gerade für Autist*innen sehr wichtigen Entwickeln des eigenen Körper- und Schmerzgefühls, dem Ausloten eigener Nähe- und Distanzbedürfnisse und dem spielerischen Ausprobieren von Selbstbehauptungsstrategien, so dass es leichter fällt eigene Grenzen zu erkennen und zu setzen.

Wenn du eine*n neue*n Partner*in findest, kann es sinnvoll sein, ihn*sie über deine Gewalterfahrungen zu informieren. Denn die Wahrscheinlichkeit ist hoch, dass diese Spuren in deinem Fühlen und Handeln hinterlassen haben, die dein*e neue*r Partner*in spüren und schlimmstenfalls auf sich beziehen wird. Wieviel Offenheit hier angemessen ist und welches der richtige Zeitpunkt dafür ist, muss aber gut abgewogen werden. Das Sprechen über Gewalterfahrungen ist ein großer Vertrauensbeweis und es ist auch schon vorgekommen, dass Partner*innen die damit einhergehende Verletzlichkeit ausgenutzt und die Gewalt wiederholt haben.

Wenn du selbst gewalttätig gegen eine*n Beziehungspartner*in geworden bist:
Versuche zu reflektieren, was die inneren Auslöser und Anzeichen bei dir waren und wie du diese rechtzeitig erkennen, regulieren und ohne Gewalt kommunizieren könntest. Auch in diesem Fall solltest du dir zunächst professionelle Hilfe holen, bevor du über eine neue Beziehung nachdenkst. Professionelle Hilfe heißt hier tatsächlich,

nach einer sogenannten Tätertherapie zu suchen. Es geht dabei nicht nur darum, Verantwortung für die eigenen Taten zu übernehmen, sondern auch um Selbstwahrnehmung und Empathie – also Dinge, die nicht nur zukünftigen Partner*innen, sondern auch dir selbst gut tun werden.85 Wenn du die Gewalt unter Alkohol- oder Drogeneinfluss ausgeübt hast, musst du beides loswerden, die Drogen, die bei uns Autist*innen sowieso anders und oft unberechenbarer wirken als bei anderen Menschen, und die Gewalt. Das sind große Aufgaben, eine neue Beziehung kann warten.

Für alle Leser*innen mit Gewalterfahrung: Reflektiere die Gewalterfahrung, bevor du eine neue Beziehung beginnst, und mache einen Notfallplan.

Für alle Leser*innen, die Gewalt ausgeübt haben: Übernehme Verantwortung für dein Handeln. Nur du kannst die Gewalt beenden. Hilf dir selbst, indem du dir Unterstützung suchst, zum Beispiel in einer Therapie, und lernst, deine eigenen Gefühle rechtzeitig zu erkennen und zu regulieren.

Unbeabsichtigt übergriffiges Verhalten: Stalking und aggressive *Meltdowns*

Es gibt auch Beziehungsverhalten, das gewalttätig, bedrohlich oder zumindest unangenehm kontrollierend erlebt werden kann, obwohl die ausübende Person das nicht beabsichtigt. Wir Autist*innen fallen manchmal dadurch auf, dass wir den Menschen, in die wir uns verlieben, – auch bei unerwiderter Liebe – sehr treu sind. Manche von uns würden auch die allzu aufregende Anfangsphase der Beziehung gerne abkürzen und sich gleich so benehmen, als wäre die Beziehung bereits in einem anderen, solideren Stadium. Beides kann dazu führen, dass wir ein von neurotypischen Menschen unter Umständen als unangemessen und unangenehm empfundenes Bedürfnis nach Nähe zeigen und ein Verhalten an den Tag legen, das – falls es von dem*der Partner*in nicht erwünscht ist – in die Nähe von Stalking, also dem bedrohlichen und deshalb auch gesetzlich verbotenen Nachstellen, rücken kann. Überraschungsbesuche sind im Handy-Zeitalter selten erwünscht, heimliches Beobachten nie. In jedem Fall ist ein „Nein“ einer Person zu respektieren – nicht nur bezüglich körperlicher und sexueller Kontakte, dort allerdings besonders. Mehr dazu in Kapitel 4.4 zu Sex und Konsens.

Autist*innen sind unter den Täter*innen in Gewalt- und Misshandlungsbeziehungen nach allem, was man bisher darüber weiß, nicht überrepräsentiert. Allerdings hängt uns der Ruf an, wir hätten öfters mal „Ausraster", was auf einige von uns auch zutrifft. Es gibt auch Hinweise darauf, dass Autist*innen trotz gleich guter oder sogar weniger böser Absichten häufiger handgreiflich werden als nichtautistische Personen.86 Ausraster haben ihre Ursache oft in einer Überladung mit Sinneseindrücken, wozu auch Präsenz, Stimmen und Emotionen anderer Menschen gehören können. Die vielen kleinen Missverständnisse und Frustrationen in manchen Beziehungen können das Stresslevel derart steigern, dass wir oft überlastet sind. Auch im Laufe eines langen Arbeitstags sammeln sich Spannungen an, die sich zuhause schlimmstenfalls aggressiv entladen können. So ein *Overload*, also eine Überlastung unseres Gehirns mit Sinneseindrücken und Emotionen, kann zu einem *Meltdown* führen, einem manchmal auch gewalttätigen Aus- oder Zusammenbruch. Das endet zum Glück nicht immer in Gewalt gegen Personen, aber auch das Schmeißen von Gegenständen, auf den Tisch hauen, Schimpfen oder verbale Abwertungen werden häufig als bedrohlich oder gewaltvoll erlebt. Solltest du dafür anfällig sein, ist es wichtig, die Situationen zu beobachten, in denen sich bei dir Stress aufstaut und zu lernen eigene unangenehme Gefühle wie Angst oder Wut zu erkennen, bevor sie sich unkontrolliert entladen. Bei manchen neurodiversen Paaren hat auch die neurotypische Person *Meltdowns*. In einer Beziehung ist für solche Situationen, soweit sie sich nicht gänzlich vermeiden lassen, ein Codewort oder eine Sicherheitsstrategie empfehlenswert. Ihr könnt zum Beispiel absprechen, dass es okay ist, wenn ein*e Partner*in mal um den Block geht, laut Musik über Kopfhörer hört, kurz mal im Garten etwas Holz hackt oder ein bisschen Geschirr zerdeppert, sofern ihr davon zu viel haben solltet. Wenn euer Stress- und Konfliktlevel öfter zu *Meltdowns* führt – egal ob gewalttätig oder nicht – solltet ihr auf jeden Fall überlegen, wie ihr euren Alltag umstrukturieren könnt, damit einerseits stress- und konfliktfreie Zeiten und Räume vergrößert werden und andererseits ein Rahmen geschaffen wird, in dem Konflikte kontrolliert verarbeitet werden, falls nötig moderiert durch eine*n Paarberater*in.

Für alle Leser*innen: Akzeptiert die Privatsphäre und die persönlichen Grenzen eures*r Partners*in, Wunsch-Partners*in oder Ex-Partners*in und verfolgt ihn*sie nicht – weder mit Worten noch körperlich.

Für neurodiverse Paare: Falls es zu Meltdowns kommt, analysiert die Situationen davor und identifiziert die Faktoren, die zum Overload beigetragen haben könnten. Findet Wege eure Spannungen selbst abzubauen, wenn nötig mit professioneller Unterstützung.

6.10 Depressiv durch neurodiverse Beziehungen?

*Inhaltswarnung: In diesem Kapitel geht es um Depressionen und um negative Darstellungen von Autist*innen.*

Meine schlechteste Leistung als Paarberaterin legte ich hin, als eine sich als neurotypisch identifizierende Partnerin von einer autistischen Person den Begriff „Cassandra Affective Deprivation Disorder" erwähnte und sagte, dass dieser ihren Zustand ganz gut beschreibe. Ich fand mich in dem Moment getriggert wieder, das heißt ihre Äußerung war ein Auslöser (englisch *trigger*), der mich an vergangene traumatische Ereignisse in meinem Leben erinnerte und mich somit in einen emotionalen Alarmzustand versetzte, in dem ich nicht mehr professionell als Beraterin agieren konnte. ‚Cassandra Affective Deprivation Disorder', abgekürzt ‚CADD', manchmal auch ‚Cassandra Syndrome' oder ‚Affective Deprivation Disorder' genannt, lässt sich ins Deutsche nur grob mit „Kassandra emotionale Vernachlässigungs-Störung" übersetzen. Dieses ‚Syndrom', das von manchen neurotypischen Partnerinnen87 – es sind tatsächlich fast ausschließlich Frauen in heterosexuellen Beziehungen – autistischer Männer benutzt wird, um ihr Gefühl zu beschreiben, setzt sich, soweit ich es richtig verstanden habe, aus folgenden Komponenten zusammen: 1. einen Mangel an emotionaler Zuwendung in ihrer Paarbeziehung zu empfinden, 2. diesen überwiegend auf emotionale und kommunikative Eigenheiten des autistischen Partners zurückführen, 3. die Erfahrung machen, dass ihnen von Außenstehenden wie Freund*innen oder Therapeut*innen nicht geglaubt oder ihre Erfahrung banalisiert wird und 4. das Entstehen einer depressiven Verstimmung durch diese Faktoren.

Vorsicht vor einseitigen Deutungen

Auch wenn es sicherlich nicht genauso gemeint ist: Wenn ich als Autistin davon höre oder lese, klingt das für mich so, als würde mir und meiner angeborenen Neurologie die Schuld dafür gegeben, dass mein Partner potenziell depressiv ist, meine Eltern vielleicht krank werden und meine Kinder unsichere Bindungen entwickeln können. Obwohl bei mir derzeit nichts davon der Fall ist, fällt dieser Eindruck leider auf fruchtbaren Boden, denn wie viele andere Autist*innen habe ich es tatsächlich im Laufe meines Lebens und vor allem in meiner Kindheit immer wieder erlebt, dass mir und meinem manchmal originellen Verhalten die Schuld für Dinge gegeben wird, für die ich unmöglich verantwortlich sein konnte. Meine schlimmsten Ängste werden dadurch angesprochen, denn es erinnert stark an Äußerungen gewalttätiger oder anderweitig missbrauchender Partner*innen, Eltern und anderer Personen, die damit die von ihnen ausgeübte Gewalt gegen autistische Partner*innen oder Kinder rechtfertigen oder verharmlosen möchten.

Autistische Selbstorganisationen beziehen deshalb seit über zehn Jahren Stellung gegen diesen Begriff und fordern die Paarberater*innen und Autor*innen, die ihn geprägt haben und benutzen dazu auf, ihn nicht mehr zu verwenden – zumindest, solange die Existenz des damit bezeichneten ‚Syndroms' nicht wissenschaftlich bewiesen ist.88 Einige Paarberater*innen entscheiden sich wie ich grundsätzlich dagegen ihn zu verwenden, weil er 1. für autistische Personen verletzend, 2. wissenschaftlich nicht belegt und kaum beschrieben sowie 3. sehr einseitig ist, in dem er die Ursache der Probleme allein auf die autistische Person schiebt und die Wirkung allein bei der neurotypischen Person verortet. Wird diese Deutung akzeptiert, bedeutet das auch den Veränderungsdruck einseitig auf den*die autistische*n Partner*in zu verlagern, was eine erfolgreiche Paarberatung verunmöglicht. Deshalb habe ich bisher darauf verzichtet den Begriff in diesem Buch zu erwähnen und seine Befürworter*innen zu zitieren. Ich befürchte allerdings, dass manche Leser*innen mir vorwerfen werden, mich vor der Auseinandersetzung mit diesem Begriff gedrückt zu haben oder sich von einem Buch wie diesem zumindest eine Einordnung dieses Begriffs und der Debatte darüber wünschen. Eine Wissenschaftlerin, der es obliegt, die Validität solcher Konzepte zu überprüfen, bin ich nicht. Doch als Autistin und Paarberaterin habe ich ein paar Gedanken dazu und hier sind sie.

Mögliche Gründe für Depressionen in Beziehungen

Wenn eine Person äußert, sie sei depressiv, muss dies ernstgenommen werden, und wenn sie dies auf Dynamiken in ihrer Partnerschaft zurückführt, ebenfalls. Doch sind die Kausalitäten nicht so einfach festzustellen. Es bietet sich an, verschiedene Zusammenhänge und Theorien genauer zu untersuchen: Könnte es sich um eine andauernde Verstimmung durch *Mikrotraumen* handeln? So werden in der *Positiven Psychotherapie* Stressfaktoren, Missverständnisse und Streitigkeiten genannt, die sich besonders in Langzeitbeziehungen an unterschiedlichen Fähigkeiten, Bedürfnissen und Werten der Partner*innen – von A wie Anpassung bis Z wie Zuverlässigkeit – entzünden. Durchaus denkbar, dass sich in manchen neurodiversen Beziehungen solche *Mikrotraumen* anhäufen. Könnte es sich um Anzeichen eines *Burn-Outs* handeln, also einer Erschöpfungsdepression, zu deren Auslösern möglicherweise neben Stress durch Beruf und Kindererziehung auch die von manchen neurodiversen Paaren als sehr anstrengend empfundene Arbeit an der Beziehung zählt? Oder könnte es eine *sekundäre Traumatisierung* sein, das heißt eine Traumatisierung, die dadurch entsteht, dass eine Person Traumatisierungen ihres*r Partners*in und deren Folgen kennt und miterlebt? Oder könnte es sich um eine *Retraumatisierung* handeln, also dass jemand durch neue Erfahrungen an eigene frühere traumatische Erlebnisse erinnert und in den damaligen emotionalen Zustand versetzt wird? Diese Phänomene werden bei Menschen in helfenden Berufen beobachtet und es gibt keinen Grund zu glauben, dass sie in Paarbeziehungen nicht vorkommen. All das kann nicht nur neurotypische Partner*innen, sondern auch autistische Partner*innen treffen, auch wenn diese die damit verbundenen Gefühle oft nicht so stark nach außen tragen. Dass nicht wenige Partner*innen von Autist*innen so etwas erleben, ist plausibel, denn tatsächlich sind sowohl traumatische Erfahrungen in der Kindheit als auch Depressionen im Erwachsenenalter bei Autist*innen häufiger als im Bevölkerungsdurchschnitt. Neuere Forschungsergebnisse deuten darauf hin, dass Posttraumatische Belastungsstörungen bei Autist*innen deutlich häufiger vorkommen als bei anderen Menschen.89 Dies wird jedoch häufig nicht erkannt, da sich diese anders ausdrücken als bei neurotypischen Menschen oder da ihre Symptome mit autismusbedingten Verhaltensweisen verwechselt werden.

Nicht wenige Partner*innen hatten bereits vor ihrer Beziehung mit autistischen Menschen selbst Depressionen oder waren in Beziehungen mit depressiven Partner*innen. Oft ist es genau die

Nüchternheit und Zuverlässigkeit, die manche Autist*innen ausstrahlen, welche sie als Partner*innen für Menschen attraktiv macht, die ihre eigenen emotionalen Zustände oder die anderer häufig als überfordernd erleben. In der ersten Verliebtheitsphase können Depressionen vorübergehend verschwinden. Wenn sie nach Abflauen des ersten Gefühlsrauschs bei einer Stabilisierung der Beziehung zurückkommen, kann es so scheinen, als seien sie durch die Beziehung oder den*die Partner*in verursacht. Meines Erachtens ist es auch wichtig, zwischen einzelnen depressiven Episoden und einer langfristigen Depression oder wiederkehrenden depressiven Phasen zu unterscheiden. Depressive Episoden erleben fast alle Menschen in Trauer, manche Menschen zu bestimmten Jahreszeiten oder einige als Burn-Out, also als Folge von Erschöpfung, die ihren Ursprung nicht nur in beruflichem, sondern auch in privatem Stress haben kann. Wiederkehrende oder langfristige Depressionen haben noch andere Ursachen und werden oft selbst als eine Form von Neurodivergenz betrachtet.

Dem*der Partner*in geht es meist nicht besser

Depressive Episoden aufgrund von unerfüllten Bedürfnissen und Erwartungen aneinander gibt es nicht nur bei neurotypischen Partner*innen autistischer Personen, sondern auch bei den autistischen Partner*innen und in anderen Beziehungskonstellationen, ob neurodivers oder nicht. In neurodiversen Beziehungen mag das aufgrund der unterschiedlichen Erwartungen und Bedürfnisse der Partner*innen häufiger vorkommen, dafür gibt es aber meines Wissens bisher keinen Beleg. Auch autistische Partner*innen machen oft die Erfahrung, sich unverstanden zu fühlen und ihre Bedürfnisse nicht erfüllt zu bekommen. Ausnahmefälle könnten diejenigen sein, die zufrieden damit sind, den ganzen Tag bei der Arbeit zu verbringen und sich abends daheim von dem*der Partner*in umsorgen zu lassen, oft in einem traditionellen heterosexuellen Arrangement. Auf diese – heute immer seltenere – Konstellation beziehen sich auch die meisten Beschreibungen des ‚Cassandra-Syndroms'. Aber auch hier sind die autistischen und männlichen Partner nicht immer so zufrieden wie es oft scheint, denn auch die meisten Männer möchten sich heutzutage in ihre Beziehung und ihr Familienleben als ganze Person aktiv einbringen und nicht nur, indem sie die Brötchen verdienen. Tatsächlich beobachte ich den Verlust an Selbstwertgefühl, das Gefühl von Einsamkeit und Anzeichen, die einer saisonalen Verstimmung oder sogar einem

Burn-Out bis hin zu einer klinischen Depression ähneln, mindestens genauso häufig bei autistischen wie bei nichtautistischen Partner*innen in neurodiversen Beziehungen.

Die Etikettierung einer Depression als ‚Cassandra-Syndrom' verstärkt die Selbstwahrnehmung eines*r Partners*in als neurotypisch oder ‚normal' und lenkt den Wunsch nach Veränderungen einseitig auf den*die bekanntermaßen autistische*n Partner*in. Dessen*deren eigene Bedürfnisse werden dabei meist vergessen oder gelten ungeprüft als bereits erfüllt, weil er*sie diese oft weniger expressiv ausdrückt. Mängel an Kommunikation und Empathie, die autistischen Menschen manchmal von ihren nichtautistischen Partner*innen unterstellt werden, sind aber in der Regel beidseitig. Allzu aggressives Einfordern des gewünschten Kommunikationsverhaltens durch die nichtautistische Person kann zu starken Ängsten und Überwältigung bei der autistischen Person führen. Diese zieht sich daraufhin oft stärker zurück, muss sich zunächst um sich selbst kümmern und kann die Erwartungen des*der Partners*in noch weniger erfüllen als zuvor. Oft sind es solche kommunikativen Teufelskreise, die allen Beteiligten die Stimmung verderben. Die in diesem Buch beschriebenen strukturierten Kommunikationsmethoden können Mittel sein, diese zu durchbrechen.

Ein wichtiger Punkt an den Bestandteilen des sogenannten ‚Cassandra-Syndroms' ist oft eine geteilte Erfahrung der Partner*innen: Nämlich die Erfahrung, dass sie nicht verstanden werden, dass ihnen nicht geglaubt wird oder dass ihre Erfahrungen und ihre Anstrengungen verharmlost werden – ob als Partner*in in einer neurodiversen Beziehung oder als unauffällige*r Autist*in in einer Welt voller Barrieren. Die ursprüngliche Bedeutung des ‚Kassandra-Syndroms' geht zurück auf Kassandra, eine Person aus der griechischen Mythologie, die Dinge spürt, weiß und kommen sieht, der aber nicht geglaubt wird. Dies ist eine vielen Autist*innen durchaus vertraute Erfahrung. Das war leider auch die Erfahrung, die meine Ratnehmerin durch meine abwehrende Reaktion auf ihre Erwähnung des ‚Cassandra-Syndroms' gemacht hat, und diese Erfahrung wünsche ich niemandem. Gefühle sind da, man kann sie nicht wegerklären. Man kann aber auch – außer im Fall von bewusstem Missbrauch und Gewalt – niemand *einseitig* für die eigenen Gefühle verantwortlich machen.

Für alle: Wem es schlecht geht, der*die braucht Unterstützung. Diese Hilfe lässt sich aber nicht immer von dem*der Partner*in einfordern. Bei Depressionen sollte sie professionell sein.

Für nicht-autistische Partner*innen: Überlege zweimal, bevor du dich selbst als neurotypisch identifizierst und alle deine Probleme auf deine*n Partner*in schiebst! Erlaube dir, deine individuelle Persönlichkeit einschließlich eventueller Neurodivergenzen zu entdecken. Dass dein*e Partner*in Gefühle anders ausdrückt als du, heißt nicht, dass es ihm*ihr besser geht. Als Autist*in in einer für Neurotypische gemachten Gesellschaft weiß er*sie in der Regel, was es bedeutet, unverstanden, ausgegrenzt und vernachlässigt zu sein.

Für autistische Partner*innen: Du hast ein Recht, nicht für psychische Probleme anderer verantwortlich gemacht zu werden, außer du hast Gewalt gegen sie ausgeübt. Du und dein*e Partner*in habt beide das Recht, ernstgenommen zu werden, wenn es euch schlecht geht.

7 Stärken und Freuden neurodiverser Beziehungen

> Versucht nicht, irgendein ,normales' Paar zu sein. Seid das beste neurodiverse Paar, das ihr sein könnt!
> frei nach Autistic Women & Nonbinary Network90

7.1 Wir sind verschieden, und das ist auch gut so!

Jetzt habe ich so lange über mögliche Probleme, die tatsächlich in Phasen eures Lebens oder eurer neurodiversen Beziehung in sehr unterschiedlicher Intensität auftauchen können, geschrieben, dass ich mich schon fast wieder durch die Brille des neuronormativen Mainstreams sehe, als irgendwie seltsam und schwierig. Dabei war meine Motivation dieses Buch zu schreiben eigentlich mit euch zu teilen, wie wunderbar wir unsere autistischen Stärken auch in die Gestaltung unserer Beziehungen einbringen können und wie fantastisch neurodiverse Paare harmonieren können, wenn sie ihre Unterschiede positiv annehmen. Deshalb möchte ich in diesem vorletzten Kapitel einige, und es sind beileibe nicht alle, Stärken neurodiverser Paare zeigen und feiern.

Paarberater*innen berichten, dass neurodiverse Paare zu den unglücklichsten, aber auch zu den glücklichsten Paaren gehören. Was macht die einen so unglücklich und die anderen so glücklich? Oft machen die unglücklichen Partner*innen einander nach einigen Beziehungsjahren ihre Unterschiede, die sie anfangs faszinierten, zum Vorwurf. Die glücklichen Paare hingegen haben die richtige Balance aus aufeinander neugierig bleiben, einander ergänzen, voneinander lernen und miteinander genießen gefunden. Die Balance zwischen Unterschieden und Gemeinsamkeiten wird dynamisch bleiben, es wird immer wieder Beziehungsphasen geben, in denen das eine oder das andere im Vordergrund steht. Aber letzten Endes ist es das Spannungsfeld, das in Langzeitbeziehungen sowohl für Geborgenheit als auch für Interesse aneinander sorgt.

Du liebst deine*n Partner*in und möchtest mit ihm*ihr zusammenbleiben, aber da ist seine*ihre *eine* Angewohnheit, die dich zum Verzweifeln bringt? Wenn du wirklich möchtest, dass dein*e Partner*in sich ändert, musst du ihn*sie zunächst so akzeptieren, wie er*sie ist. Das klingt paradox, funktioniert aber tatsächlich oft besser, als penetrant auf Veränderung zu drängen. Denn wer ständig mit Kritik und der Anforderung sich zu ändern konfrontiert ist, fühlt sich unsicher, und hält in seiner Unsicherheit oft umso mehr am Gewohnten fest. Gerade Autist*innen verhalten sich hier oft wie Esel, die bei Angst nicht wegrennen, sondern stur auf ihrem Standpunkt beharren, weil jeder weitere Tritt die Gefahr vergrößern könnte. Auch ist für die meisten Menschen die Partnerschaft der Ort, an dem sie so angenommen werden wollen, wie sie sind, gerade wenn sie im Rest der Welt oft auf Unverständnis oder Ablehnung stoßen. Erst deine Akzeptanz und wenn möglich positive Umdeutung der Eigenheiten deines*r Partners*in wird ihm*ihr die Sicherheit geben und vielleicht auch die nötige Energie freisetzen, sich tatsächlich in deinem Sinne zu ändern. Das darf aber keine Einbahnstraße sein: Auch du wirst dann genau zuhören müssen, welche Wünsche dein*e Partner*in an dich hat und überlegen, welche du erfüllen kannst.

Deutet die Eigenschaften eures*r Partners*in positiv. Vielleicht hat der*die autistische Partner*in Fähigkeiten wie zum Beispiel sich in Gesellschaft und Beziehungen selbst treu zu bleiben, eigene und gemeinsame Entscheidungen einer logischen Prüfung zu unterziehen und sinnliche Eindrücke stark wahrzunehmen, zu beschreiben und eventuell kreativ zu verarbeiten. Vielleicht hat der*die neurotypische Partner*in Fähigkeiten wie zum Beispiel flexibel mit anderen Menschen mitzuschwingen, bei Entscheidungen spontan Neues auszuprobieren und verschiedene Aufgaben und Beziehungen gleichzeitig zu jonglieren. Beides trägt zur gemeinsamen Lebens- und Beziehungsgestaltung bei.

In diesem Kapitel werden nur einige der Bereiche vorgestellt, die bei neurodiversen Paaren zu einem besonderen Genießen und Gelingen der Beziehung beitragen können. Ihr werdet sicher eure ganz eigenen Bereiche haben oder finden. Dabei lege ich ein besonderes Augenmerk auf die Stärken, die Autist*innen in Beziehungen einbringen, da diese meiner Meinung nach zu selten erwähnt werden.

7.2 Sexualität

Als erstes fällt mir die Sexualität ein, die zu Beginn einer neurodiversen Beziehung oft besonders euphorisch erlebt wird. Viele von uns Autist*innen haben eigenwillige Empfindungen und erleben Sinneseindrücke auf sehr individuelle Weise. Manchmal reagieren wir hypersensitiv, also extrem empfindlich. Eine sanfte Berührung, besonders an intimen Stellen, mag für uns fast unerträglich und geradezu schmerzhaft aufregend sein, während handfestere Praktiken, die viele neurotypische Menschen an ihre Grenzen bringen würden, von uns gut ausgehalten und oft als erdend und Sicherheit gebend empfunden werden. Hyper- und Hyposensitivität, also Über- und Unterempfindlichkeit schließen sich nicht gegenseitig aus, sondern Eindrücke können von derselben Person sehr unterschiedlich stark und angenehm erlebt werden, je nach emotionalem Zustand und Art des Sinneseindrucks. Unsere starke Empfindsamkeit macht uns auch sehr genussfähig. Dies wird meist auch von dem*der Partner*in genossen und kann ihn*sie auch mit Dankbarkeit und Stolz erfüllen. Freut euch über eure Originalität in diesem Punkt und bleibt neugierig darauf, mit eurem*r Partner*in gemeinsam eure Empfindungen, Vorlieben und Fantasien zu erkunden. Wenn sich eure körperlichen Empfindungen und Bedürfnisse im Laufe einer längeren Beziehung ändern, wie sie das bei den meisten Menschen und Paaren tun, seid nicht enttäuscht. Nehmt es zum Anlass, um erneut miteinander zu reden, zu erkunden, auszuprobieren. Auch wenn eure sensorische Empfindlichkeit derart ausgeprägt ist, dass ihr Sexualität oft als überwältigend empfindet, könnt ihr euch mit Worten, Lauten, Atem, Haar- oder Fingerspitzen berühren und einzigartige intime Gesten schaffen. Spielt mit starken, sanften, reduzierten Sinneseindrücken, berührt euch spontan und geplant, zeigt euch eure Zuneigung und Vertrautheit im Bett und im Alltag. Es werden im Laufe der Jahre neue Ausdrucksweisen von Liebe, Lust und Intimität hinzukommen, ob sexuell, zärtlich, sprachlich oder ganz anders.

7.3 Partner*in als Spezialinteresse

Hat dein*e Partner*in sich nie so geliebt und verstanden gefühlt wie von dir, zumindest am Anfang eurer Beziehung? War dein Interesse an diesem Menschen so aufrichtig, wie er*sie es noch nie erlebt hatte? Willkommen in der Welt autistischer Spezialinteressen. Eigentlich mag ich den Begriff Spezialinteresse nicht, denn er klingt so, als würden wir unsere legendäre Aufmerksamkeit immer auf etwas Abseitiges, Unwichtiges, ein Detail des Lebens fokussieren. Die gleiche – nein, eine noch viel größere – Hingabe, mit der manche von uns als Kinder Dinos oder Planeten studiert haben oder dies heute noch tun, bringen wir oft auch den wesentlichen Personen unseres Lebens entgegen. Autistische Liebe hat nicht nur etwas Selbstbezogenes, sondern auch etwas sehr Selbstloses. Die Phase, in der unsere Gedanken ständig um die*den Partner*in kreisen, kann deutlich länger sein als die Verliebtheitsphase bei Neurotypischen.

Kein Wunder, dass der*die neurotypische Partner*in dann vielleicht ein bisschen gekränkt ist, wenn wir ihn*sie nach einigen Jahren zum ersten Mal von dem Sockel, auf den wir sie*ihn gestellt haben, herunterholen, um ihm*ihr vorzuhalten, dass er*sie das falsche Geschirrhandtuch benutzt hat. Den Gefühlsrausch der ersten Verliebtheit, der tiefen Bewunderung und des fast schon suchtartigen Verlangens nach der anderen Person hält niemand, autistisch oder neurotypisch, ein Leben lang aus. Aber auch wenn eure Liebe in ruhigere Wasser eingefahren ist, verliert nicht die Neugier aufeinander. Betrachte deine*n Partner*in als das Wunder, das jeder Mensch ist, wenn man mit Liebe auf ihn blickt. Ihr werdet viele faszinierende Entwicklungen durchmachen, als Menschen und als Partner*innen, und es kann durchaus Momente geben, in denen ihr euch erneut in eure*n langjährige*n Partner*in verliebt.

7.4 (Neuro)Diversität als Stärke

In neurodiversen Beziehungen ist nichts selbstverständlich, alles muss besprochen, verhandelt und ausprobiert werden. Ähnlich wie bei binationalen oder bikulturellen Paaren, bei denen die Partner*innen zum Beispiel in unterschiedlichen Ländern sozialisiert sind, kann nicht einfach von geteilten ungeschriebenen Regeln ausgegangen werden, sondern es muss ganz bewusst eine einzigartige Paar- oder Familienkultur erfunden werden. Dies gelingt vor allem dann, wenn die Partner*innen sich tatsächlich als neurodiverses oder bi- oder transkulturelles[91] Paar verstehen oder auch, allgemeiner gesprochen, in der Verschiedenheit der Menschen einen Wert sehen. Damit meine ich nicht ein Feiern von Unterschieden als konsumierbare „Bereicherung“, so wie viele Deutsche es tun, die ansonsten nichts mit arabischen Kulturen zu tun haben, dennoch lieber Falafel als Sauerkraut essen oder wenn Leute ihre autistische Nichte immer nur dann anrufen, wenn sie ein Computerproblem haben. Ich meine damit vielmehr die Erkenntnis, dass jede Sache aus verschiedenen Perspektiven betrachtet werden kann und Wahrheiten und gute Ideen womöglich auch aus den Perspektiven kommen, die bisher wenig gesehen und gehört wurden.

Multiperspektivität ernst zu nehmen, bedeutet auch, mir klarzumachen, dass ich meine Perspektive zwar beständig erweitern, aber nicht vollständig verlassen kann. In langjährigen neurodiversen Beziehungen mag diese Erkenntnis manchmal auch mit einer gewissen Trauer verbunden sein, doch sorgt das sich nicht vollständig-Verstehen auch dafür, dass die Partner*innen füreinander immer interessant und spannend bleiben. Das bewusste Gestalten der Beziehung, das bei neurodiversen Paaren notwendig ist, ist zwar anstrengend, sorgt aber auf Dauer für tiefere und belastbarere Bindungen als ein träumerisches Hineinstolpern in die Herausforderungen des Paarlebens. Der konstante Perspektivenwechsel und das Feedback in einer neurodiversen Beziehung ermöglichen den beteiligten Individuen nicht nur innerhalb der Beziehung, sondern auch in anderen Lebensbereichen enorm zu wachsen. Nicht zuletzt können sich Partner*innen in einer neurodiversen Beziehung wunderbar ergänzen. Wie wohltuend kann es in aufwühlenden Zeiten für deine*n Partner*in, der*die vielleicht neurotypisch ist oder ADHS hat, sein, dich als rationalen Ruhepol an seiner*ihrer Seite zu haben!

7.5 Geschlechterrollen

Während meiner Ausbildung zur Paarberaterin für neurodiverse Paare wurde ich wiederholt von neurotypischen Kolleg*innen gefragt, warum wir Autist*innen bei Geschlechtern, Geschlechterrollen und sexuellen Orientierungen so flexibel seien, obwohl wir doch sonst den Ruf hätten sehr unflexibel zu sein. Zunächst einmal muss ich sagen, dass das beileibe nicht auf alle Autist*innen zutrifft. Es gibt nicht wenige, die ihre traditionelle Geschlechterrolle mit autistisch-perfektionistischem Übereifer ausfüllen und damit sehr zufrieden sind. Unter cisgeschlechtlichen autistischen Männern entsprechen einige äußerlich traditionellen Männerbildern so sehr, dass sie kaum oder gar nicht auffallen. Denn viele als typisch autistisch geltende Züge wie technische Spezialinteressen, Verlässlichkeit oder böse gesagt Rigidität, sparsame und direkte Kommunikation, Konzentration auf die Sachebene und eine „harte Schale" oder anders gesagt ein äußerst diskreter Umgang mit den eigenen Gefühlen werden in unserer Gesellschaft stark mit Männlichkeit in Verbindung gebracht. Wenn das Spezialinteresse noch in beruflichen Erfolg umgemünzt werden kann, wird die Rolle des Familienernährers perfekt ausgefüllt.

Im Umkehrschluss heißt das aber auch, dass es autistische Frauen oft nicht so leicht haben, die ihnen zugedachte Rolle vor allem in heterosexuellen Partnerschaften zu erfüllen. Manche werfen sich gekonnt und hingebungsvoll in klassische Frauenrollen, viele jedoch erfüllen eher die Rolle der besten Freundin, mit der man

„Pferde stehlen" kann und die von Männern weder als potenzielle Partnerin noch als Konkurrentin gesehen wird. Gibt man uns doch eine Chance, zeigt sich oft schnell, dass die Flexibilität in der Geschlechterrolle eine Win-Win-Situation ist. Denn von unserer Individualität und Vielseitigkeit profitieren auch unsere Partner*innen. Es entlastet gerade in längeren Beziehungen ungemein, wenn beide verstopfte Abflüsse reinigen können, sich trauen den ersten Schritt beim Sex machen oder dazu bereit sind, die finanzielle Verantwortung gleichberechtigt zu teilen. Auch für den empathischen Umgang miteinander, für den wir ja sonst als nicht so prädestiniert gelten, hilft es, emotional nicht so sehr in der eigenen (Geschlechter-)Rolle verhaftet zu sein, sondern sich auch in die andere Rolle hineinversetzen zu können.

Tatsächlich deutet vieles darauf hin, dass überdurchschnittlich viele Autist*innen trans, non-binär oder queer sind. Für manche von uns ist Geschlecht und sexuelle Orientierung eher eine äußerliche, kognitive oder gesellschaftliche Sache. Ich habe zum Beispiel mein ganzes Leben als Frau gelebt und nie ernsthaft erwogen, dies zu ändern. Ich war sogar jahrelang in Frauengruppen unterwegs. Aber ich würde niemals sagen, dass ich mich als Frau *fühle*. Die sexuelle Orientierung wird von manchen Autist*innen auch eher als bewusste Entscheidung erlebt. Vielen von uns ist auch einfach die Person wichtiger als das Geschlecht und es sind andere Dinge, die wir an unseren Partner*innen attraktiv finden. Dabei kommt mehr Auswahl für uns und eine größere Freiheit in der Rollen- und Beziehungsgestaltung auch für unsere Partner*innen heraus. Und ist es nicht für dich als Partner*in ein riesiges Kompliment, wenn eine Person, die sich in der Auswahl ihrer Partner*innen nicht von vornerein einschränkt, gerade dich wählt?

7.6 Treue als Loyalität

Auch diejenigen neurotypischen Partner*innen, die sich ansonsten ziemlich lautstark über uns beschweren, loben in der Regel unsere Treue und Verlässlichkeit. Wenn wir wollen, geben wir mit allen unseren „Macken" und „Superkräften" gute, weil zuverlässige, verantwortungsvolle und treue Lebenspartner*innen ab.

Treue? Manche von uns verstehen nicht, warum Fremdgehen so eine große Sache ist, und fühlen sich in offenen oder polyamourösen Beziehungen wohler. Das liegt vielleicht daran, dass wir selbst Eifersucht oft nicht oder nicht so stark empfinden. Dies nicht etwa, weil es uns an *Theory of Mind* fehlen würde, die für so ein komplexes Gefühl notwendig ist, sondern weil für viele – nicht alle! – von uns grundsätzliche Loyalität, also kognitive und emotionale Treue, wichtiger ist als rein körperlich-sexuelle Treue. Die meisten von uns – nicht alle! – lügen auch ungern, so dass unser*e Partner*in sich ziemlich sicher sein kann, dass wir meinen, was wir sagen, wenn wir von Treue und Liebe sprechen. Unsere Verlässlichkeit, die im Alltag auch mal als Sturheit rüberkommen kann, kann uns zum sprichwörtlichen „Fels in der Brandung" werden lassen, wenn die Dinge um uns herum schwierig werden. Erinnere dich und deine*n Partner*in daran, wenn ihr im Alltag mal wieder nicht ganz harmonieren solltet.

7.7 #AutisticJoy92 oder ein Freudentänzchen zum Abschluss

Wenn mir jemand Nahestehendes am Telefon eine außergewöhnlich gute Nachricht überbringt, dann sage ich heute noch manchmal: „Warte mal, ich leg kurz das Telefon weg, weil ich jetzt Luftsprünge machen muss". Leute, die das mitbekommen, betrachten das wohl mit einer Mischung aus Verwunderung, Fremdscham und vielleicht auch ein bisschen Neid. Meine engeren Familienangehörigen wissen es, jedenfalls soweit ich weiß, inzwischen zu schätzen, dass ich nicht nur für mich selbst, sondern auch für sie so tiefe Freude empfinden kann.

Die andere Seite unserer sensorischen und emotionalen Sensibilität, die uns und unsere Lieben oft herausfordert, ist nämlich diese: Ich kann mich selbst glücklich machen, indem ich einen Teller Nudeln esse oder indem ich allein in der Küche oder im Büro herumtanze. Ich kann in schwierigen Momenten meine psychische Stabilität wiederfinden, indem ich mir eine interessant geformte Wolke oder meine hübsche Hose anschaue oder ein Liedchen vor mich hin summe. Ich kriege schon gute Laune, wenn ich morgens mein Büro betrete, seit ich eine Ecke davon in meiner Lieblingsfarbe Grün eingerichtet habe. Ich liege vor freudigen Anlässen oft nachts genauso wach wie vor unangenehmen, da ich mir in meiner Vorfreude immer wieder das Ereignis in allen Details ausmale. Wenn ich nicht schlafen kann, weil ich mir Sorgen mache, kann ich mich beruhigen, indem ich abends mit schönen Farben hantiere und ein Bild male, das niemandem gefallen muss. Wenn ich gerade weniger emotional sein möchte, kann ich mich bei einfachen technischen und handwerklichen Tätigkeiten entspannen. Seit ich in der Stadt wohne sorgt eine Wanderung in der Natur dafür, dass ich danach wochenlang zufrieden bin. Ich kann immer in den kognitiven Modus schalten, wenn es notwendig ist, um zu funktionieren und um mich kurzfristig vor Verletzungen zu schützen. Ich kann aber auch oft die volle Bandbreite meiner eigenen Wahrnehmungen und Gefühle einfach nur genießen.

Irgendwo habe ich gelesen, dass viele Autist*innen und ADHSler*innen im Alltag regelmäßig Empfindungen und Gefühlszustände erleben, die die meisten Menschen allenfalls aus dem Urlaub kennen. Diese Einsicht kam mir so selbstverständlich vor, dass ich leider nicht mehr weiß, wo sie so prägnant formuliert steht. Der*die Urheber*in möge sich gerne bei mir melden. Kreativität, Schönheit und Freude begleiten mich überall hin und geben neben der Fürsorge für meine Lieben und politisch-sozialem Engagement meinem Leben einen Sinn. Meinen Partner entlastet dies zum einen, denn ich erwarte nicht, dass er mich allein glücklich macht. Zum anderen können meine Freude und mein Genuss einfach ansteckend sein!

8 Und nach 20 Jahren?

> Vergessen wir doch nicht, dass jeder einzelne Mensch zwar unvollkommen ist, aber jeder unvollkommen in einer anderen Weise – jeder ‚in seiner Art'. Und so unvollkommen wie er es ist, ist es nur er. So wird er, positiv ausgedrückt, irgendwie unersetzlich, unvertretbar, unaustauschbar.
>
> Viktor Frankl93

Wir gehen spazieren, Hand in Hand im Park in unserer Nachbarschaft an einem Samstagabend. Um uns herum grillende Familien, ballspielende Kinder, biertrinkende Grüppchen von Freund*innen. Alles Aktivitäten, die wir auch schon mal gemacht haben. Wir gehen beide nicht mehr ganz flüssig und gerade. Man sieht uns an, dass hier und da schon ein paar Knochen leicht verschlissen oder eingerostet sind. Wir schaffen es aus verschiedenen Gründen beide nicht mehr so viel zu arbeiten wie früher, aber wir haben Wege gefunden, unsere Stärken auch beruflich zu nutzen und kommen so über die Runden. Wir halten uns an den Händen und es stört uns nicht, wenn wir spüren, dass die eigene Hand oder die der*des anderen verschwitzt ist. Wir schwitzen ja schließlich beide. Wir sprechen darüber, was uns im Laufe der Woche beschäftigt hat, im Beruf, in der Familie, weltpolitisch, unsere Gesundheit und wie es uns im Kopf und im Herzen geht. Pausen im Gespräch dürfen sein. Manchmal fragt sich eine*r von uns, ob das, woran er*sie gerade denkt, den*die andere*n belasten könnte, und spricht vielleicht zu einem anderen Zeitpunkt darüber. Manchmal ist die Situation einfach so perfekt, dass es schade wäre, sie durch Worte zu verändern. Und wenn die Situation mal kippt, dann darf das auch sein. Wir vertrauen darauf, dass wir Meinungsverschiedenheiten friedlich austragen und dass es ein nächstes Mal geben wird. Wir wissen, dass wir trotz der perfekten Zweisamkeit Platz für unsere Unterschiede lassen sollten. Nach 20 Jahren wissen wir, dass die Eigenschaften, die uns anfangs aneinander besonders fasziniert haben, teilweise die gleichen waren, die uns nach zehn bis fünfzehn Jahren schwer genervt haben. Wir wissen, dass wir diese Unterschiede genauso brauchen, wie wir unsere Gemeinsamkeiten genießen. Manche dieser Unterschiede treten im mittleren Erwachsenenalter und zusammen mit den Wechseljahren deutlicher zutage, Zeiten, in denen sich einige mit Autismus verbundene Bedürfnisse verstärken können. Andererseits wird auch der nichtautistische Partner mit den Jahren manchmal dünnhäutiger, während die autistische Partnerin an Coolness und Selbstvertrauen gewinnt.94 Aber auch diese Erfahrungen schaffen wieder Neugier aufeinander, gemeinsame Gesprächsthemen und neue Lernchancen, die wir gemeinsam ergreifen. Wir erfinden uns selbst neu und lernen einander neu kennen, während wir auf einer langjährigen Basis aus Vertrauen, Respekt und Solidarität stehen. Manchmal fühlt es sich so prickelnd an wie frisch verliebt zu sein und einander zum ersten Mal zu küssen, manchmal so wohlig wie jeden Abend unter dieselbe alte und weiche Bettdecke zu kriechen.

Wir sind schon eine Runde durch den Park gegangen. Wir entspannen uns, fühlen uns wieder wie eingestöpselt und aufgetankt. Ich singe leise vor mich hin, unsere Schritte haben sich aufeinander eingestimmt und fühlen sich jetzt an wie Tanzschritte. Wir bleiben stehen, um einander zu küssen. Vielleicht werden wir später am Abend noch etwas essen gehen. Vielleicht werden wir einfach auf einer Bank sitzen und weiter über unsere Empfindungen, Sorgen und Pläne reden. Vielleicht werden wir uns lieben.

9 Sieben zusammengefasste Tipps

Gebt und nehmt euch Zeit!
Vergesst alle Vorstellungen über die richtige Reihenfolge oder Dauer von Beziehungsphasen. Geht in eurem Tempo und lasst im Zweifelsfall den*die Langsamere*n von euch vorangehen.

Nehmt euch Zeit für gemeinsamen Genuss!
Seht eure Empfindsamkeiten als Geschenk und inspiriert einander bei jeder Gelegenheit, Sinneseindrücke, Zweisamkeit, Intimität, Momente der Ruhe oder was auch immer euch gefällt zu genießen. Probiert vielfältige Liebesbeweise aus. Zeigt euch eure jeweiligen Liebessprachen und erfindet neue!

Genießt eure Gemeinsamkeiten und Unterschiede.
Was anders ist oder erscheint, muss nicht besser oder schlechter sein. Lernt voneinander, übersetzt einander eure einzigartigen Sprachen, bleibt aufeinander neugierig und erfindet eure eigene Paarkultur.

Seid aufmerksam, wenn ihr euch als Paar in Gesellschaft bewegt.
Bereitet Treffen mit Gruppen vor und nach. Schirmt eure Beziehung – ohne euch zu isolieren – bei Bedarf phasenweise ab vor schädlichen äußeren Einflüssen wie Stress und Diskriminierung. Kultiviert Selbstfürsorge allein und als Paar und räumt der Prävention von Burn-Out und Trauma Priorität ein.

Kommuniziert so klar und offen wie möglich miteinander!
Wählt eure Worte mit Bedacht und hört, lest oder seht die Worte der anderen Person genau! Wenn ihr meint, etwas aus der Körpersprache oder dem Verhalten eures*r Partners*in ablesen zu können, fragt stets nach und handelt nicht einfach so, als ob eure Interpretation die Wahrheit wäre. Nehmt insbesondere ernst, wenn eine*r von euch sagt, dass es ihm*ihr schlecht geht.

Trefft Absprachen, betrachtet dabei aber auch den Weg als Ziel!
Nehmt Wünsche nach Absprachen zum Anlass für ehrliche und beidseitige Gespräche darüber, was ihr braucht und was ihr zu geben habt. Legt getroffene Absprachen mit Vorsicht und mit Rücksicht auf veränderliche Bedürfnisse und Gefühle eures*r Partners*in aus.

(Er-)Findet Gerechtigkeit, die nicht gleich 50/50 ist!
Berücksichtigt bei Haushaltsarbeit und dem Umgang mit Geld und Zeit eure unterschiedlichen Fähigkeiten und Bedürfnisse. Wenn ihr eine Gerechtigkeitsprüfung vornehmt, bezieht möglichst alle Beiträge, die jede*r von euch zu Beziehung, Familie und Haushalt leistet, darin ein.

10 Glossar

Autismus, autistisch, im Autismus-Spektrum: Dieses Buch enthält bewusst keine Definition von *Autismus* und keinen Fragebogen zur Selbst-Diagnose. Denn: Erstens geben Definitionen und Diagnose-Kriterien nicht immer unser eigenes Empfinden wieder, sondern orientieren sich oft an den Eigenschaften und Verhaltensweisen von uns, die nichtautistischen Menschen unangenehm auffallen. Zweitens richtet sich dieses Buch in erster Linie an Menschen, die sich bereits als autistisch verstehen und deren Partner*innen. Möchten Sie mehr über *Autismus* allgemein wissen oder auch Ihre eigene Intuition, Sie könnten *autistisch* sein, überprüfen wollten, ist die Internetseite *Autismus-Kultur* ein guter Startpunkt: https://autismus-kultur.de

Neurotypisch: Als *neurotypisch* oder kurz *NT* werden Menschen bezeichnet, deren neurologische Voraussetzungen, also, verkürzt gesagt, die „Verdrahtung" ihres Gehirns, denen der Mehrheit der Menschen entsprechen. Ob die Gehirne neurotypischer Menschen einander wirklich so ähnlich sind, wie sie in Gegenüberstellung zu autistischen Gehirnen erscheinen, weiß ich nicht. Sicher ist aber, dass *Neurotypische* an ihrem jeweiligen Ort und zu ihrer jeweiligen Zeit weder aufgrund ihrer Neurologie auffallen noch auf Barrieren stoßen.

Anfangs wurde der Begriff *neurotypisch* von Autist*innen geprägt, die der nichtautistischen, vermeintlich ‚normalen' oder ‚gesunden' Mehrheit einen Spiegel vorhalten und darauf aufmerksam machen wollten, dass auch diese Mehrheit nicht ohne erstaunliche Eigenschaften ist.95 In der Folge wurde der Begriff allerdings von manchen nichtautistischen Beziehungspartner*innen als Identität angenommen und dazu benutzt, auf ihr besonderes Erleben aufmerksam zu machen. Leider tragen einige von diesen auch zur Verbreitung abwertender Klischees über ihre autistischen Partner*innen bei.96 Deshalb benutze ich diesen Begriff eher sparsam. Ein weiterer Grund, weshalb der Begriff mit Vorsicht zu verwenden ist: Nicht alle nichtautistischen Partner*innen von Autist*innen sind *neurotypisch*. Doch wird ihnen dieses Etikett oft allzu schnell angehängt, sobald der*die Partner*in eine Autismusdiagnose erhalten halt.

Neurodiversität, neurodivers: *Neurodiversität* bezeichnet die durch neurologische Unterschiede gegebene menschliche Vielfalt (Diversität). Der Begriff ermöglicht es, anders als ‚Krankheit', ‚Störung', oder ‚Schwäche', in wertfreier Weise über Phänomene wie Autismus, ADHS, Tourette, Traumafolgen, Schizophrenie oder Langzeitdepressionen zu sprechen. Zugleich betont er deren zumindest teilweise biologische Bedingtheit. Damit grenzt er sich sowohl vom medizinischen Modell von Behinderung ab, das sich an Defiziten von Individuen orientiert und diese ‚heilen' oder – wenn wie bei Autismus unmöglich – zumindest durch Therapien abmildern möchte, als auch von einer einseitig-verkürzten Interpretation des sozialen Modells von Behinderung, welches die Ursache von Behinderungen *ausschließlich* in von der Gesellschaft aufgestellten Barrieren verortet.97 Nebenbei entlastet die Anerkennung neurologischer Voraussetzungen auch Eltern vom pauschalen Vorwurf, sie hätten ihre autistischen Kinder schlecht erzogen.

Neurodiversität beschreibt – wie Diversität allgemein – die Tatsache, dass in einer Gesellschaft immer unterschiedliche Menschen zusammenleben und dass ein gerechter und angemessener Umgang mit diesen Unterschieden gefunden werden muss. Die Begriffe *Neurodiversität,* neurotypisch, neurodivergent und Neurominorität wurden in frühen Internetforen verbreitet, in denen sich Autist*innen austauschten und organisierten und begannen, den Diskursen der Expert*innen und Eltern eigene entgegenzusetzen. Der Begriff *Neurodiversität* wurde von der autistischen Soziologin Judy Singer geprägt.98

> *„Für mich liegt die entscheidende Bedeutung des Autismusspektrums in dem Ruf nach und der Vorwegnahme einer Politik der neurologischen Vielfalt, oder Neurodiversität. Die neurologisch Anderen kommen neu hinzu zu den bekannten politischen Kategorien von Klasse/Geschlecht/‚Rasse' und werden die Erkenntnisse des sozialen Modells von Behinderung steigern."99*

Auch wenn Sie mit Judy Singers politischen Schlussfolgerungen nicht mitgehen, können Sie dennoch den Begriff für sich ausprobieren. In einer Paarbeziehung kann er die angemessene Augenhöhe schaffen, die durch Begriffe wie ‚Störung' gefährdet ist.

neurodivergent, Neurominorität: Während Neurodiversität die gesamte neurologische Vielfalt umfasst und somit eine alle Menschen einschließt, bezeichnen sich aufgrund ihrer Neurologie von der

Mehrheit abweichende, an den Rand gedrängte, auf Barrieren stoßende oder im weitesten Sinne behinderte Individuen oft als *neurodivergent*100 (deutsch: neurologisch auseinanderstrebend, sich in verschiedene Richtungen neigend) oder als *Neurominoritäten* (deutsch: neurologische Minderheiten). Im deutschsprachigen Raum bezeichnen sich auch einige dieser Menschen als neurodivers.

Neuronormativität, neuronormativ: Bestimmte, ganz oder teilweise neurologisch bedingte Weisen Wahrzunehmen, zu Fühlen, zu Denken, zu Handeln und zu Sein über andere zu privilegieren, sie als ‚normal' darzustellen und Gesellschaften, Institutionen und auch Menschen soweit möglich nach diesen auszurichten. Neuronormativität ist eng verbunden mit Ableism als der Diskriminierungsform, die auf der Sortierung von Menschen nach ihren tatsächlichen oder zugeschriebenen Fähigkeiten basiert. Die Verwendung von „neurotypisch" zur positiv besetzten Selbstidentifikation statt zur Privilegienreflexion stützt neuronormative Annahmen.

Literatur

AktivistA. Verein zur Sichtbarmachung des asexuellen Spektrums: „Asexualität, Alltag und Corona. Ergebnisse der Diskussionsrunde und Dating-Links.“, 2020. https://aktivista.net/2020/10/09/asexualitaet-alltag-und-corona-ergebnisse-der-diskussionsrunde-und-dating -links/

Asasumasu, Kassiane: “PSA from the actual coiner of ‘neurodivergent’.” 2016. https://sherlocksflataffect.tumblr.com/post/ 121295 972384/psa-from-the-actual-coiner-of-neurodivergent

Attwood, Tony; Gray, Carol: „Die Entdeckung von Aspie“. *autismus-kultur.de.* https://autismus-kultur.de/autismus/autistic-pride/die-entdeckung-von-aspie.html

Autistic Self-Advocacy Network (ASAN): “Tell Tony Attwood to End the Hate: Autistic People Deserve Equality in Family Law and Relationships”, 2009. https://autisticadvocacy.org/2009/04/tell-tony-attwood -to -end-the-hate/

Autistic Women & Nonbinary Network: “Information & Resources for Newly Diagnosed or Recognized Autistic Women & Nonbinary Individuals.” https://awnnetwork.org/wp-content/uploads/2019/05/AWNNetworkWelcomeautisticadultspacket.pdf

Autistic Women & Nonbinary Network: „Autistic Burnout.“ https://awnnetwork.org/wp-content/uploads/2020/08/autistic-burnout.pdf

Barinberg, Inna: Mehr ist mehr. Meine Erfahrungen mit Polyamorie. Münster: edition assemblage, 2020.

Bartens, Werner: „Amore mit Anlauf“, in: *Süddeutsche Zeitung,* 13. Juli 2021.

Baumgart, Annika; Kroschel, Katharina: *[Un]sichtbar gemacht.* Perspektiven auf Aromantik und Asexualität. Münster: edition assemblage, 2021.

Bentley, Karin: *Allein zu zweit:* Mein Mann, das Asperger-Syndrom und ich. Lachen: Worterseh, 2015.

Boger, Mai-Anh: „Theorien der Inklusion – eine Übersicht.“ In: *Zeitschrift für Inklusion* 1/2017. https://www.inklusion-online.net/index.php/inklusion-online/article/view/413/317

Boger, Mai-Anh: *Subjekte der Inklusion.* Die Theorie der trilemmatischen Inklusion zum Mitfühlen. Trilemma der Inklusion, Band 1. Münster: edition assemblage, 2019.

Brown, Debi: *The Aspie Girl's Guide to Being Safe with Men.* London: Jessica Kingsley, 2013.

Brown, Lydia X. Z.; Ashkenazy, E.; Giwa Onaiwu, Morénike (Hg.): All The Weight Of Our Dreams. On Living Racialized Autism. Lincoln: DragonBee Press, 2017.

Bundesverband Frauennotrufe und Frauenberatungsstellen bff: *Was geht bei Euch?* https://was-geht-bei-euch.de

Cammarata, Patricia: "Was ist Mental Load?" *Equal Care Day.* klische*esc e.V., Gemeinnütziger Verein zur Förderung von Wahlfreie heit jenseits limitierender Rollenklischees. https://equalcareday.de/was -ist -mental -load/

Cammarata, Patricia: *Raus aus der Mental Load-Falle:* Wie gerechte Arbeitsteilung in der Familie gelingt. Weinheim: Beltz, 2020.

Carstensen, Katja: *Das Asperger-Syndrom: Sexualität, Partnerschaft und Elternsein.* Norderstedt: books on demand, 2008.

Chapman, Gary: *Die 5 Sprachen der Liebe.* Wie Kommunikation in der Partnerschaft gelingt. Leck: Francke, 2020.

Daniels, Eva: *Geliebter Fremder:* Wie Frauen ihren Asperger-Mann lieben und verstehen. Stuttgart: Trias, 2015.

DePaulo, Bella: Blog. http://www.belladepaulo.com/blog/

Döhler, Christiane; Döhler, Deniz: *AuJA: Autismus akzeptieren und handeln.* Ein Leitfaden von Eltern für Eltern. Norderstedt: books on demand, 2014.

Elley, Debby: *Autismus - 15 Dinge, die dir niemand gesagt hat.* Mein Leben mit zwei autistischen Kindern. Stuttgart: Trias, 2020.

Fischer, Corinna; Fischer Bob: *Ich liebe einen Asperger!* Unsere Ehe, unsere Kinder - und das Asperger-Syndrom. Stuttgart: Trias, 2014.

Frankl, Viktor: *Über den Sinn des Lebens.* Weinheim: Beltz, 2020.

Fromm, Erich: *Die Kunst des Liebens.* Berlin: Ullstein, 2019.

Goodall, Emma: *The Autism Spectrum Guide to Sexuality and Relationships:* Understand Yourself and Make Choices that are Right for You. London: Jessica Kingsley, 2016.

Gordon, Thomas: *Die neue Beziehungskonferenz.* Effektive Konfliktbewältigung in Familie und Beruf. München: Heyne, 2002.

Grandin, Temple: *Ich bin die Anthropologin auf dem Mars.* Mein Leben als Autistin. Kindle Edition. Hannover: Rad und Soziales, 2014.

Harper, Faith G.; Biel, Joe: *The Autism Partner Handbook.* How to Love an Autistic Person. Portland: Microcosm, 2021.

Harper, Faith G.; Biel, Joe: *The Autism Relationship Handbook.* How to Thrive in Friendships, Dating, and Love. Portland: Microcosm, 2021.

Harper, Faith G.; Biel, Joe: *The Autism Relationship Workbook.* How to Thrive in Friendships, Dating, and Love. Portland: Microcosm, 2021.

Haruvi-Lamdan, Nirit; Horesh, Danny; Zohar, Shani; Kraus, Meital; Golan, Ofer: "Autism Spectrum Disorder and Post-Traumatic Stress Disorder: An Unexplored Co-Occurrence of Conditions." *Autism*, Sage, 4, 2020.

Hilfetelefon Gewalt gegen Frauen: „Verantwortung für das eigene Handeln übernehmen – Wie aggressive Männer lernen, Konflikten gewaltfrei zu begegnen." 2019. https://www.hilfetelefon.de/aktuelles/taeterarbeit-wie-aggressive-maenner-lernen-gewaltfrei-zu-begegnen.html.

Holliday Willey, Liane: *Safety Skills for Asperger Women.* How to Save a Perfectly Good Female Life. London: Jessica Kingsley, 2012.

Hübner, Marlies: „Schüchtern. Kreativ. Autist. Autismus und Onlinedating passen doch nicht immer so gut zusammen, wie man vermuten würde." In: *N#MMER - Das Magazin für Autisten, AD(H)Sler und Astronauten*, 1/2014, S. 6–10.

Imlau, Nora: *du bist anders, du bist gut:* Gefühlsstarke Kinder beim Großwerden begleiten. München: Kösel, 2019.

Imlau, Nora: *So viel Freude, so viel Wut.* München: Kösel, 2018.

Jones, Janine: „The Impairment of Empathy in Goodwill Whites for African Americans." In: Yancy, George: *What White Looks Like.* African-American Philosophers on the Whiteness Question. London: Routledge, 2004.

Juul, Jesper: *Aggression:* Warum sie für uns und unsere Kinder notwendig ist. Frankfurt am Main: Fischer, 2014.

Juul, Jesper: *Dein kompetentes Kind:* Auf dem Weg zu einer neuen Wertgrundlage für die ganze Familie. Hamburg: rowohlt, 2009.

Juul, Jesper: *Elterncoaching.* Gelassen erziehen. Weinheim, Basel: Beltz, 2016.

Kiermeier, Christian: „Handicap-Dating – Meine Erfahrungen beim Online Dating Teil 1." *Sexabled.* Lust für alle. 2019. https://sexabled.de/2019/03/29/handicap-dating-meine-erfahrungen-beim-online-dating-teil-1/

Kiermeier, Christian: „Handicap-Dating – Meine Erfahrungen beim Online Dating Teil 2." *Sexabled.* Lust für alle. 2019. https://sexabled.de/2019/04/26/handicap-dating-meine-erfahrungen-beim-online-dating-teil-2/

Kiermeier, Christian: „Handicap-Dating – Meine Erfahrungen beim Online Dating Teil 3." *Sexabled.* Lust für alle. 2019. https://sexabled.de/2019/09/19/handicap-dating-meine-erfahrungen-beim-online-dating-teil-3/

Kondo, Marie: *Das große Magic-Cleaning-Buch:* Über das Glück des Aufräumens. Hamburg: rowohlt, 2018.

Kracher, Veronika: *Incels:* Geschichte, Sprache und Ideologie eines Online-Kults. Mainz: ventil verlag, 2020.

Kruppa, Doreen: *freund*innenschaften_YEAH!* https://freundschaftszentriertleben.com

Kurt, Şeyda: *Radikale Zärtlichkeit.* Warum Liebe politisch ist. Hamburg: HarperCollins, 2021.

Lawson, Wendy: *Sex, Sexuality and the Autism Spectrum*. London: Jessica Kingsley, 2005.

Lewina, Katja: *Sie hat Bock*. Köln: Dumont, 2020.

Lipinski, Silke: *Autismus. Das Selbsthilfebuch*. Köln: Psychiatrie Verlag, 2020.

Lohani, Orchi: "Loving your genderqueer friends and lovers." *DiversiFamilies,* 2020. https://www.diversifamilies.org/2020/10/23/loving-your-genderqueer-friends-and-lovers/

Lohaus, Stefanie; Scholz, Tobias: *Papa kann auch stillen.* Wie Paare Kind, Job & Abwasch unter einen Hut bekommen. München: Goldmann, 2015.

Lorde, Audre: „Age, Race, Class and Sex: Women Redefining Difference." In: *Sister Outsider.* Berkeley: Crossing Press, 1984.

Lorde, Audre: *Sister Outsider.* München: Hanser, 2021.

Machado, Antonio: *Campos de Castilla.* o.O, o.J.

Martin, Ilse: *Mancophilie.* http://mancophilie.de

Mendes, Eva A.; Maroney, Meredith R.: Gender Identity, Sexuality and Autism. Voices from Across the Spectrum. London, Philadelphia: Jessica Kingsley, 2019.

Moeller, Michael Lukas: *Die Wahrheit beginnt zu zweit:* Das Paar im Gespräch. Reinbek bei Hamburg: rororo, 2020.

Pecora, Laura A.; Hancock, Grace I.; Hooley, Merrilyn; Demmer, David H.; Attwood, Tony; Mesibov, Gary B.; Stokes, Mark A.: „Gender Identity, Sexual Orientation and Adverse Sexual Experiences in Autistic Females." In: Molecular Autism, 2020. https://molecularautism.biomedicentral.com/articles/10.1186/s13229-020-00363-0

Peseschkian, Nossrat: *Die Familientherapie.* Eine praktische Orientierungshilfe! Psychotherapie konkret. Stuttgart: Kreuz, 2005.

Peseschkian, Nossrat: *Wenn du willst, was du noch nie gehabt hast, dann tu, was du noch nie getan hast.* Geschichten voller Weisheit und Wärme. Freiburg: Herder, 2019.

Queer Lexikon e.V.: *Queer Lexikon.* https://queer-lexikon.net

Rat auf Draht: „Gewalt in Beziehungen." https://www.rataufdraht.at/themenubersicht/gewalt/gewalt-in-beziehungen

Riechert, Ricarda: „Die Liebe in Zeiten des AD(H)S. AD(H)S und eine Beziehung können in der Kombination wahnsinnig anstrengend sein. Unsere Autorin kann davon ein Lied singen." In: *N#MMER - Das Magazin für Autisten, AD(H)Sler und Astronauten*, 1/2014.

Roig, Emilia: *Why we matter.* Das Ende der Unterdrückung. Berlin: Aufbau, 2021.

Schmidt, Bernhard J.; Döhler, Deniz; Döhler, Christiane: *Autismus – Sexualität – Partnerschaft.* Beiträge zur klinischen Sozialpsychologie

6. Norderstedt:, books on demand, 2017.

Schmidt, Bernhard J.: Autist und Gesellschaft – ein zorniger Perspektivenwechsel. Band 1: Autismus verstehen. Norderstedt: books on demand, 2015.

Schmidt, Peter: *Aus dem Rahmen gefallen.* Praktische Autismuskunde von einem, der es wissen muss. Ostfildern: Patmos, 2020.

Schmidt, Peter: *Ein Kaktus zum Valentinstag.* Ein Autist und die Liebe. Ostfildern: Patmos, 2012.

Schröttle, Monika; Hornberg, Claudia; Glammeier, Sandra; Sellach, Brigitte; Kavemann, Barbara; Puhe, Henry; Zinsmeister, Julia: *Lebenssituation und Belastungen von Frauen mit Beeinträchtigungen und Behinderungen in Deutschland,* Herausgegeben vom Bundesministeriums für Familie, Senioren, Frauen und Jugend, Berlin, 2012. https://www.bmfsfj.de/resource/blob/94204/3bf4ebb02f108a31d5906d75dd9af8cf/lebenssituation-und-belastungen-von-frauen-mit-behinderungen-kurzfassung-data.pdf

Schröttle, Monika: „Die Studienergebnisse des Robert-Koch-Instituts zu Gewalt gegen Frauen und Männer: Ein Lehrstück für die Notwendigkeit einer methodisch versierten Erfassung, Auswertung und Interpretation geschlechtervergleichender Daten im Rahmen einer geschlechtersensiblen Gewalt- und Gesundheitsforschung." 2013. https://www.rki.de/DE/Content/Gesundheitsmonitoring/ Studien/Degs/degs_w1/Basispublikation/Stellungnahme_Schroettle.pdf?_ _blob=publicationFile

Schulz von Thun, Friedemann: *Fragen und Antworten.* Miteinander Reden, Band 3. Hamburg: Rowohlt, 2010.

Sedgewick, Felicity; Crane, Laura; Hill, Vivian; Pellicano, Elizabeth: "Friends and Lovers: The Relationships of Autistic and Neurotypical Women." In: *Autism in Adulthood,* 2019. https://www.liebertpub.com/doi/pdf/10.1089/aut.2018.0028

Silberman, Steve: *Geniale Störung.* Köln: dumont, 2019.

Simone, Rudy: *22 Things a Woman Must Know If She Loves a Man with Asperger's Syndrome.* London: Jessica Kingsley, 2009.

Simone, Rudy: *22 Things a Woman with Asperger's Syndrome Wants Her Partner to Know.* London: Jessica Kingsley, 2012.

Singer, Judy: "Why Can't You be Normal for Once in Your Life?", in: **Corker, Mairian; French, Sally:** *Disability Discourse.* Maidenhead: Open University Press, 1999.

Singer, Judy: *Neurodiversity:* The Birth of an Idea. Kindle Edition, ohne Ort, 2017.

Smith, Rachel; Netto, Julie; Gribble, Nigel C.; Falkmer, Marita: "‚At the Ende of the Day, It's Love': An Exploration of Relationships in Neurodiverse Couples." In: *Journal of Autism and Developmental Disorders.*

2020. https://doi.org/10.1007/s10803-020-04790-z

SMJG e.V.: "Covern." https://www.smjg.org/angebote/covern/

Stinson, Danu Anthony; Cameron, Jessica J.; Hoplock, Lisa B.: "The Friends-to-Lovers Pathway to Romance: Prevalent, Preferred, and Overlooked by Science." In: *Social Psychological and Personality Science,* 12. Juli 2021. https://journals.sagepub.com/doi/full/ 10.11 77/19485506211026992

Storch, Maja; Tschacher, Wolfgang: *Embodied Communication.* Kommunikation beginnt im Körper, nicht im Kopf. Bern: Hofgrefe, 2016.

Strübel, Ira; Passig, Kathrin: *Die Wahl der Qual.* Hamburg: rowohlt, 2009.

Tomescheit, Wiebke: „Habt keine Angst vor der ‚Friendzone' – die gibt es nämlich gar nicht." *Stern.* 2019. https://www.stern.de/neon/herz/liebe-sex/habt-keine-angst-vor-der--friendzone----die-gibt-es-naemlich-gar-nicht-8946120.html

Unterweger, Claudia: „Single-Sein als Plan A. Single-Forscherin Bella DePaulo über Pärchenpropaganda, Myth-Busting und ihr erfülltes Leben als Single." Radio fm 4., 2019. https://fm4.orf.at/stories/2964633/

Urwin, Jack: „A Stiff Upper Lip Is Killing British Men." *VICE*, 2014. https://www.vice.com/en/article/jmbnp7/a-stiff-upper-lip-is-killing-british-men-344

Watzlawick, Paul: *Anleitung zum Unglücklichsein.* Berlin: Buchgemeinschaft, 1983.

Weiss, Jonathan A.; Fardella, Michelle A.: „Victimization and Perpetration Experiences of Adults With Autism." In: *Frontiers in Psychiatry.* 2018. https://www.ncbi.nlm.nih.gov/pmc/articles/PMC5980973/

White Unicorn e.V.: „Aus welchem Grund reagieren Autistinnen und Autisten mit Selbst- und Fremdverletzung?" https://www.white-unicorn.org/media/PraesentationSelbst_Fremdverletzung.pdf

Wikipedia: „Absolute Beginners", Bearbeitungsstand 27. Januar 2022. https://de.wikipedia.org/wiki/Absolute_Beginners

Wolf, Konrad: „Onlinedating mit Behinderung: ‚Wann sage ich es?'". Christian sitzt im Rollstuhl, Fern kann nicht sehen. Beide lernen ihre Partner*innen online kennen. Wann ist ein guter Zeitpunkt, um zu sagen, dass sie eine Behinderung haben? *Ze.tt* von Zeit-Online, 2020. https://ze.tt/online-dating-mit-behinderung-wann-sage-ich-es/

Zinsmeister, Julia: „Diese Juristin erklärt, wie Frauen mit Behinderung ihre Rechte genommen werden. ‚Alle sind sich einig, was angeblich das Beste für die Frau ist – und dann wird das einfach durchgezogen.'" Interview. *VICE.* 2017. https://www.vice.com/de/article/vb3mnd/selbstbestimmung-wie-frauen-mit-behinderung-menschenrechte-genommen-werden

Danksagung

Ich bedanke mich bei allen, die bewusst oder unbewusst dazu beigetragen haben, dass dieses Buch entstanden ist. Sowohl bei denjenigen, die stolz auf ihren Beitrag sind, als auch bei denjenigen, denen es – so zumindest in meiner Fantasie – vielleicht peinlich wäre hier erwähnt zu werden. An erster Stelle bedanke ich mich natürlich bei meinem Partner und meiner Familie – ihr wisst, wer ihr seid! – ohne die ich die ganzen wunderbaren und interessanten Erfahrungen, die mir ermöglicht, mich ermutigt und motiviert haben dieses Buch zu schreiben, nicht gemacht hätte. Ermutigt zum Schreiben haben mich besonders meine Mutter Carola Schwärzer, die mir das Schreiben auch durch ihre materielle und praktische Unterstützung erleichtert hat, Gülden Ediger und Lorena Mercado Mejorada, die mir liebe Kolleginnen, faszinierende Gesprächs- und manchmal auch Tanzpartnerinnen sind. Gülden danke ich außerdem dafür, dass sie eine noch recht unfertige Version dieses Buchs gelesen hat, die ich garantiert niemandem sonst gezeigt hätte. Lorena gebührt ein Denkmal für die coolste Reaktion, nachdem ich ihr eröffnet habe, dass ich autistisch bin: „Ich werde nicht so tun, als ob etwas Gutes etwas Schlechtes sei, nur weil es jetzt plötzlich einen Namen hat." Hannah C. Rosenblatt mit ihrem behutsamen Lektorat sowie eine unglaublich geduldige und detailfreudige anonyme autistische Korrekturleserin haben ganz entscheidend dazu beigetragen, dass dieses Buch nun wirklich als Ratgeber zu gebrauchen ist. Sanjini Redmond danke ich für die geduldige Zusammenarbeit und das liebevolle und wunderschöne Cover des Buches. Orchi Lohani danke ich für inspirierende und ermutigende Gespräche. Bernhard J. Schmidt bin ich dankbar, dass er mich in einem Telefongespräch exzellent beraten und zur öffentlichen Positionierung als Autistin ermutigt hat. Ich danke den Dozent*innen der Beratungsausbildung bei der *Internationalen Akademie für Positive und Transkulturelle Psychotherapie – Peseschkian-Stiftung* dafür, dass sie mit ihrer strukturierten und menschenfreundlichen Methode eine Gruppenatmosphäre geschaffen haben, in der ich mich ein ganzes Jahr lang enorm wohlfühlte, obwohl ich bei ähnlichen Weiterbildungen meist spätestens nach dem dritten Wochenende die Flucht ergreifen wollte. Dank geht auch an Grace Myhill, die als Dozentin sehr kunstvoll die ständigen Konflikte in unserer Ausbildungsgruppe der Paarberater*innen für neurodiverse Paare moderierte und zur allseitigen Lernerfahrung wendete. Fürs da sein, akzeptieren und häufig auch inspirieren bedanke ich mich bei meinen Freund*innen – ihr wisst, wer ihr seid! –, bei meinen Nichten und Schwägerinnen und bestimmt noch ein oder zwei Personen, an die ich ausgerechnet hier gerade nicht gedacht habe.

Insgesamt bedanke ich mich bei allen Menschen aus Familie und Freundeskreis, die mich als autistische Person gesehen und anerkannt haben, bei meiner Selbsthilfegruppe bei *Aspies e.V.*, die mir zum ersten Mal im Leben das Gefühl gegeben hat wenigstens einmal im Monat für drei Stunden in einem Raum ‚normal' zu sein und allen meinen Freund*innen sowie mir persönlich nicht bekannten Berater*innen, Wissenschaftler*innen, Autor*innen und Künstler*innen, die mit Tastatur, Pinsel, Gitarre, DJ-Pult oder Abrissbirne an der Dekonstruktion der (vermeintlichen) Normalität arbeiten. Zu letzteren mir persönlich nicht bekannten Personen, denen ich dennoch danken möchte, gehört Mai-Anh Boger, dank der ich den vorigen Satz erstens formulieren konnte und mich zweitens nicht mehr für seinen Inhalt schäme, nämlich all diese drei Dinge zu wollen. In ihrem mehrbändigen Werk *Trilemma der Inklusion* hat sie das Begehren diskriminierter Subjekte – und wie andere Subjekte, Institutionen oder politische Akteur*innen dieses aufgreifen und darauf reagieren können – nachgezeichnet, kartographiert und überzeugend systematisiert. Diese Bücher haben die nach dem Studium in den Winterschlaf versetzten Teile meines Gehirns wieder angeknipst und mich parallel zum Schreibprozess dieses Buches immer wieder gestärkt und orientiert.

Last but not least bedanke ich mich bei meinem lieben Papa, bei Anne, bei Eumel und bei Baffi, die mich immer noch täglich und vor allem nächtlich begleiten und mich zugleich daran erinnern, wie schön es hier auf der Erde ist und mir zeigen, dass das nicht alles ist.

Anmerkungen

1 Deutsch: Kann keine Gefühle tragen, wie ein Korb kein Wasser tragen kann. Arulpragasam, Maya: Survivor. *AIM.* Interscope. 2016.

2 Emilia Roig: *Why we matter.*

3 Warum ich mich als Autistin bezeichne und was an mir autistisch ist, wird hoffentlich in diesem Buch deutlich genug, so dass mich wohl niemand, der*die es bis zum Ende liest, als Möchtegern-Autistin bezeichnen wird. Warum jemand, der*die nicht autistisch ist, es sich wünschen würde, autistisch zu sein in einer Gesellschaft, die derart schlecht auf Autist*innen eingestellt ist, ist mir zwar schleierhaft. Aber die Angst, dass sich Pseudo-Autist*innen in unsere Diskussionen einschleichen, ist dennoch da. Sie ist auch verständlich, wenn man bedenkt, dass die öffentliche Darstellung von Autismus lange von nichtautistischen Expert*innen und Angehörigen autistischer Menschen dominiert wurde. Mein Buch soll ein Beitrag sein, dieses Ungleichgewicht für das Thema Beziehungen zu korrigieren. Es liegt nahe, die offizielle fachärztliche Diagnose zum Kriterium zu machen, um zu entscheiden, wer sich öffentlich als Autist*in äußern sollte und wer nicht. Allerdings lässt sich das Phänomen, dass öffentlich als Autist*innen sprechende Menschen manchen von uns entweder „nicht autistisch genug" – weil verdächtig zufrieden oder erfolgreich – oder „zu autistisch" – und damit irgendwie peinlich berührend – vorkommen, durch die Diagnose als Kriterium nicht lösen. Denn Autismus ist als ein Spektrum definiert und autistische Personen können sich stark voneinander unterscheiden.

Für früh sprechende Autist*innen meiner Generation, die schon erwachsen waren, als die Diagnosen „Asperger-Syndrom" und später „Autismus-Spektrum-Störung" aufkamen, ist dieses Kriterium noch aus anderen Gründen problematisch. Bei uns geht einer offiziellen Diagnose in der Regel eine ausführliche Selbstdiagnose und/oder ein jahrzehntelanges Leiden unter Fehldiagnosen und Fehlbehandlungen voraus. Seit Jahren sind die Wartelisten der für Autismus-Diagnosen zuständigen Einrichtungen in meiner Stadt geschlossen. Die Wartezeit beträgt teilweise über drei Jahre. Auch wenn dem nicht so wäre, müsste ich mich stark überwinden, um diese Kliniken aufzusuchen. Ich bin im ländlichen Raum mit wenig psychosozialer Infrastruktur aufgewachsen und meine Begegnungen mit medizinischem Fachpersonal schwankten zwischen unproduktiv und traumatisch. Telemedizinische Diagnosen gibt es in der Regel nur für Selbstzahler*innen. Für mich war es dennoch der einfachste Weg, um mir bestätigen zu lassen, was ich bereits wusste.

Meine Entdeckung, dass ich autistisch bin, fand während der im Text beschriebenen Familientherapieausbildung statt. In dieser lernte ich zum einen verschiedene sogenannte Störungen aus psychiatrischer Sicht kennen, zum anderen erlebte ich in der Gruppe für den Kontakt zwischen autistischen und nichtautistischen Personen typische Konflikte. Danach hatte ich ausführliche Gespräche mit den Ausbilder*innen, darunter ein Psychiater und mehrere Psycholog*innen und Pädagog*innen, einer davon ein sogenannter Autismus-Experte, die schließlich in meinem Zwangs-Outing vor der Ausbildungsgruppe mündeten. Das macht meine Selbstdiagnose ziemlich sicher. Das Zwangs-Outing erklärt auch, weshalb ich nicht lange gezögert habe, mich selbst als Autistin zu positionieren. Ich hatte sofort das Bedürfnis, meine eigene Version meiner Geschichte zu erzählen. Ich möchte aber auch jedem anderen Menschen die Fähigkeit zur Selbsterkenntnis und das Recht auf Selbstdiagnose zugestehen. Das berechtigt allerdings Laien keineswegs dazu, *andere* Personen als sie selbst, zum Beispiel die eigenen Partner*innen zu diagnostizieren. Zu diesem Phänomen mehr in Kapitel 5.7 „Autismusdiagnose während der Beziehung".

Für diejenigen, die es trotzdem noch ganz genau wissen wollen: Ich habe als Kind und Jugendliche viel *Stimming* und *Echolalie* praktiziert und tue letzteres noch heute, kann keine Rollen- sondern nur Regelspiele, gehe selten ohne Sonnenbrille und Kopfhörer aus dem Haus, vertrage Kälte sehr viel besser als Hitze und habe immer wieder schräg einseitige Freundschaften. Vor dem Besuch zahlreicher Kommunikationstrainings kommunizierte ich selbst für Berliner Verhältnisse oft unangenehm direkt. Meine *Alexithymie*, also meine mangelnde Wahrnehmung eigener Gefühle, war lange sehr ausgeprägt, bis ich an der Uni das Wort kennenlernte und mich entschloss, daran zu arbeiten. Ich liebe meinen regelmäßigen Tagesablauf, habe eine extrem schlechte räumliche Orientierung und ein ausgeprägtes Gedächtnis, vor allem für Details. Ich mochte es nie auf die Linien zwischen Pflastersteinen zu treten und habe oft Angst Gesichter nicht wiederzuerkennen, obwohl es mir tatsächlich selten passiert. Menschen lesen ständig meine Gesichtsausdrücke falsch und ich ihre wahrscheinlich auch oft. Ich bin immer wieder positiv überrascht, wenn ich Redewendungen, ironische Bemerkungen und Witze verstehe und verwende diejenigen, die ich beherrsche, daher fast zwanghaft. Wäre ich nicht als Mädchen aus dem Schachclub und der Computer-Clique an der Schule herausgemobbt worden, hätte ich sicher auch weiterhin Freude an Logik, Strategie und Technik gehabt. Alkohol wirkt bei mir erst am nächsten Morgen, weshalb ich ihn mir gut sparen kann. Alles Dinge, die nicht bei allen Autist*innen vorkommen, aber doch bei vielen.

4 Leicht auffindbare Beziehungsratgeber/Erfahrungsberichte für neurodiverse Paare in deutscher Sprache haben Titel wie *Allein zu zweit* von Katrin Bentley, *Ich liebe einen Asperger* von Corinna und Bob Fischer oder *Geliebter Fremder* von Eva Daniels. Schon an den Titeln wird deutlich, dass sie stark aus neurotypischer Perspektive geschrieben und für Autist*innen nicht ohne unangenehme Nebenwirkungen zu lesen sind, auch wenn ich froh bin, dass es überhaupt etwas zum Thema gibt. Mir persönlich hat *Ein Kaktus zum Valentinstag* von Dr. Peter Schmidt – obwohl es kein Ratgeber ist – mehr geholfen, da ich es als sehr offen, persönlich und ermutigend empfand. All diese Bücher behandeln jedoch nur die Konstellation autistischer Mann – neurotypische Frau. Sachbücher aus autistischer Perspektive sind wertvoll, aber oft sehr kurz wie z.B. *Das Asperger-Syndrom: Sexualität, Partnerschaft und Elternsein* von Katja Carstensen oder *Autismus – Sexualität – Partnerschaft* von Bernhard J. Schmidt, Christiane und Deniz Döhler. In den Büchern von Dr. Christine Preißmann findet sich hier und da ein Unterkapitel zu Beziehungen.

Wer gerne auf Englisch liest, dem sei *The Autism Spectrum Guide to Sexuality and Relationships* von Dr Emma Goodall empfohlen, welches Tipps für alle Arten von Beziehungen im 21. Jahrhundert enthält und das sich besonders für Beziehungs-Anfänger*innen eignet. Ähnliches gilt für *Sex, Sexuality and the Autism Spectrum* von Wendy Lawson, Jessica Kingsley (London), 2005. *The Aspie Girl's Guide to Being Safe with Men* von Debi Brown, Jessica Kingsley (London), 2013, möchte ich jedem autistischen Mädchen ab spätestens vierzehn Jahren ans Herz legen.

Uneingeschränkt empfehlen kann ich Faith G. Harpers und Joe Biels Bücher *The Autism Relationship Handbook*, *The Autism Relationship Workbook* und *The Autism Partner Handbook*.

5 Das *Asperger/Autism Network AANE* ist in den US-Bundesstaaten New York und Massachusetts aktiv und zeichnet sich besonders durch seine vielen Angebote für neurodiverse Paare wie soziale Zusammenkünfte, Paarberatungen und Online-Kurse für Paare und Therapeut*innen aus. https://www.aane.org

6 Frei nach: Nossrat Peseschkian: *Die Familientherapie*.

7 Ich schätze die von Nossrat Peseschkian begründete *Positive Psychotherapie* wegen ihres Fokus auf Stärken und Ressourcen, ohne vor lauter Lösungsorientierung die Probleme zu verschweigen, und wegen ihrer verständlichen Begriffe und Modelle, die sich zur Selbsthilfe im Alltag eignen. Wie viele psychologische Theorien und Methoden bezieht sie einen Teil ihres Wissensschatzes aus religiösen Traditionen – so wie die Achtsamkeit vom Buddhismus inspiriert ist, zieht die *Positive Psychotherapie* viele Anregungen aus der Baha'i Religion. Die Modelle funktionieren allerdings auch ohne diesen Bezug. Ich selbst gehöre keiner Religion an, möchte dies aber aus Gründen der Transparenz nicht verschweigen.

8 So in "‚At the Ende of the Day, It's Love'." von Rachel Smith, Julie Netto, Nigel C. Gribble und Marita Falkmer.

9 Wie inzwischen üblich in Texten, die sich kritisch mit gesellschaftlichen Machtverhältnissen, Ausgrenzungen und Diskriminierungen befassen, schreibe ich „*weiß*" kursiv, um anzuzeigen, dass dieser Begriff keine wesensmäßige Eigenschaft, sondern eine soziale Position bezeichnet, nämlich die Position der Menschen, die *nicht* durch Rassismus benachteiligt werden. Der Begriff eignet sich meines Erachtens – ähnlich wie „neurotypisch" – zur selbstkritischen Betrachtung der eigenen Privilegien in der Gesellschaft, nicht aber als positiv anzunehmende Identität.

10 Die Anthologie All The Weight Of Our Dreams. On Living Racialized Autism von Brown; Ashkenazy; Giwa Onaiwu 2017 setzt dieser einseitigen Repräsentation vielfältige Beiträge autistischer Menschen mit diskriminierenden Rassismuserfahrungen entgegen.

11 Mai-Anh Boger hat selbst betont, dass Zitate aus und Hinweise auf Werke aus nicht dominanten, an den Rand gedrängten Perspektiven in Büchern oft eher in Fußnoten oder Danksagungen landen als im Fließtext. Deshalb und wegen der enormen Bedeutung,

die es für mich persönlich parallel zum Schreibprozess hatte, erwähne ich es recht bald, auch wenn es sich um ein 800-seitiges wissenschaftliches Werk handelt, das nicht jede*n Leser*in dieses Ratgebers ansprechen wird. Sollten sie aber als Psycholog*in, (Sonder-) Pädagog*in oder Angehörige eines ähnlichen Berufs mein Buch eher aus fachlichem als aus persönlichem Interesse in die Hand genommen haben, empfehle ich Ihnen wärmstens die Lektüre der drei Bände des „Trilemmas" oder zumindest von Band 1: *Subjekte der Inklusion*. Ein kurzer Überblick über das Trilemma-Modell findet sich in Mai-Anh Boger: „Theorien der Inklusion – eine Übersicht."

12 Schmidt, Peter: *Aus dem Rahmen gefallen.*

13 Beschrieben von Rudy Simone in *22 Things a Woman Must Know If She Loves a Man with Asperger's Syndrome.* Dieses Buch zeichenet allerdings ein sehr einseitiges und stereotypes Bild autistischer heterosexueller Männer, dem meinem Eindruck aus der Beratung nach, die Mehrheit dieser Männer, zumindest in den jüngeren Generationen, nicht mehr entspricht.

14 Nossrat Peseschkian: *Wenn du willst, was du noch nie gehabt hast, dann tu, was du noch nie getan hast.*

15 Solche Eltern-Konstellationen finden sich auch via Internet, z.B. auf https://www.familyship.org/

16 *Amatonormativität* „bezeichnet die Erwartung, dass alle Menschen zentrale, monogame, romantisch-sexuelle Langzeitbeziehungen eingehen (möchten)" sowie die gesellschaftliche Privilegierung dieser Beziehungen über andere Beziehungsformen. Der Begriff wurde von der Philosophin Elizabeth Brake geprägt. Baumgart, Annika; Kroschel, Katharina: *[Un]sichtbar gemacht.* Eine behutsame politisch und soziologisch informierte Kritik und Auseinandersetzung mit der Normativität der Liebe, ohne das Konzept Liebe deshalb zu verwerfen, liefert Şeyda Kurt in ihrem Buch *Radikale Zärtlichkeit.*

17 Doreen Kruppa bloggt auf https://freundschaftszentriertleben.com, Bella DePaulo bloggt auf Englisch hier: http://www.belladepaulo.com/blog/. Ein deutschsprachiger Bericht über sie: Unterweger, Claudia: „Single-Sein als Plan A."

18 Mendes und Maroney 2019 gehen kurz auf den Wissensstand zur Überlappung queerer und autistischer Identitäten ein. In ihrem Buch stellen sie Kurzbiografien von queeren autistischen Personen und deren Erfahrungen mit romantischen Beziehungen, Familien und Jobs vor. Die verschiedenen Beziehungsmodelle und Weisen Beziehungen zu gestalten von denen die interviewten Personen dort berichten sind sicherlich für viele Menschen interessant die nach Beziehungstipps suchen.

19 Hier kann man Begriffe nachschlagen und Fragen stellen: https://queer-lexikon.net

20 In diesem Artikel finden sich ganz unten Links zu Online-Angeboten zur Partner*innen- und Freund*innensuche im asexuellen Spektrum: AktivistA: „Asexualität, Alltag und Corona. Ergebnisse der Diskussionsrunde und Dating-Links." Über die Vielfalt asexueller und aromantischer Perspektiven und Lebensweisen: Baumgart, Annika; Kroschel, Katharina: *[Un]sichtbar gemacht.*

21 Ich würde empfehlen, sich erstmal mit verschiedenen Poly-Beziehungsmodellen, ihren Vorteilen und Herausforderungen vertraut zu machen, bevor man selbst Teil eines Polyküls wird. Eine gute Lektüre zum Einstieg ist Inna Barinbergs Buch *Mehr ist mehr.*

22 Im Wikipedia-Artikel zum Thema wird auch die entsprechende Ratgeber-Literatur genannt. https://de.wikipedia.org/wiki/Absolute_Beginners

23 Wer das nicht glaubt oder dem auf den Grund gehen will, kann Veronika Krachers Buch *Incels* lesen. Es ist allerdings nichts für schwache Nerven und von Menschen mit Gewalt- oder Depressionserfahrungen mit Vorsicht zu lesen. Ich bin deshalb über die ersten Seiten nicht hinausgekommen.

24 Um ihnen nicht noch mehr Aufmerksamkeit zu geben, zitiere ich hier weder die Incel-Seiten noch die Medienvertreter*innen, die Hassverbrechen mit psychiatrischen Diagnosen erklären.

25 Deutsch: „Wanderer, es gibt keinen Weg, der Weg entsteht, in dem man ihn geht." Antonio Machado: *Campos de Castilla.*

26 Den Mythos ‚Friend-Zone' und Hypothesen, warum er sich so hartnäckig hält, erklärt Wiebke Tomescheit in diesem Artikel: „Habt keine Angst vor der ‚Friendzone' – die gibt es nämlich gar nicht."

27 Werner Bartens: „Amore mit Anlauf" bezieht sich auf die Studie von Danu Anthony Stinson, Jessica J. Cameron, Lisa B. Hoplock: "The Friends-to-Lovers Pathway to Romance: Prevalent, Preferred, and Overlooked by Science".

28 Marlies Hübner: „Schüchtern. Kreativ. Autist. Autismus und Onlinedating passen doch nicht immer so gut zusammen, wie man vermuten würde."

29 Faith G. Harper und Joe Biel: *The Autism Relationship Handbook*, S. 101.

30 Emma Goodall: *The Autism Spectrum Guide to Sexuality and Relationships*, S. 133ff.

31 Christian Kiermeier hat sich bei zehn verschiedenen Plattformen angemeldet, damit ihr es nicht tun müsst und dabei überwiegend gute Erfahrungen gemacht, von denen er auf seinem Blog *Sexabled* berichtet. Seine Artikel über Dating-Portale allgemein und speziell für Menschen mit Behinderungen: Kiermeier, Christian: „Handicap-Dating – Meine Erfahrungen beim Online Dating Teil 1.", „Handicap-Dating – Meine Erfahrungen beim Online Dating Teil 2." über Dating-Portale für LGBTIQ+, besonders für schwule Männer und „Handicap-Dating – Meine Erfahrungen beim Online Dating Teil 3." für BDSM- und Fetisch-Interessierte. Die Berichte beziehen sich mehr auf kürzere Kontakte und weniger auf die Suche nach Langzeitbeziehungen.

32 Faith Harper und Joe Biel: *The Autism Relationship Handbook*.

33 Im Internet finden sich auch ehrenamtliche Angebote fürs *covern*. So eines sowie Tipps für den Fall, dass du eine*n Freund*in ums *covern* bittest, gibt es z.B. bei der BDSM-Jugendvereinigung SMJG e.V.: „Covern." Die Tipps sind für jedes sog. Blind Date, also eine Verabredung zwischen Unbekannten interessant, unabhängig von sexuellen Vorlieben der Beteiligten.

34 Ricarda Riechert: „Die Liebe in Zeiten des AD(H)S.“ Ich glaube diese Beobachtung aus AD(H)S-Sicht trifft auch auf viele Autist*innen zu.

35 Konrad Wolf: „Onlinedating mit Behinderung: ‚Wann sage ich es?‘“

36 Mündlich überliefert. Der Gedanke findet sich an vielen Stellen, auch in Erich Fromms *Die Kunst des Liebens.*

37 Gary Chapman: *Die 5 Sprachen der Liebe.*

38 Nossrat Peseschkian: *Die Familientherapie.*

39 Gut und realistisch beschrieben ist dieser Weg in dem Kapitel „Ja, ich will. Zustimmung ist sexy“ in Katja Lewinas Buch: *Sie hat Bock.* Dieses Buch empfehle ich ohnehin allen, die sich vor dem (Reden über) Sex erstmal warmlesen wollen.

40 Lohani, Orchi: “Loving your genderqueer friends and lovers.”

41 Tipps, um *Sensate Focus* zuhause zu praktizieren finden sich im Internet und in Faith G. Harpers und Joe Biels *The Autism Relationship Workbook*, Kapitel “Sex”.

42 Wie mit einem „Ja“ umzugehen ist, könnte ich nie so schön ausdrücken wie Şeyda Kurt in ihrem Buch *Radikale Zärtlichkeit*, S. 129: „Ich verstehe Dein Ja zu unserer Beziehung, zu unserer Körperlichkeit nicht als absolutes Zugeständnis. Ich biete Dir Möglichkeiten und Gelegenheiten des Austauschs, um dein Ja zurückzuziehen. Ich versuche mit deinem Ja so behutsam umzugehen wie mit einem Katzenbaby.“

43 Es gibt natürlich unzählige unterschiedliche sexuelle Vorlieben. Hier werden nur die genannt, die nach meiner Erfahrung aus der Paarberatung häufig Themen bei neurodiversen Paaren sind. Nicht unbedingt, weil sie dort häufiger vorkommen, sondern weil sie oft für autistische und nicht-autistische Menschen unterschiedliche Bedeutungen haben.

44 BDSM steht laut Wikipedia für “Bondage & Discipline, Dominance & Submission, Sadism & Masochism”, also Fesselung und Disziplin, Dominanz und Unterwerfung, Sadismus und Masochismus.

45 Die 2014 und 2015 erschienene Zeitschrift *N#MMER - Das Magazin für Autisten, AD(H)Sler und Astronauten*, noch als ebook bei einigen Anbietern erhältlich, enthält in Ausgabe 1/2014 auf den Seiten 36–47 ein Gruppengespräch zum Thema BDSM. Aus diesem wird zumindest deutlich, dass BDSM-Praktiken von Autist*innen, ADHSler*innen und Neurotypischen teils verschieden erlebt und mit unterschiedlichen Bedeutungen versehen werden. Aus meiner Erfahrung als Paarberaterin deutet vieles darauf hin, dass zumindest diejenigen Autist*innen, die BDSM praktizieren, eine Verbindung zwischen dieser Vorliebe und ihrem Autismus ziehen. Ob BDSM unter autistischen oder allgemein neurodivergenten Menschen verbreiteter ist als in der Gesamtbevölkerung, kann und möchte ich wirklich nicht beantworten. Das lässt sich kaum seriös recherchieren, denn neben dem Umstand, dass diesbezügliche Fragen nicht immer ehrlich beantwortet werden, ist auch die Bandbreite der Praktiken, die als BDSM definiert werden subjektiv sehr unterschiedlich. Fängt es bei der spontanen Idee an, jemandem mit einem Schal die Augen zu verbinden, geht es um regelmäßige Praktiken oder gar um das Eingebundensein in eine Subkultur? Sollte dich letzteres interessieren, dann informiere dich vor dem Loslegen über die Regeln dieser Subkultur, die sich zum Glück – anders als die Regeln für Beziehungen in unserer Kultur insgesamt – mit einer einfachen Internetrecherche herausfinden lassen. Es gibt sogar ein Handbuch dafür: *Die Wahl der Qual* von Ira Strübel und Kathrin Passig. Wie wichtig es hier ist sich zuerst zu informieren betont Dr Emma Goodall in ihrem Buch *The Autism Spectrum Guide to Sexuality and Relationships*. Katja Carstensen vertritt in *Das Asperger-Syndrom: Sexualität, Partnerschaft und Elternsein* die Ansicht, BDSM sollte nur mit einem*r absolut vertrauenswürdigen Partner*in praktiziert werden: „Findet dies für den autistischen Partner in der masochistischen Position statt, ist die Gefahr des emotionalen Missbrauchs nicht außer Acht zu lassen. Ich vermute mal, dass diese Position nicht nur um des sexuellen Erlebnisses willen gewählt wird, sondern auch aus dem Wunsch heraus, Sicherheit und Fürsorge zu erfahren." Damit macht sie zugleich deutlich, dass dieselben Praktiken eben nicht für jede Person dasselbe bedeuten.

46 Michael Lukas Moeller: *Die Wahrheit beginnt zu zweit*. Die im Buch neben den Anleitungen für Zwiegespräche beschriebene Dynamik des gegenseitigen Abwertens und Stereotypisierens unter Partner*innen ist für einige neurodiverse Paare sehr relevant. Die Bezeichnung als „Rassismus" banalisiert diesen aber und passt nicht zum Thema.

47 Sinngemäß nach Paul Watzlawicks *Anleitung zum Unglücklichsein*. Originalzitat: „Ich weiß nicht, was ich gesagt habe, bevor ich die Antwort meines Gegenübers gehört habe."

48 Diese Techniken aktiven Zuhörens sind aus einer Liste entnommen, die ich in einer Fortbildung „Praxis Politische Bildung" bei Frauke Postel bekommen habe. Ich habe hier nur die Techniken genannt, die sich auch für private Beziehungen eignen.

49 Zum Beispiel Thomas Gordon: *Die neue Beziehungskonferenz.*

50 Die Leser*innen mögen es mir verzeihen, dass mir hier Angeber*innenwörter wie „polyglott" für „mehrsprachig" und „goutiert" statt "für gut/angenehm befunden" hereingerutscht sind. Ich hätte sie bei der Korrektur gestrichen, wenn sie nicht genau das peinliche Verhalten bezeugen würden, das mir oft in Gesellschaft passiert.

51 Nossrat Peseschkian: *Wenn du willst, was du noch nie gehabt hast, dann tu, was du noch nie getan hast.* S. 80f.

52 "‚At the End of the Day, It's Love': An Exploration of Relationships in Neurodiverse Couples" von Rachel Smith, Julie Netto, Nigel C. Gribble und Marita Falkmer.

53 So etwas wie Autismusfetischist*innen gibt es meines Wissens nicht, aber in anderen behinderten Communities wird der Kontakt mit Menschen, die sich zum Beispiel durch körperliche Behinderungen angezogen fühlen, weil sie diese als sexuell attraktiv erleben oder weil sie die Helfer*innenrolle genießen, durchaus kontrovers erlebt und diskutiert. Ilse Martin prägte für diese Anziehung den Begriff *Mancophilie.* Mehr darüber auf ihrem gleichnamigen Blog.

54 Deutsch: „Ein Kompromiss ist dann vollkommen, wenn alle unzufrieden sind." Das Zitat kursiert breit im Internet, die Original-Quelle konnte ich leider nirgends finden. Ich zitiere diesen Spruch des in Verhandlungen erfahrenen früheren französischen Aussenministers nicht, um Leser*innen zu entmutigen oder sie gar zu überzeugen sich mit ihrer Unzufriedenheit in einer Partnerschaft abzufinden. Es scheint mir dennoch viel Wahres zu enthalten, wenn es um die organisatorischen – nicht die emotionalen! – Aspekte

einer Beziehung geht wie zum Beispiel Haushaltsarbeit oder Geldverteilung.

55 Marie Kondo: *Das große Magic-Cleaning-Buch.*

56 Patricia Cammarata machte den Begriff Mental Load in Deutschland bekannt mit ihrem Buch: *Raus aus der Mental Load-Falle.* In dem Artikel „Was ist Mental Load?" fasst sie das Phänomen und Tipps zu seiner Bewältigung zusammen. Stefanie Lohaus und Tobias Scholz geben in ihrem Buch *Papa kann auch stillen* einen Einblick in den Alltag eines Paares, das versucht, Familienarbeit zu teilen.

57 Friedemann Schulz von Thun: *Fragen und Antworten.*

58 Dass es bei der Kommunikation zumindest zwischen neurotypischen Menschen meistens vor allem um ein emotional-körperliches Mitschwingen geht und deshalb bisher oft gelehrte Kommunikationsmodelle wie Schulz von Thuns Vier-Ohren-Modell einerseits zu kurz greifen, andererseits für den Alltagsgebrauch zu komplex sind, diese These vertreten m.E. überzeugend Maja Storch und Wolfgang Tschacher in ihrem Buch *Embodied Communication.*

59 Hilfreich für viele neurodiverse Familien können zum Beispiel folgende Bücher sein: Jesper Juul: *Dein kompetentes Kind* und *Aggression*, Nora Imlau: *So viel Freude, so viel Wut* für Eltern jüngerer Kinder und *du bist anders, du bist gut a*b Schulbeginn.

60 Debby Elley: *Autismus - 15 Dinge, die dir niemand gesagt hat.* Christiane Döhler und Deniz Döhler: *AuJA: Autismus akzeptieren und handeln.* Leseprobe und weitere Angebote der Autor*innen: https://auja.org/.

61 Zu den reproduktiven Rechten von Menschen, leider nur Frauen, mit Behinderungen: Schröttle et al.: *Lebenssituation und Belastungen von Frauen mit Beeinträchtigungen und Behinderungen in Deutschland* und Interview mit Co-Autorin Julia Zinsmeister: „Diese Juristin erklärt, wie Frauen mit Behinderung ihre Rechte genommen werden. ‚Alle sind sich einig, was angeblich das Beste für die Frau ist – und dann wird das einfach durchgezogen.'"

62 Beides lässt sich zum Beispiel auf der Seite von *Aspies e.V. – Menschen im Autismusspektrum* finden. Auf der Seite https://aspies.

de/ sind Selbsthilfegruppen aufgelistet und es gibt ein Selbsthilfe-Forum, in dem autistische Menschen Erfahrungen und Tipps austauschen, Fragen stellen und diskutieren können. Es gibt aber auch sehr viele weitere Foren, Facebook-Gruppen und Ähnliches.

63 Nachdem das Mitleid zugunsten der Empathie lange verpönt war, scheint es in den letzten Jahren als Mitgefühl umformuliert im Kontext eines achtsamen Lebensstils wieder beliebter zu sein. Empathie ist nicht leicht aufzubauen, wenn man selbst keine ähnlichen Erfahrungen hat, wenn doch, kann sie emotional auslaugen. Deshalb stellt sich tatsächlich die Frage, ob Empathie, so schön sie ist, nicht ein bisschen überbewertet wird und zumindest mit Mitgefühl und kognitiv begründeter und praktischer Solidarität ergänzt werden müsste.

64 Das Originalzitat lautet: "But it is not those differences between us that are separating us. It is rather our refusal to recognize those differences, (...). Too often, we pour the energy needed for recognizing and exploring difference into pretending those differences are insurmountable barriers, or that they do not exist at all. (...) Either way, we do not develop tools for using human difference as a springboard for creative change within our lives." Die Unterschiede, von denen Audre Lorde hier sprach, waren nicht irgendwelche Unterschiede, sondern Bezugspunkte gesellschaftlicher Ungleichheit wie ‚race' (ins Deutsche nicht direkt mit „Rasse" übersetzbar), Geschlecht und Alter. Ich erlaube mir hier die Analogie zu Behinderung zu ziehen. Audre Lorde: „Age, Race, Class and Sex: Women Redefining Difference", deutsche Übersetzung nach Sister Outsider in der Ausgabe von 2021.

65 Publikationen und Angebote von Bernhard J. Schmidt bei http://autismusberatung.info/. Ausgeführt in dem Buch: *Autist und Gesellschaft: Ein zorniger Perspektivenwechsel.* Band 1: *Autismus verstehen.* Ich beziehe mich zustimmend auf die Kernthese und einen Großteil der Argumente des Buches, nicht auf die Verwendung des Wortes Rassismus, wenn meiner Lesart nach eigentlich Ableismus (von engl. able = fähig), also die Bewertung und Diskriminierung von Menschen aufgrund ihrer tatsächlichen oder zugeschriebenen Fähigkeiten und/oder Behinderungen gemeint ist. Zwar hat mindestens seit den 1960er Jahren jede Bewegung einer diskriminierten Gruppe, auch die von Menschen mit Behinderungen, von Schwarzen Bürgerrechts- und Befreiungsbewegungen gelernt und auch ich

stütze mich in diesem Buch teilweise auf deren Wissen. Inspirationen und Analogien sollten aber benannt werden, ohne Begriffe einfach anzueignen.

66 Diesen Gedanken habe ich aus der kritischen Weißseinsforschung übernommen, in der unter anderem das Empathiedefizit von *weißen* Menschen gegenüber Schwarzen Menschen untersucht wird, zum Beispiel von Janine Jones: „The Impairment of Empathy in Goodwill Whites for African Americans". In der Auseinandersetzung mit Rassismus ist das „zum anderen gemacht werden" (englisch *othering*) und das historische und psychische Gewicht dessen, was aktuell aus der dominanten Perspektive vielleicht nur als „Missverständnis" daherkommt, sehr klar herausgearbeitet worden. Beim Thema Behinderung steht das zum Großteil noch aus. Die rassismuskritischen Theorien einfach zu übertragen, geht jedenfalls nicht, sondern die Phänomene sollten jeweils spezifisch beschrieben werden.

67 Jesper Juul: *Elterncoaching.*

68 Diese Anregung habe ich von einem*r der Dozent*innen in dem Beratungskurs der Internationalen Akademie für Positive und Transkulturelle Psychotherapie – Peseschkian-Stiftung. Leider weiß ich nicht mehr, wer es war.

69 Der Begriff „Aspergisch" ist dem Text „Die Entdeckung von Aspie" entnommen, einer deutschen Übersetzung des Aufsatzes „The Discovery of ‚Aspie' Criteria" von Tony Attwood und Carol Gray. Der Text ist ein Versuch zweier nichtautistischer autismusfreundlicher Autismusexpert*innen, Autismus anhand der damit einhergehenden Stärken zu definieren.

70 Diesen Satz habe ich schon oft gehört, aber erst verstanden, nachdem ich die Übersetzung ins Aspergische im Buch von Katja Carstensen: *Das Asperger-Syndrom: Sexualität, Partnerschaft, Elternsein,* gefunden habe. Seitdem bringe ich meinem Partner öfter mal eine Pizza mit. Erstaunlicherweise sagt er seitdem plötzlich ganz offen, wenn er eine Pizza will oder holt sich einfach selber eine.

71 Bei manchen Paaren ist es allerdings auch genau umgekehrt und der*die neurotypische Partner*in hat das bessere Gedächtnis oder ruft zumindest häufiger vergangene Ereignisse

und Äußerungen auf. Das hat dann meist damit zu tun, dass das Vergangene nicht wirklich vorbei ist, sondern für nach wie vor ungelöste Konflikte steht.

72 *Allistisch* ist eine Bezeichnung, die manche Autist*innen für neurotypische oder allgemein nichtautistische Menschen verwenden. Es bedeutet „auf andere bezogen" als Gegenstück zu „auf sich selbst bezogen", was ja die wörtliche Bedeutung von Autismus ist. Ich verwende die Bezeichnung nur dann, wenn dieser Aspekt im Vordergrund steht, da mir das dadurch ausgedrückte Verständnis von Autismus zu eng ist und ich auch nicht alle Nichtautist*innen für in diesem Sinne allistisch halte. Wenn es aber tatsächlich um diesen Unterschied geht, finde ich das Wort prägnant, weil es Nichtautist*innen über eine spezifische Eigenschaft beschreibt und nicht nur über die Tatsache, dass sie in der Mehrheit sind. Zuerst gelesen habe ich den Begriff in "Autistic Women & Nonbinary Network: Information & Resources for Newly Diagnosed or Recognized Autistic Women & Nonbinary Individuals."

73 Bernhard J. Schmidt: *Autist und Gesellschaft: Ein zorniger Perspektivenwechsel.* Band 1: *Autismus verstehen.* Meine Berufserfahrung als Trainerin, die unter anderem zu unbewussten Gruppenprozessen arbeitet, hat mir dies immer wieder gezeigt.

74 Lästern kann auch noch andere Funktionen haben. Lästern oder jemanden der Lächerlichkeit preisgeben kann emotionale Entlastung bieten, wenn man stärkeren Mächten ausgeliefert ist und das im Moment nicht ändern kann. Die lange Tradition der satirischen Diagnosekriterien für Neurotypische aus autistischer Sicht ist ein schönes Beispiel hierfür. Dies ist wichtig, um ein gesellschaftliches Ungleichgewicht bezüglich der Frage wer über wen spricht und wer wen bewertet zu benennen. Innerhalb einer Liebesbeziehung mit einer neurotypischen Person ist so etwas natürlich nicht empfehlenswert. Ähnlich wie wir das uns umgekehrt wünschen würden, bietet es sich hier an, deren Eigenschaften in alltäglichen, positiven oder weitgehend neutralen Begriffen zu beschreiben.

75 Der Begriff *Stimming* basiert eigentlich auf einem Missverständnis. Ursprünglich waren nichtautistische psychologische Fachleute der Meinung, Autist*innen würden sich damit selbst stimulieren, daher der Begriff als Abkürzung von „self-stimulating". Seitdem bekannt ist, dass Autist*innen Reize eher stärker wahrnehmen als

Nichtautist*innen, weiß man auch, dass *Stimming* meist eher die gegenteilige Funktion hat, nämlich sich selbst zu beruhigen und die eigenen Gefühle zu regulieren, oft angesichts äußerer Reizüberflutung oder eigener starker Gefühle, wozu auch Freude gehören kann. Viele Erwachsene haben einen Weg des sozial anerkannten oder unbemerkten *Stimmings* gefunden, wie den letzten Sommerhit zu summen oder die Büroklammer in der Hosentasche zu drehen. Diese Ressource sollte man ihnen oder sich selbst nicht abgewöhnen. Auch Nicht-Autist*innen stimmen manchmal: Wer hat noch nie ein Kleinkind beim ständigen Klopfen auf einen Gegenstand, einen Teenager beim nervösen Wippen mit den Füßen oder eine Kollegin beim hektischen Spielen mit dem Kugelschreiber gesehen?

76 Als „toxische Männlichkeit“ bezeichnen manche Menschen den Umstand, dass manche Männer in einer Gesellschaft, die ihnen zwar traditionell Vorrechte einräumt, aber auch spezifische Anstrengungen und Haltungen wie „Härte“ abverlangt, ihre Männlichkeit in einer für sie selbst und andere schädlichen Weise ausleben. Ich mache mir diesen Begriff nicht zu eigen, denn ich bin grundsätzlich dagegen Menschen oder irgend etwas das sie tun als „toxisch“, also „giftig“ zu bezeichnen. Mir ist es allerdings wichtig, dieses auch in den Medien diskutierte Thema zu erwähnen, da ich in der Paarberatungsausbildung die Erfahrung gemacht habe, dass männliche Autisten oft missverstanden werden, wenn Verhaltensweisen, die eher durch ihren Autismus bedingt sind, auf ihre Männlichkeit zurückgeführt werden und umgekehrt. Auch die Fehldiagnose „Narzissmus“ wird hier von Laien oft gestellt, was im Umkehrschluss nicht heißen soll, dass Autist*innen nicht zugleich narzisstisch sein können. Obwohl ich es nicht hoffe, kann es sogar sein, dass mir solche Verwechslungen in diesem Buch stellenweise passieren, da ich einfach nicht im Körper eines autistischen Mannes stecke. Für entsprechende Hinweise bin ich dankbar.

77 Das englischsprachige Original: Autistic Women & Nonbinary Network: „Autistic Burnout.“

78 Silke Lipinski: *Autismus. Das Selbsthilfebuch*. Liane Holliday Wiley: Safety Skills for Asperger Women. Besonders die Kapitel “Body Beware: Keeping the Mind and Body Connected” und “Dance with Your Spirit: Tap into Grace” sind sicherlich nicht nur für Frauen wertvoll.

79 Es gibt einige großangelegte Studien zur Betroffenheit von Männern und Frauen von Partnerschaftsgewalt in Deutschland, teilweise auch unterschieden nach heterosexuellen und gleichgeschlechtlichen Partnerschaften, meines Wissens bisher jedoch ohne expliziten Einbezug von inter und nichtbinären Personen. Dennoch sind die jeweiligen Zahlen nicht vergleichbar, da schon die Arten von Gewalterfahrungen, die bei Männern und Frauen abgefragt werden, sich stark voneinander unterscheiden. Somit bezieht sich die den differenzierten Zahlen entnommene Vereinfachung „jede*r Vierte" auf einmalige Gewalterfahrungen ungeachtet von Schwere, Folgen oder der Frage, wer angefangen hat. Die Täter*innenschaft bei klassischen Misshandlungsbeziehungen, um die es mir hier geht, liegt in heterosexuellen Beziehungen zweifellos überwiegend bei Männern, auch wenn deren Anteil an den Betroffenen früher unterschätzt wurde. Auch wirken sich sexistische, hetero- und cissexistische Strukturen in der Gesellschaft auf die Chancen einer Person aus, sich zu wehren und sich aus einer solchen Misshandlungsbeziehung zu befreien. Siehe auch: Monika Schröttle: „Die Studienergebnisse des Robert-Koch-Instituts zu Gewalt gegen Frauen und Männer: Ein Lehrstück für die Notwendigkeit einer methodisch versierten Erfassung, Auswertung und Interpretation geschlechtervergleichender Daten im Rahmen einer geschlechtersensiblen Gewalt- und Gesundheitsforschung."

80 Der Unterschied in den Zahlen kommt dadurch zustande, dass in schriftlichen Befragungen 25 % *aller* Frauen angaben, von Partnerschaftsgewalt betroffen gewesen zu sein, in mündlichen Interviews 13 %. Die sehr viel höheren Zahlen von Frauen mit Behinderung wurden in mündlichen Interviews erhoben und sind demnach eher mit den – nach Expertenmeinung zu niedrig angesetzten – 13 % zu vergleichen. Frauen, die in Wohn- und/ Pflegeeinrichtungen leben sind sogar zu 36 und 38 % von den beiden Gewaltformen betroffen, hierunter ist jedoch sowohl Partnerschaftsgewalt im ehemaligen häuslichen Umfeld als auch die Gewalt durch Mitbewohner*innen und Personal zusammengefasst. „Frau" ist hier als eine Selbstbezeichnung der Befragten zu verstehen, sie wurde nicht nach weiteren Merkmalen aufgeschlüsselt. Diese Daten stammen aus der großangelegten *Bielefelder Studie*, die ein Forscher*innenteam an der Universität Bielefeld um Monika Schröttle im Auftrag des Bundesministeriums für Familie, Senioren, Frauen und Jugend durchführte: *Lebenssituation und Belastungen von Frauen mit Beeinträchtigungen und Behinderungen in Deutschland.*

81 Hier sind einige Artikel über Studien zu Gewalterfahrungen, die allerdings nicht repräsentativ sind: „Victimization and Perpetration Experiences of Adults With Autism“ von Jonathan A. Weiss und Michelle A. Fardella, „Gender Identity, Sexual Orientation and Adverse Sexual Experiences in Autistic Females“ von Laura A. Pecora, Grace I. Hancock, Merrilyn Hooley, David H. Demmer, Tony Attwood, Gary B. Mesibov & Mark A. Stokes und Felicity Sedgewick, Laura Crane, Vivian Hill, and Elizabeth Pellicano: “Friends and Lovers: The Relationships of Autistic and Neurotypical Women”.

82 Dynamik von Gewalt in Beziehungen einfach erklärt mit Warn- und Erkennungszeichen, für Jugendliche gemacht, aber auch für Erwachsene hilfreich: Rat auf Draht: „Gewalt in Beziehungen.“ Der *bff: Bundesverband Frauennotrufe und Frauenberatungsstellen* bietet online unter https://was-geht-bei-euch.de drei eher in Jugendsprache gehaltene Tests an zu den Themen Sex, Reden und Nähe an, bei denen Menschen und Paare gucken können, wo sie stehen bezüglich des Respektierens eigener Bedürfnisse und Grenzen und denen des*der Partners*in. Sehr gute Tipps finden sich auch in *The Aspie Girl's Guide to Being Safe with Men* von Debi Brown.

83 Auf der Website des *bff: Bundesverband Frauennotrufe und Frauenberatungsstellen* finden sich Adressen von Beratungsstellen: https://www.frauen-gegen-gewalt.de/de/hilfe-beratung.html. Selbsthilfegruppen für Autist*innen, darunter auch speziell für autistische Frauen, finden sich (manchmal etwas versteckt) bei Aspies e.V. auf https://www.aspies.de/

84 Hilfreiche Checklisten in englischer Sprache für alle Menschen und eine speziell für LGBTIQA+ Personen, um zu reflektieren, ob die aktuelle Beziehung eine Misshandlungsbeziehung sein oder sich zu einer entwickeln könnte, finden sich auch im Kapitel „Safety“ des *Autism Relationship Workbook* von Faith G. Harper und Joe Biel und in *The Autism Relationship Handbook* derselben Autor*innen auf den Seiten 116ff.

85 In diesem Artikel wird beschrieben, wie eine Tätertherapie ablaufen kann: Hilfetelefon Gewalt gegen Frauen: „Verantwortung für das eigene Handeln übernehmen – Wie aggressive Männer lernen, Konflikten gewaltfrei zu begegnen.“ Es gibt neben solchen Gruppentherapien auch Einzelberatungen.

86 White Unicorn e.V.: „Aus welchem Grund reagieren Autistinnen und Autisten mit Selbst- und Fremdverletzung?“

87 Auch einige weibliche Autistinnen in Beziehungen mit männlichen Autisten geben an, ein ‚Cassandra-Syndrom‘ zu haben oder sprechen diesem eine gewisse Validität zu. So Rudy Simone in: *22 Things a Woman Must Know If She Loves a Man with Asperger's Syndrome.* Diese Wahrnehmung beruht unter anderem auf der Auffassung, dass es so etwas wie einen ‚weiblichen autistischen Phänotyp‘ gäbe, der sich vom bekannteren ‚männlichen‘ unterscheide, zum Beispiel durch größere Empathie. Auch wenn es stimmt, dass bisherige Diagnosekriterien zu einer häufigerenDiagnostizierung und größeren Sichtbarkeit männlicher Autisten geführt haben, teile ich diese Auffassung nicht. Sie entspricht auch nicht meinem persönlichen Empfinden als autistische Frau. In meiner Beratungspraxis erlebe ich solche Unterschiede vor allem bei Paaren mit relative traditioneller Geschlechterrollenteilung und ich vermute, dass sie auch mit geschlechtsspezifischer Erziehung und Selbstbildern zu tun haben.

88 Autistic Self-Advocacy Network (ASAN): “Tell Tony Attwood to End the Hate: Autistic People Deserve Equality in Family Law and Relationships.”

89 Zum Beispiel Nirit Haruvi-Lamdan, Danny Horesh, Shani Zohar, Meital Kraus, Ofer Golan: “Autism Spectrum Disorder and Post-Traumatic Stress Disorder: An Unexplored Co-Occurrence of Conditions.”

90 Inspiriert durch das Zitat: „Instead of trying to be a second-rate allistic person, be the best autistic person you can be.” Ischemgeek in: Autistic Women & Nonbinary Network: “Information & Resources for Newly Diagnosed or Recognized Autistic Women & Nonbinary Individuals.”

91 „Trans“- bedeutet „über“ oder „jenseits“ und verweist darauf, dass über die zwei oder mehr Kulturen eines bikulturellen Paares auch Brücken gebaut werden können oder etwas Neues jenseits der beiden entstehen kann.

92 Ich habe hier den englischsprachigen Begriff gewählt, weil er gerade zu einem feststehenden Begriff innerhalb der

englischsprachigen autistischen *self-advocacy* (deutsch: sich selbst vertreten, für die eigenen Rechte eintreten) Szene zu werden scheint. Siehe der Hashtag #autisticjoy bei Twitter und Instagram

93 Viktor Frankl: *Über den Sinn des Lebens.*

94 Dies betont auch Rudy Simone in dem Kapitel "*You May Find More in Common As You Get Older*" ihres Buches 22 Things a Woman with Asperger's Syndrome Wants Her Partner to Know.

95 Steve Silberman: *Geniale Störung*, S. 468.

96 Dieser Haltung möchte ich nicht noch mehr Aufmerksamkeit geben. Deshalb nenne ich die entsprechenden Autor*innen nicht. Dank Google kann sich jede*r von der Breite des Phänomens überzeugen.

97 Dieses soziale Modell, das aus der Behindertenbewegung kommt und in der UN-Behindertenrechtskonvention verankert ist, kann einerseits nicht genug wertgeschätzt werden, da es die Gesellschaft in die Verantwortung nimmt Barrieren zu beseitigen und dies in Deutschland zum Beispiel seit 2009 endlich den gemeinsamen Schulbesuch von Kindern mit und ohne Behinderung ermöglicht hat. In letzter Zeit ist allerdings häufiger zu beobachten, wie das soziale Modell gegen die Betroffenen gewendet wird, nach dem Motto: „Wenn wir dir ein paar Barrieren aus dem Weg räumen, dann reiß dich zusammen und pass dich an!" Wer die Gegen-Leistung für das bisschen „Inklusion" nicht erbringen kann, bleibt weiterhin ausgeschlossen, was leider teilweise auch innerhalb autistischer Communities in Deutschland zu beobachten ist. Dafür, diese meine vage Intuition perfekt durchdacht und theoretisch und empirisch fundiert ausformuliert zu haben, danke ich wiederum Mai-Anh Boger mit ihrem *Trilemma der Inklusion.*

98 Steve Silberman, *Geniale Störung*, S. 478.

99 Im Original: "For me, the key significance of the Autism Spectrum lies in its call for and anticipation of a politics of neurological diversity, or 'neurodiversity.' The neurologically different represent a new addition to the familiar political categories of class/gender/race and will augment the insights of the social model of disability." Hier zitiert nach der Neupublikation ihrer Doktorarbeit Neurodiversity: The Birth of an Idea. Kindle Edition, ohne Ort, 2017

100 Der Begriff *neurodivergent* wurde durch Kassiane Asasumasu geprägt. In dem kurzen Beitrag "PSA from the actual coiner of 'neurodivergent'" wendet sie sich gegen die alleinige Identifizierung von Neurodiversität oder Neurodivergenz mit Autismus und betont, dass das Konzept ein inklusives sein soll.

144 Seiten | ISBN 978-3-96042-089-7 | Preis 14€

Polyamorie kann so vieles sein: Mehr Liebe; mehr Reden; mehr Arme, die einen auffangen; mehr Eifersucht; mehr Spaß, mehr Kommunikation....Auf dem Weg dahin können sich einem viele Fragen stellen, beispielsweise: Wie navigiere ich neue Beziehungsenergie? Was tue ich wenn Absprachen gebrochen werden? Wie kann ich meine Eifersucht befreunden? Und wie macht man das eigentlich mit dem Kinder kriegen?
Offen, ehrlich und undogmatisch beschreibt Inna in den Texten Innas Auseinandersetzungen mit diesen und anderen Fragen rund um das Thema Polyamorie.

239 Seiten | ISBN 978-3-96042-086-6 | Preis 12€

Dieses Buch verbindet rund 40 Beiträge von Menschen, die verRückt und/oder beHindert werden. In autobiographischen und fiktionalen Erzählungen, Gedichten, Kurzgeschichten, Bildern und Klängen suchen und finden die Aut*orinnen selbstbestimmte Worte_Gebärden_Bilder für sich und Welt. An einigen Stellen erkunden sie die Beziehung zu ihren eigenen Körpern, zum eigenen Wahrnehmen und Fühlen. Sie schaffen dabei Verbindungen zu sich selbst, Natur und Menschen.

H. C. Rosenblatt

aufgeschrieben

96 Seiten | ISBN 978-3-96042-053-8 | Preis 15€

Hannah C. Rosenblatt konnte nur aufschreiben, was sie ihren Eltern zu sagen hat. Als Kind und Jugendliche wurde sie körperlich und seelisch schwer traumatisiert, dann gelang ihr der Ausstieg aus organisierter Gewalt und Ausbeutung.

Ihr Weg aus Angst und später unaushaltbarem Erinnern führte immer wieder an dem vorbei, was sie in „aufgeschrieben“ bezeugt: Eltern_Liebe, Zugehörigkeit, Loyalitätskonflikte, Verrat, Aggression und das eigene autistische Leben an sich.